# 아주 친밀한 폭력

# 아주 친밀한 폭력

### 여성주의와 가정 폭력

정희진 지음

교양인
GYOYANGIN

# 모든 것의 시작
## ─ 성 역할, 가족, 폭력

남편은 아내의 뺨을 세차게 때렸다. 딱 한 대. 그러자 아내는 몇 시간을 목이 쉬도록 소리를 질렀다. 고성의 욕설과 저주가 멈추지 않는다. 남편과 자녀들은 귀를 막고 흩어진다. 여성학 시간 강사 시절, 한 여학생이 내게 질문했다. "선생님, 이게 우리 집이거든요. 지금 누가 가해자예요? 소리 지르는 것은 폭력이 아닌가요? 저는 솔직히 엄마가 더 폭력적이라고 생각해요."

가정 폭력이 화제에 오를 때마다 매번 등장하는 문제 제기다. 여성에 대한 다양한 폭력, 이를테면 사티(sati, 아내 순장)나 스토닝(stoning, 돌로 여성을 살해함), 신부(新婦) 불태우기, 다우리(dowry, 지참금 살인), 명예 살인(honor killing), 음핵 절개, 황산 테러 들과 달리 가정 폭력은 남편의 폭력 못지않게 아내의 협상과 저항도 계속되기 때문에 피해자의 정당 방위도 폭력이라고 인식하는 경우도 적지 않다.

가정 폭력의 존재, 실태, 구조를 아무리 완곡하게 설명해도, 다시 말해 '경미한' 사례를 예로 들어도 수업을 듣는 학생들은 놀라움을 감추지 못한다. 정말로 놀라워한다. 놀라면서도 이들은 '우리 집도 그렇다'고 말한다. 이 같은 경험과 인식의 격차는 왜 발생하는 것일까. '나의 가족사'를 주제로 해 학생들에게 리포트 숙제를 내주면, 절반 이상이 '아버지는 구타자'라고 써낸다. 이 수치는 가해자, 피해자, 조사자의 폭력 개념이 다른데도 불구하고 한국에서 이루어지는 거의 모든 가정 폭력 실태 조사 결과와 일치한다.

한국 여성 대부분은 평생에 한두 번 이상 배우자나 연인으로부터 폭력 피해를 경험한다. 전문가들에 따르면, 가정 폭력(정확하게는 '아내에 대한 폭력')의 경우, 그중 절반 이상은 '종종', 3분의 1은 반복적, 규칙적, 일상적으로 발생한다고 추정된다. 그렇게 버티던 여성 중에 어느 정도가 남편의 '과실'로 사망하는지는 아무도 모른다. 대개 자살이나 사고사, 실종, 자연사로 처리된다. 남성에게 맞아 죽기 위해 태어난 여성은 없다. 하지만 매일 어딘가에서는 가정에서 '강남역 사건'이 일어난다.

1970년대 미국 사회 운동의 중요한 축이었던 발본적(拔本的), 근본적이라는 의미의 급진주의(radical) 페미니즘은, 기존 페미니즘이 공적 영역에 한정돼 있다고 비판하면서, 사적인 문제로 여겨지던 성과 사랑, 가족을 정치학으로 이론화했다. 급진주의 페미니즘은 공권력의 폭력만이 '정치'적 문제가 아니고, 소위 '부부 싸움'은 대칭적인 싸움이 아니라 일방적인 남성 폭력의 중립적 표현이며, 여성에게는 국가보다 남성과 맺는 '사적' 관계가 정치와 권력의 근본 문제라고 주장하였다. 실제로 여성들이 당하는 폭력은 거의 파트너에 의한 것이다. 급진주의 페미니즘의 시작은 유물론의 등장과 맞먹는, 아니, 인간 행동에 대한 더 근원적인 철학적 탐색이 시작되었음을 알리는 신호였다. 나는 개인적으로 우리 사회에서 급진주의 페미니즘이 주디스 버틀러의 수행성 이론이나 가야트리 스피박의 탈식민주의 정치경제학 페미니즘보다 덜 알려져 있을 뿐 아니라, 가장 수용되기 어려운 이론이라고 생각한다. 국가와 민족 등 정체(政體)의 단위가 위계적인 한국 사회에서는, "개인적인 것은 정치적인 것이다"라는 급진주의 페미니즘의 주장이 부차적인 문제로 여겨지기 쉽다. 그만큼 한국 사회는 남성이 여성의 몸에 행사하는 폭력과 통제가 자연스러운 사회다.

폭력이 발생하지 않더라도 남성과 여성의 관계가 자본가와 노동자의 관계보다 더 근본적인 권력 관계라는 인식은, 현실의 심각함에 비추어 보면 너무나 얇고 낮고 가볍다. 우리의 일상은 젠더로부터 파생하는 정치의 연속이다. 가부장제는 공기일지도 모른다. 남성의 폭력과 권력이 "남녀상열지사", "격렬한 로맨스", "규범에 저항하는 순수한 사랑"으로 읽히는 사회에서, 여성주의를 '남혐'으로 오해하는 것도 무리는 아닐 것이다. '남혐'은 나에게는 너무나 놀라운 언어였다.

서두에 쓴 여학생의 질문을 시험 문제로 낸다. "아래 사례를 여성주의 시각에서 분석하시오." 미리 설명해주지 않으면 대부분 백지를 낸다. 이 질문은 여성학을 가르치는 이들에게도 쉬운 문제가 아니다. 우리는 다시 질문해야 한다.

- (나) 맞습니다. 고함을 지르는 것도 폭력이죠. 그런데 어쩌다가 두 분이 '싸우게' 되었나요?

- (학생) 아침에요, 엄마도 출근을 하시거든요, 그런데 아빠가 자기가 퇴근하기 전에 와이셔츠 단추를 달아놓으라고 하셨어요. 그날은 엄마가 야근으로 더 늦게 들어오셨는데, 아빠가 와이셔츠를 보시더니 시킨 일을 안 했다고 엄마 따귀를 때린 거죠.

- 어머님도 피곤하셨을 텐데, 화가 나셔서 소리를 지르신 건가요?

- 그렇죠.

- 어머니도 참기 힘드셨을 것 같아요.

- 그건 저도 알아요.

- 그럼, 혹시 어머니가 아버지에게 자기 블라우스 단추 안 달아놓았다고 화를 내며 아버지를 구타한 적이 있나요?

- (어이없다는 듯 웃으며) 그런 일은 일어날 수가 없죠.


남성의 주먹과 여성의 고성이 '똑같은 폭력이다/아니다'라는 말싸움은 무의미하다. 사전적 의미에서 둘 다 폭력이라는 것을 모르는 사람은 없다. 중요한 것은 단어(text)가 아니라 맥락(con/text)이다. '부부 싸움'의 상황이 성별화된 문화에서 발생했다는 것이 중요하다. 이러한 사실이 바로 아내에 대한 폭력의 실체다. 남편의 폭력과 아내의 '폭력'을 같은 성격으로 평가하는 것 자체가 여성에 대한 폭력을 정당화하는 남성 중심적 폭력 개념이다. 누가 폭력을 행사했는가 이전에, 폭력을 어떻게 정의할 것인가에 대한 사유가 앞서야 한다. 자기 치마를 수선하지 않았다거나 장모에게 전화하지 않았다고 남편을 구타하는 아내는 드물다.

글을 쓰는 사람들은 비슷하지 않을까 싶은데, 나는 "당신의 글이 어떻게 읽히면 좋겠는가."라는 질문을 좋아한다. 이 책의 소재는 가정 폭력이지만 나의 궁극적인 관심은 성 역할의 비대칭성이다. 성 역할 규범(norm, 남성성/여성성, 남성다움/여성다움)은 자연스러운 일상 문화에서부터 불법 행위까지 다양하다. 여성의 경우, 가부장제 규범을 스스로 초과 달성하려는 이들도 있고 강요받고 고통받는 이들도 있다. 같은 행동이라도 남성의 이해에 부합하느냐에 따라 보상과 처벌이 다르다.

오랜 세월 동안 가정 폭력은 남성의 성 역할이었다. 한국의 여성 운동은 이 역할을 불법 행위로 만들었다. 이 책은 아내와 남편이 가정 내 성 역할 규범을 위반했을 때 받는 처벌의 극단적 불평등성, 성별에 따라 정반대로 적용되는 현실을 분석한다. 남성의 가치는 성별로 규정되지 않는다. 남성의 성 역할은 여성에 비해 간소할 뿐더러, 남성이 성 역할을 제대로 수행하지 못했을 때(실직을 했거나 섹스를 못할 때) 남편을 '패는' 아내는 드물다. 오히려 전 국민적인 남성 기 살리기 운동이 펼쳐진다. 다시 한 번 강조하면, 가정 폭력은 아내가 가족 내 성 역할을 제대로 수행하지 못했다고 남편이 판단할 때, 남편이 임의로 수행하는 개인적이고 사회적인 처벌이다.

남성의 성 역할과 인권은 일치하지만, 여성의 성 역할과 인간으로서 권리는 일치하지 않는다. 여성이 폭력 가정에서 탈출하지 못하는 것은 '폭력이 개인의 행복과 건강에 나쁘다'는 사실을 몰라서

가 아니다. 그렇게 해석한다면, 그야말로 여성에 대한 비하가 아닐 수 없다. 나를 포함하여 여성들은 매순간 인간으로서 '권리'와 여성으로서 '도리' 사이에서 갈등한다. 우리는 모두 '결정 장애'에 시달린다. 남성 사회는 권리를 주장하는 여성보다 도리를 아는 여성을 높이 평가하기 때문이다.

성 역할이라는 중립적이고 기능적인 단어 속에 감추어진 역할론은 모든 위계적 사회 분업론의 모델이 되어 왔다. 강약, 우열, 보편과 특수 등등 모든 권력 관계의 법칙은 젠더 메타포(gender metaphor) 없이 작동하지 않는다. 남성성과 여성성 개념을 정확히 이해하고 이 개념을 해체하는 것은 여성주의 인식의 기초가 된다. 그래서 나는 이 책이 '가장 쉬운' 여성학 입문서, 인문학 교양서로 읽히기를 바란다. 가정 폭력과 성매매는 가부장제의 매트릭스(母型)이기 때문에, 이에 관한 책들 대부분은 여성주의적 시각을 훈련하는 데 필수적이다. 더불어 기존의 통념과는 다른 창의적 사고와 '다른 목소리'를 획득하는 '가장 빠른' 방법이다.

인류는 가족 제도의 응원 속에 한 인간이 '아내'의 위치에 있다는 이유로 그녀에 대한 일상적인 폭력을 용인하는 사회를 건설해 왔다. 그것을 사소한 문제, 탈정치적 문제로 치부해 왔고 철저히 비가시화했다. 남성 문화는 자기가 '정복한' 여성은 구타해도 된다고 약속했다. 오랫동안 남성과 여성의 섹스는 여성이 남성에게 종속되고 소유되는 절차였다. 부부 강간이 인정받기 어려운 이유다. 가정 폭력은 인류 역사상 가장 오래되고, 가장 광범위하고, 가장 많은 피해자가 발생하는 폭력이다.

그러나 관련 서적이 풍성하지 못한 덕분에 이렇게 부족한 책이 11쇄를 인쇄하고, 10여 년이 넘어 개정판까지 출간하게 되었다.* 부끄럽고 민망하다. 왜 여성주의 시각, 피해자 중심 분석, 여성 인권에 관한 책이 많이 출간되지 않는 것일까 질문하지 않을 수 없다. 나는 이 문제가 간단하지 않다고 생각한다. 한 사회에서 특정 지식이 요구되고 생산되는 방식과 관련 있다는 점에서 이것은 사회적 문제이다.

나는 대학 졸업 후 우연한 기회에 가정 폭력 피해 여성을 돕는 인권 단체 '여성의전화'에서 상근자로 일할 때부터 꼭 이 여성들의 목소리를 전해야겠다는 '사명감'으로 살았다. 1980년대, 극도의 남성 중심 사회였던 학창 시절 마르크스주의자이자 '명예 남성'이었던 내가 여성주의자로 '변절'하는 데는 일 주일도 걸리지 않았다. 다행히 나는 보는 대로 생각하는 사람이었고 여성학 공부는 평생에 걸친 엄마와의 애증, 사춘기 이후 나를 지배했던 '이름 모를 병'이었던 우울과 분노를 지식으로 전환해준 세례(洗禮)였다.

이 책의 출간 전후에 겪었던 에피소드는 그 자체로 한국 사회 읽기였다. 이전의 책 제목이 "저는 오늘 꽃을 받았어요"여서, 연애 소설인 줄 알고 책을 샀다며 항의한 남성이 있는가 하면('가정 폭력과 여성 인권'이라는 부제는 글씨가 작았다), 내가 여러 차례 인터뷰했던 아내 구타 남성들이 이 책을 읽고 독후감을 말해주었을 때의 복잡한 기쁨은 '그들의 입장'에서 생각하는 질적 방법론만이 주는 감동

---

* 이 책은 석사학위 논문을 토대로 쓴 《저는 오늘 꽃을 받았어요》(2001)의 개정판이다.

이었다. 어느 학회에서 만난 남자 교수는, 전혀 모르는 사이인데도 우리 집이 가정 폭력 집안이라고 확신하고는 내게 다가와 "그래서 지금 어머니는 괜찮으시냐."는 인사(?)를 해서 나를 어이없게 했다. 이 모든 것이 배움의 과정이었다. 여성주의자는 되는 것이 아니다. 타인의 고통을 목격한 사람, 그 고통에 공감하고자 하는 사람, 피해자/운동가/연구자의 차이와 위계를 넘어 '당사자(actor)'로서 나를 알아 가는 과정이다.

이 책의 사례 중에는 내 주변의 여성들도 있다. 나는 이 책을 쓰면서 한 시간 쓰고, 한 시간 울고, 한 시간 자는 상태를 반복했다. 음식은 거의 먹지 못했다. 책상을 떠나면 다시 돌아오지 못할 것 같아 초콜릿과 우유를 사다놓고 책상 앞에 계속 앉아 있었다. 글을 쓰는 도중에 피해 여성에게 연락이 오면 변호사와 경찰을 만나고, 아이와 함께 폭력 남편을 탈출하려는 여성을 돕기 위해 아이의 담임 선생님을 설득하러 먼 곳을 돌아다녔다.

가장 어려웠던 것은 두 가지였다. 하나는 피해 여성에 대한 동일시와 거리 두기 사이에서 빚어지는 방황과 죄의식이었고, 하나는 여성주의자들을 포함한 주변 사람들과 사회로부터 받은 상처였다. 한국 사회에서 가정 폭력, 성폭력, 성매매에 대한 글은 '학문'과는 거리가 먼 선정적인 글로 간주되기 쉽다. 나는 이 말도 안 되는 폭력으로부터 자유롭지 못했다. 언제나 자기 검열로 노이로제 상태였고 지금도 많이 다르지 않다. 내가 분명히 경험하고 목격한 것을 스스로 믿을 수 없었고 나 자신이 분열되는 것 같았다. 가정 폭력 같은 사회의 '어두운' 면을 모르는 것이, 마치 순수한 학자의 징표처럼 여겨지는 사회에서 '험한 꼴'을 목격하고 그것을 '자료' 삼아 외울 정도로 읽고 또 읽는 경험자인 나는 누구인가. 페미니즘은 여성학인가, 여성 운동인가, 여성주의인가. 심지어 남녀를 불문하고 내 글은 이론, 지식, 학문이 아니라 르포, 사례집, "여성 잡지 기사 같다."고 말하는 이들도 있었다. 특히, 나는 "과장 아니냐"는 말에 가장 민감하게 분노하고 좌절했다. 물론 그들의 반응은 무지의 산물이지만, 이 문제는 폭력과 고통을 연구하고 싶은 내가 평생 극복해야 할 과제이다.

프리모 레비는 평생 '경험한 자아'와 '말하는 자아' 사이의 간극에 시달렸다. 홀로코스트 피해자가 그 비극을 경험하지 않은 '특권'을 가진 자에게 베풀어야 하는 배려와 관용. 나는 이 부정의를 참을 수 없다. 나는 이것이 우리 사회에서 고통, 폭력, 슬픔이 연구되기 어려운 이유라고 생각한다. 고통은 피할 수 없다. 그러나 고통이 언어화될 때만이 우리는 위로받을 수 있다. 내 고통이 역사의 산물이라는 인식만이 우리에게 위안을 준다. 그런 점에서 학문이란 무엇인가, 지식이란 무엇인가에 관해 근본적인 질문을 던지고 싶다.


끝으로 내게 항상 새로운 언어의 세계를 열어주시는 지도교수 김은실 선생님께 감사드린다. 나 자신에 대한 질문을 포기하지 않고, 여성주의자로서 끝까지 살아남는다면, 내가 정한 윤리의 최저선이나마 지키고 살 수 있다면, 모두 그녀 덕분이다. 그리고 내게 갚을 수 없는 사랑과 신뢰를 주신 엘레자벳과 정혜엘리자벳 두 자매에게 내 모든 사랑을 바친다.

2016년 가을, 정희진

## 저는 오늘 꽃을 받았어요*
### – 피해 여성이 피해 여성에게 주는 편지

저는 오늘 꽃을 받았어요.

제 생일도 아니었고 다른 특별한 날도 아니었답니다.

지난밤 우리는 처음으로 말다툼을 했어요.

그가 던진 수많은 잔인한 말들에 저는 정말 가슴이 아팠어요.

하지만 지금 저는 그가 미안해하는 것도,

그리고 그가 한 말이 진심이 아니었다는 것도 알아요.

왜냐하면 그가 오늘 제게 꽃을 보냈거든요.


저는 오늘 꽃을 받았어요.

우리의 기념일도 아니었고 다른 특별한 날도 아니었답니다.

지난밤 그는 저를 벽으로 밀어붙이고 목을 조르기 시작했어요.

마치 악몽 같았어요.

현실이라고는 믿을 수 없었죠.

오늘 아침 깨어났을 때 제 몸은 온통 아프고 멍투성이였어요.

하지만 지금 저는 그가 틀림없이 미안해할 거라는 걸 알아요.
왜냐하면 그가 오늘 제게 꽃을 보냈거든요.


저는 오늘 꽃을 받았어요.
'어머니의 날'도 아니고 다른 특별한 날도 아니었답니다.
지난밤 그는 저를 또다시 때렸어요.
이제까지 어느 때보다 훨씬 심하게요.
만약에 그를 떠난다면, 저는 어떻게 될까요?
어떻게 제 아이들을 돌보나요? 돈은 어떻게 하고요?
저는 그가 무섭지만 그를 떠나기도 두려워요.
하지만 지금 저는 그가 틀림없이 미안해할 거라는 걸 알아요.
왜냐하면 그가 오늘 제게 꽃을 보냈거든요.


저는 오늘 꽃을 받았어요.
오늘은 아주 특별한 날이었답니다.
제 장례식 날이었거든요.
지난밤 그는 결국 저를 죽였습니다.
죽을 때까지 때려서요.
만약에 그를 떠날 만큼 용기와 힘을 냈다면,
저는 아마 오늘 꽃을 받지는 않았을 거예요.

---

* 이 시는 가정 폭력 생존자이자 여성운동가인 폴레트 켈리(Paulette Kelly)의 작품이며, 신혜수의 번역문을 다듬어 수정했다.

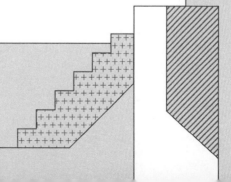

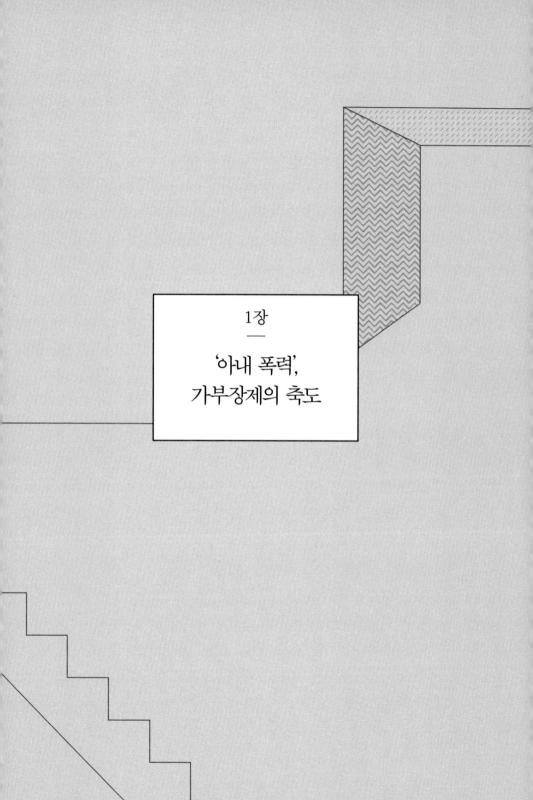

# 1장

—

# '아내 폭력', 가부장제의 축도

가정 폭력이 가족의 위기를
가져오는 것이 아니다.
가정 폭력은 현재 가족 구조의
한 단면일 뿐이며,
따라서 가정 폭력은 일탈적 사건이
아니라 오히려 가부장제 사회의
'규범'일지 모른다.

## '아내 폭력'은 어떻게 지속되고 재생산되는가

시대를 초월하여 대개 TV에서 방영되는 가정 폭력 추방 공익 광고는 가정 폭력에 대한 한국 사회의 접근 방식을 매우 상징적으로 보여준다. 많은 광고가 폭력 가정에서 자란 남녀 어린이가 폭력 부부의 성 역할을 그대로 학습한다는 내용을 그리면서, 남편의 폭력이 아동에게 좋지 않은 영향을 미친다는 것을 강조한다. 이런 광고가 가장 우려하는 가정 폭력 피해는 남편에게 직접 폭력을 당하는 여성이 아니라 '부부 싸움'으로 인해 피해를 보는 어린 자녀이다. 물론 남편이 아내에게 폭력을 행사할 때 자녀 역시 중요하게 고려해야 할 피해자임은 분명하지만, 광고의 시작과 끝에 '여성 인권 캠페인'이라고 강조하는 문구가 나와도 그 광고는 여성 인권 캠페인이라기보다는 아동 인권 캠페인에 가깝다.

비슷한 맥락에서, 다음 두 건의 '아내 폭력' 관련 살인 사건은 가정 폭력 피해자에 대한 한국 사회의 차별적 태도를 여지없이 보여준다. 1995년 3월에 발생한 전말석(가명) 사건과 1996년 4월의 이경숙(가명) 할머니 사건은 모두 폭력 가정의 구성원들이 가해자인 남성 가장을 살해한 경우인데, 이들이 구타 남성과 어떠한 가족 관계를 맺고 있느냐에 따라 여론은 완전히 태도를 달리했다. 전말석 사건은 상습적으로 어머니와 자신을 구타하는 아버지를 살해한 경우이고 이경숙 할머니 사건은 일상적으로 자신의 딸을 구타하는 사위(딸의 동거남)를 살해한 사건이다.

언론에서는 이처럼 비슷한 상황의 가정 폭력을 두고 피해자가 가해자를 살해할 수밖에 없도록 방치한 사회적 책임을 묻기보다는 '가족 간에 살인 사건이 발생하다니……' 하는 식으로 개탄하였다. 또한 같은 '가해자'인 전말석과 이경숙 할머니에 대해서는 지극히 이중적인 태도를 보였다. 전말석을 아버지를 죽인 '패륜아'라고 비난하면서 이 사건을 마치 도덕성 붕괴와 말세(末世)의 상징적 사건처럼 보도하였다. 그러나 이경숙 할머니 사건에 대해서는 딸을 괴롭히는 사위를 죽인 '모성'으로 한껏 미화하였다. 이 사건에서 딸과 어머니가 서로 자신이 범인이라고 주장하면서 가족애를 보여준 것도 언론이 우호적인 태도를 취하게 한 이유였다. 이경숙 할머니 사건에 대한 언론의 태도는 여성 단체의 석방 운동에도 큰 힘이 되었으나, 전말석의 경우는 그 반대였다.

'아내 폭력'(아내에 대한 폭력)에 대한 나의 기본적인 문제 의식은, 이처럼 한국 사회의 '아내 폭력' 대처 방식이 인권과 성 평등(gender equality) 관점에서가 아니라 지나치게 (가부장적인) 기존 가족 보호 입장에서 논의되고 있다는 점이다. '아내 폭력'에 대한 가족 유지적인 접근 방식이 실제로 가정 폭력을 예방하고 근절할 수 있을까? 혹은 가정의 '진정한' 평화를 가져올 수 있을까? 나는 이 글에서 폭력당하는 아내들의 경험에 근거하여, 한국 사회에서 '아내 폭력'이 해석되는 방식과 시각을 여성주의 입장에서 문제 제기하고자 한다.

한국 사회에서 '아내 폭력'이 처음 사회 문제로 제기된 것은 1983년 여성 폭력(violence against women) 추방을 운동 과제로 내세운 '여성의전화'가 창립되면서부터다. 이후 쉼터(피난처) 마련 운동, 성폭력 특별법과 가정폭력방지법[1] 제정 운동을 거쳐 '아내 폭력'은 여성 폭력의 대표 영역이 되었고, 1990년대 한국 여성 운동이 성 인지적 관점(gender perspective)을 획득하는 데 크게 기여하였다. 현재는 여성 단체뿐 아니라 사회 복지 시설, 병원, 학교, 종교 기관, 심리 상담 기관, 법률 상담소에서도 '아내 폭력' 문제를 다루고 있다.

폭력 가정을 탈출한 아내가 사회적 성원권을 획득하고 고통을 극복하기까지의 과정은 그 사회의 가족 제도, 노동 시장, 공/사 분리 이데올로기, 성 문화, 모성 신화, 법 제도 같은 여성 억압 구조의 거의 모든 경로를 거쳐야 하는 지난한 경험이다. '아내 폭력'은 가부장제의 축도(縮圖)라고 할 수 있으며 그만큼 원인과 대책도 어떤 한 가지 요인으로 환원되지 않는다. 그래서 그동안 '아내 폭력' 문제는 여러 학문 분야에서 다양한 관점과 방법으로 접근해 왔다.

그러나 여성주의 관점에 입각한 몇몇 연구들을 제외한 대부분의 연구들은 가족과 폭력에 대한 일반적인 가부장적 통념을 그대로 수용하고 있다. 이들은 가족을 사회 기본 단위 혹은 휴식처라고 간주하며, 가족 구성원 간에는 차이(사실은 '위계')가 있지만 그 차이는 자연스러운 것이며 가해자의 폭력 행위에는 반드시 어떤 이유가 있을 것이라는 가정(假定)을 전제하고 있다.

우리가 흔히 경험하는 '부부는 일심동체', '가족 동반 자살'과 같은 언설에서처럼 가족이 하나의 단위(unit)라는 통념은 너무도 강해서 한국 사회에서는 이미 상식처럼 되어버렸다. 그러나 가족이 하나의 단위라는 담론은 성별과 연령에 따른 가족 구성원들 간의 권력 관계를 은폐하고, 실제로는 가정 폭력에 대한 외부의 중재를 방해하여 폭력을 지속시키는 역할을 한다. 사실 엄밀히 말하면 역사상 가족이 한 개의 단위로서 사회의 기본 구성 단위였던 적은 한 번도 없었다. 가족이 사회의 기본 단위라는 것을 다른 말로 하면, 결국 가족은 사회를 구성하는 요소이지 가족 자체가 사회는 아니라는 것이다.

가족 구성원들은 서로 다른 이해와 요구, 다른 사회적 정체성을 가지고 있기 때문에 많은 사람들이 흔히 설명하듯 하나의 통합된 단위로서 가족이 사회(자본주의, 산업화, 혹은 국가……)에 어떤 기능이나 역할을 한다는 생각은 잘못이다. 오히려 가족이 수행하는 기능은 사회를 설명하는 요인이 아니라, 그것이 왜 그토록 자연스럽게 수행되는 것처럼 보이는지 설명되어야 할 대상이다.[2] 계급의 재생산, 출산, 자녀 양육 등 우리가 자연스럽게 받아들이는 가족의 사회적 기능과 역할은 사실 많은 다양한 다른 가족 형태들을 배제하고 이성애적 핵가족만을 정상으로 설정한 가족 이데올로기의 결과다. 동성애 가족, 독신 가족은 출산하지 않는다.

어쨌든 이들은 '아내 폭력'을 '일탈'(비정상) 행위로 보면서 주로 폭력 가정의 인구학적 특성에 주목해 왔다. 즉 폭력에 영향을 미치는 원인이 무엇인지 고찰하는데, 이때 주로 등장하는 상황들은 가해 남편의 의처증, 스트레스, 알코올, 열등감, 경제적 무능력, 분노 따위다. 하지만 이것은 폭력의 원인이기보다는 그 자체로 폭력이라고 보는 것이 더 타당할 것이다. 한편, 폭력당한 아내의 심리에 초점을 맞추는 연구들은 오랜 폭력으로 인한 폭력의 결과(무기력, 보복의 두려움, 자아 의식 상실, 판단 능력 결여, 모순에 가득 찬 폭력 대처 기술 등등 피해 여성의 상태)를 마치 폭력의 원인인 양 설명한다.

이처럼 가정 폭력을 극소수 일탈 가정의 문제 혹은 개인 심리의 결과로 보는 관점은 상당히 뿌리 깊다. 가정 폭력이 가부장적 가족 구조의 문제라고 생각하는 사람들조차 '모든 아내들이 다 맞고 사는 것은 아니지 않는가' 하는 의문을 품는다. 안 때리는 남편도 많고 안 맞는 아내도 있으므로, 가정 폭력은 결국 개인의 문제라는 것이다. 그러나 이것은 가부장제 사회에서 여성과 관련된 이슈는 언제나 사적인 문제로 취급되는 편견의 결과일 뿐이다. 예를 들어 전 국민의 1퍼센트 정도가 절도 피해를 입었다면 그 누구도 이 문제를 개인적인 문제, 절도범의 스트레스와 분노로 인한 문제로 보지 않을 것이다. 그것은 당연히 사회 구조적인 문제로 분석되고 국가 사회적 대책이 세워질 것이다. 그러나 '아내 폭력'은 거의 모든 통계에서 50퍼센트 이상이 경험하는데도 여전히 개인적인 일로 간주된다. 성폭력 등 여성이 범죄의 피해자일 경우 언제나 이와 비슷한 논리가 적용된다.

남성의 폭력 행동 자체를 문제시하기보다는 폭력을 사용할 수밖에 없는 이유에 초점을 맞추는 연구들은, 결과적으로 남편은 아내를 때릴 수 있다는 문화를 지지하게 된다. 구타당하는 아내의 문제('맞을 짓')로 인해 폭력이 발생한다는 입장을 암묵적으로 전제한 연구들은, '아내 폭력'의 90퍼센트 이상이 결혼 생활 3개월 이내에 시작된다는 사실[3]을 인정하면서도 여전히 '아내 폭력'을 개인 심리의 차원에서 접근하고 있다.

이처럼 성 중립적 관점의 연구(가부장제의 영향력을 간과한 연구)들은 폭력이 심각하다는 것은 인정하지만 한국 사회 '고유의' 문화적 특성, 즉 가족주의적 가치를 고려하여 되도록 가족이 유지되는 방향으로 해결책을 모색해야 한다고 주장한다.[4] 또 어떤 이들은 여성주의적 관점이 가족 유지 대책을 마련하지 않는다고 비판하면서, 여성 의식 향상과 실제 현실 간의 괴리가 크므로 가족을 깨뜨리지 않고 피해자 보호와 예방이 가능하도록 여성주의적 접근이 더 보완되어야 한다고 지적한다.[5] 이들은 '아내 폭력'이 대개 자녀 학대를 동반하여 가족 구성원 모두에게 고통과 상처를 주는 가족 체계의 문제라고 보면서도, '어쨌든 가족은 유지되어야 한다'는 결론을 내리고 있다.

한편, 여성주의적 관점의 연구들은 크게 두 가지로 나눌 수 있다. 하나는 피해 여성을 돕기 위한 사회 복지적, 심리적 개입의 이론과 방법에 관한 것이다. 1998년 가정폭력방지법 제정 이후에는 '아내 폭력'에 대한 '원칙적', '정치적' 접근보다는 임상적 개입, 특히 가해자에 대한 '치료'가 강조되는 추세이다. 이는 '아내 폭력' 추방 운동이 한국 사회보다 먼저 시작된 서구에서도 마찬가지였는데, 법이

제정되고 나면 여성 운동가의 역할은 심리 상담가의 역할로 대체되는 경향이 있다.[6]

다른 하나는 '아내 폭력'을 사회 구조적인 문제로 보면서 그 원인과 지속 과정을 가부장제, 자본주의, 성별 분업, 폭력 문화, 공/사 분리 관념, 대중 매체의 영향 등 복합적인 여성 억압 구조 때문이라고 비판하는 연구들이다. 여성주의적 연구물은 그동안 한국 사회의 가부장적 통념인 이른바 '피해자 유발론'을 비판하면서 '아내 폭력' 원인을 피해 여성에서 가해 남성으로 이동시키는 데 커다란 기여를 해 왔고, 타 학문 분야의 가정 폭력 연구자들이 여성주의적 관점을 고려하도록 하는 데 많은 영향을 끼쳤다.

하지만 여성주의적 선행 연구 중에는 여성 억압의 일반적인 원인들이 어떻게 가족 구조 안에서 남성과 여성의 지위를 불평등하게 만들도록 작용하는지, 또한 남성을 가족의 대표자로 만들어 국가/사회와의 관계에서 협상의 주체로 세우는지, 그리고 여성들은 사회가 규정하는 가족 내 '여성적인' 역할과 정체성을 어떻게 받아들이고 대처하는지, 이와 같은 구조가 피해 여성의 '아내 폭력' 인식과 대응에 어떤 영향을 끼치는지에 대한 연구는 없었다.

이제까지 한국 사회에서 성별 제도(gender)를 고려한 여성주의적 주장이나 고려하지 않은 성 중립적(gender neutral) 담론이나 모두 '아내 폭력'을 문제화하는 이유와 방식은 같았다고 볼 수 있다. 기존 담론에서는 '아내 폭력'이 '집안일'이 아니라 사회적 문제인 이유를 첫째, 가정 폭력 사태가 방치하기엔 너무 잔인하고 심각하다는 것, 둘째, 폭력으로 인해 소중한 가족이 해체된다는 것, 셋째, 여성

이 행복하고 건강해야 아내와 어머니 역할을 잘 수행할 수 있다는 것으로 들었다.[7]

'아내 폭력'이 비정치적 문제라는 전제 아래, 그것이 사회적 이슈여야 하는 이유를 심각성에서 찾고 있다. 폭력 문제를 고려하는 데 가장 기본적인 관심사라고 할 수 있는, 여성의 몸이 아프고 고통을 당한다는 여성 개인의 권리 침해에 대한 우려와 문제 의식은 없다. 한국 사회에서 '아내 폭력'은 언제나 아내(여성)에 대한 폭력이 아니라 가족에 대한 폭력으로 환원된다.[8] 즉 한국 사회에서는 가정 폭력(domestic violence, family violence)이 원래 의미인 가정 내에서 발생하는 폭력(violence in the family)이 아니라 가정에 대한 폭력(violence against family)으로 여겨진다. 그렇기 때문에 이제까지 '아내 폭력'에 대한 접근 방식은 주로 '폭력으로부터 가정을 보호하자'는 가족 유지를 근간으로 한 것이었다.

여성 운동 세력도 예외는 아니어서 1991년 성폭력 특별법 제정 운동 당시 '아내 폭력'은 '가정에서 일어나기 때문에' 성폭력의 범주에서 제외되었다. 이는 성폭력 특별법 제정 운동 내내 여성계 최대의 논쟁점이었다. '여성의전화'만 '아내 폭력'도 성폭력이라고 주장했으나 법안에 수렴되기는 어려웠다. 여성 운동 단체들은 '아내 폭력'이 추방되어야 하는 이유를 '가정의 평화는 사회의 평화'[9]이고, 어린이가 가정에서부터 폭력을 학습하기 때문이라고 본다.("가정 폭력은 당신의 자녀에게 전염됩니다.")[10] 여전히 가족을 사회의 기본 단위로 보는 이 같은 시각은 '가족은 사회의 기본 단위이므로 아내가 구타당하더라도 가족이 해체되어서는 안 된다(탈출해서는 안 된다)'

는 가부장제 세력의 입장과 동일한 논리 구조를 갖는다.

가정폭력방지법 제정 이후 여론은 이 법이 전통적인 가족 관계를 해체한다고 비판해 왔다. 평소 친여성적 활동을 해 온 사회 운동가나 언론조차 "때리는 남편도 가부장제의 희생양"[11]이며, "가족으로부터 신고당한 구타 남편들이 느끼는 '배신감'을 치유해주어야 한다"[12]고 주장했다. 이렇듯 한국 사회에는 '아내 폭력'에 대한 가족 유지적, 남성 중심적 언설이 만연해 있다. '아내 폭력'에 대한 한국 사회의 가족 중심적 접근은 가정폭력방지법 제정 논리에도 큰 영향을 끼쳤으며, 이러한 상황을 고려한 여성 운동 세력은 가정폭력방지법이 (가해자 처벌이 가장 효과적인 폭력 근절 방법임에도 불구하고) 가해자 처벌 위주로 제정되는 것에 반대할 수밖에 없었다. 한국 사회의 '아내 폭력' 인식 수준을 고려할 때, 처벌 위주로 법이 제정될 경우 법이 사장(死藏)되어 피해 여성이 도움받지 못할 것을 염려했기 때문이다. 그 결과 현행 가정폭력방지법이 많은 성과와 의미가 있음에도 불구하고 지나치게 가족 유지적이라는 지적이 제기되었다.[13]

이러한 시각은 같은 가정 내 폭력인 아동 학대를 한 '인간'의 미래를 짓밟는 행동, 노인 학대를 미래의 '자신'을 학대하는 것[14]으로 접근하는 것과 확연히 구분된다. 이는 대다수 가정 폭력 연구자들에게서 공통적으로 발견되는 문제점인데, 아동/노인 학대는 피해자 개인의 권리 침해로 이해되지만, '아내 폭력'은 여성의 인권보다는 가족 해체에 대한 우려가 더 우선시된다. 그래서 아동/노인 학대는 사회의 즉각적인 개입이 강조되지만 '아내 폭력'은 부부 간의 심리적인 문제로 경시되면서 '비바람은 집안에 들어가도 법은 집안에 들어갈 수 없다'[15]는 논리가 강조된다.

물론 여성에 대한 폭력이 만연한 한국 사회에서 '아내 폭력'에 대한 가족 중심적인 접근만큼 문제의 심각성을 대중적으로 확산하는 데에 설득력이 큰 논리는 없었다. 그러나 이러한 관점은 가족 내 여성의 지위를 문제시하거나 그로 인한 인권 침해를 지적하기보다는, 여성을 폭력으로부터 보호하여 가정의 해체를 예방하는 것만을 강조하고 있다. 현행 가정폭력방지법은 여성은 남성에게 경제적으로 '의존'하고 있다는 전제 아래, 가해자를 처벌하기보다 치료와 교정을 통해 가족을 유지하는 것이 사회 경제적 약자인 여성을 보호하는 것이라고 본다. 이에 따라 가정폭력방지법은 가정 보호와 인권 보호적인 측면을 동시에 반영하고 있다.[16]

그러나 나는 피해 여성이 폭력 가정을 벗어나지 못하는 실제적인 원인이 단지 경제적 의존 때문인지, 만일 경제적 의존 때문이라면 어쩔 수 없이 가해자와 계속 살아야 하는지, 현재의 가부장적 가족 제도에서 가족 보호와 여성 인권 보호가 과연 양립할 수 있는지에 대해 의문을 품는다.

나는 '아내 폭력'에 대한 가족 유지적 접근이 과연 '아내 폭력' 문제의 대책이 될 수 있을까에 대해 부정적이다. 첫째, 여전히 여성을 가족 유지의 핵심적인 존재로 본다는 점에서, 둘째, 가족 내 여성의 역할을 모성의 담당자와 남편의 성적 대상으로만 규정하는 남성 중심적 권력 구조에는 문제 제기할 수 없다는 점에서, 셋째, 여성의 정체성을 사회적 시민으로서가 아니라 '가정적' 존재로 끊임없이 환원한다는 점에서 그렇다.

만일 어떤 사람이 가정이 아닌 길거리에서 남편이 아닌 다른 사람에게 폭력을 당했다면, 당연히 가해자를 처벌해야지 치료하거나 상담해주어야 한다고 생각하는 사람은 없을 것이다. 즉 '아내 폭력'이 전쟁, 고문, 조직 폭력 같은 일반적인 폭력과 다른 것은 그것이 단지 '가정'에서 '남성이 여성에게' 행사한다는 점이고 그로 인해 오랫동안 은폐되었거나 지속된 점이라고 볼 수 있는데[17] 바로 이 부분을 지적하고 비판하지 않는다면 '아내 폭력'을 근절할 수 있겠는가 하는 것이다. 그러므로 나는 오히려 성(차)별 제도에 의한 가족 내 남녀의 차별적 지위와 그에 따른 성 역할 규범은 그대로 둔 채 폭력만을 방지하자는 기존의 가족 중심적 접근이야말로 '실질적인' 대책이 되기 어렵다고 본다.

이처럼 가정 폭력이 왜 근절되지 않을까 하는 문제는 가정 폭력이 왜 근절되어야 할까라는 질문과 맞닿아 있다. 현재 한국 사회의 일반적인 통념은 남편의 폭력으로 인해 가족이 파괴되기 때문에 가정 폭력이 나쁘다고 이야기한다. 그런데 조금 생각을 뒤집어보면 가족은 무조건 소중하다는 생각, 혹은 어떤 일이 있어도 가족은 해체되면 안 된다는 가족 유지 이데올로기 때문에 그토록 극심한 폭력으로도 (남성 중심적) 가족이 빨리 파괴되지 않는 것이 실은 더 큰 문제라는 것을 알 수 있다. 피해 여성들이 가정을 지키기 위해 폭력 가정을 떠나지 못해서 가정 폭력이 지속되기 '때문'이다. '어떤 대가를 지불하더라도 현재의 가족은 지속되어야 한다'는 사고 방식을 피해자, 가해자, 사회 모두가 공유하고 있는 한, 우리가 그토록 지켜야 하는 가족이 과연 누구를 위한 가족인가를 새롭게 질문하지 않는 한, 가정 폭력은 근절되기 힘들다.

가정이 사회의 기본 단위라는 주장('가정의 평화는 사회의 평화')과 가정이 폭력의 학습장이 되어서는 안 된다는 사고는 우리에게 매우 익숙한 논리로서, 이제까지 여성 운동가들과 관련 연구자들이 '아내 폭력' 해결을 여론에 호소할 때 많이 사용한 방법이었다. 그러나 나는 이제 이러한 논리가 재고되어야 할 시점에 왔다고 본다. 더 나아가 어떤 의미에서는 오히려 이러한 논리 자체가 '아내 폭력'을 지속시키는 이데올로기는 아닌지 생각해보아야 한다. 가정 폭력이 가족의 위기를 가져오는 것이 아니다. 가정 폭력은 현재 가족 구조의 한 단면일 뿐이며, 따라서 가정 폭력은 일탈적인 사건이 아니라 오히려 가부장제 사회의 '규범'일지 모른다. 또한 위와 같은 기존의 '아내 폭력' 반대 논리는 기본적으로 피해자 중심의 사고가 아니라는 점에서 궁극적인 해결책이 될 수 없다.

나는 이 책에서 '아내 폭력'을 여성 개인의 권리 침해 문제에서 가족 해체의 문제로 환원하는 기존의 시각에 문제를 제기하면서 여성의 정체성을 아내, 어머니, 며느리처럼 가족의 구성원으로서만 규정하는 한국 사회의 구조가 어떻게 '아내 폭력'을 지속하고 재생산하는지를 피해 여성의 경험을 통해 살펴보고자 한다.

'아내 폭력'이 지속되는 구조를, 여성에게만 강요되는 가족 유지 책임과 여성의 정체성을 가족에만 관련시키는 가족 내 성 역할 규범을 중심으로 알아보고자 하는 것이다. 그리하여 이 책이 가족이 파괴되기 때문에 혹은 실태가 심각하기 때문에 사회적 문제라는 '아내 폭력'에 대한 기존 담론을 여성 중심적 접근으로 전환하는 데 하나의 계기가 되었으면 한다. 위와 같은 문제 의식을 근거로 삼아 이 책에서 나는 다음의 질문에 주로 초점을 맞추어 나의 고민을 풀어나가고자 하였다.

1. 가정 내 남편과 아내의 역할과 관련하여 '맞을 짓'이 어떻게 구성되는가? '아내 폭력'의 근본 원인과 발생 메커니즘은 무엇인가?

2. 피해 여성과 가해 남성이 자신을 개인으로서가 아니라 가족 내 성별 정체성인 아내/남편으로 규정할 때 폭력 경험을 어떻게 해석하는가? 폭력을 폭력이 아닌 다른 것으로 인식할 때 그것은 '아내 폭력' 대응에 어떠한 영향을 끼치며 그렇게 인식하게 하는 사회 문화적 맥락은 무엇일까?

3. 여성에 대한 가족 내 성 역할 규범은 피해 여성의 탈출을 비롯한 다양한 대응에 어떠한 영향을 끼치는가? 이를 통해 현재의 가족 제도 아래서 폭력당하는 아내의 순종 혹은 저항이 폭력을 예방하는 데 어떤 의미가 있는지 알아보고, 피해 여성이 폭력 가정을 벗어나는 데 필요한 사회적 조건은 무엇인지 모색하고자 한다.

## '아내 폭력'은 인류 공통의 경험이다

시대와 지역, 종교, 인종, 계급, 교육 수준, 일부일처제와 일부다처제를 막론하고 인류가 공통적으로 경험해 온 역사가 있다면 그것은 '아내 폭력'일 것이다. 한국 사회에도 '아내 폭력'에 대해 언급한 기록들이 남아 있는데, 조선 후기 유학자였던 이덕무는 "남편과 시부모가 성질이 포악해서 때리고 구박하여 집에 못 있게 하더라도 친정에 돌아가는 것은 배반이 아니겠는가."라고 적었고[18] 조선 시대 여성들의 생활 지침서였던 《내훈(內訓)》 2권 부부 장(章)에는 "남편을 아버지같이 섬길 것이나, 혹 그릇된 일을 간하였다가 매를 맞는 일이 있더라도 노하기는커녕 전혀 원망해서는 안 된다."고 하였다.[19]

서양에서도 '아내 폭력'은 고대 바빌론 시대부터 현대 산업 자본주의 시대에 이르기까지 계속되어 왔다.[20] 로마 시대 남편들은 아내를 벌주고 죽이고 마음대로 이혼할 수 있었다. 중세 유럽에서는 기사와 귀족들이 자기 농노를 때리듯이 '정기적으로' 아내를 구타하였고 당시 여성들이 산 채로 불태워진 이유는 '혼외의 아이를 낳았을 때, 자위했을 때, 아이를 돌보지 않았을 때, 남편에게 호통치거나 잔소리가 심할 때, (남편의 구타로 인한 것일지라도) 유산했을 때'였다.[21] '아내 폭력'은 종교 교리, 법률로 성문화(成文化)되고 보장되었는데 그 내용은 주로 아내의 의무와 역할에 관한 것이었다. '식사를 늦게 준비했거나 다른 남자와 말을 하는' 등 도리를 지키지 않은 아내를 남편은 언제든지 처벌할 수 있었다.[22] 16세기 러시아에서는 남편이 언제 어떻게 하면 가장 효과적으로 아내를 때릴 수 있는가를 명기한 가정 법령(Household Ordinance)을 선포하기도 하였다.[23] 현대 사회주의 국가도 예외는 아니다. 1980년대 소련 타지크 공화국에서는 첫날밤 신부의 순결 검사 관습과 남편의 구타에 못 이겨 분신 자살하는 여성들이 1년에 30~40명에 이르러 그들을 '살아 있는 등불'이라고 불렀다.[24]

18세기까지 '아내 폭력'을 법적으로 규제하지 않다가 근세에 이르러 법 제도가 발달하자 법의 테두리 안에서 '아내 폭력'을 제한(?)하기 시작했다. 19세기 전까지 여성은 결혼과 동시에 재산과 개인적 권리를 잃었다. 여성의 법적 권리는 결혼 기간 동안 유예되거나 남편의 존재에 통합되었다. 남편과 아내는 '한 사람'이었다. 그래서 남편과 아내는 공동 모의죄로 유죄 선고를 받을 수 없었다. '공동 모의'라는 것은 두 사람의 존재를 전제로 하는 죄목이기 때문이다.[25] 19세기 영국의 관습법(common law)은 '엄지손가락 법칙(rule of thumb)'이라고 하여 매의 굵기가 남편의 엄지보다 굵지만 않으면 아내 구타는 정당하다는 원칙을 발전시켰다. 대략적으로 잰다는 뜻인 영어의 'rule of thumb(눈대중)'이라는 말도 여기서 유래했다.[26] 18세기 프랑스 법은 구타를 인정하되, 날카롭거나 위협적인 도구의 사용은 금지하고 때리고 차거나 뒤에서 누르는 것으로 제한했다고 한다.

서구에서 20세기 전까지 '아내 폭력'이 공공의 관심사로 등장한 적이 두 번 있었다. 영국의 프랜시스 코비(Frances Power Cobbe)는 남편의 발길질로 인해 사망하거나 장애를 얻은 리버풀 지역 여성 노동자들의 연간 사상자 수를 기록하였다. 코비가 그 자료를 토대로 하여 쓴 〈아내 학대(Wife Torture in England)〉(1878)라는 논문은 '아내 폭력'을 페미니즘의 문제로 제기한 최초의 시도로 알려졌다. 그 논문은 이후 영국의 결혼 소송법 가결에 많은 힘이 되었다. 이 법은 남편이 아내를 때려 유죄 판결을 받을 경우 아내에게 별거할 수 있는 권리를 허락하였다.[27]

이후 1920년대까지 '아내 폭력' 문제는 주목받지 못하다가, 1960년대 말 서구를 중심으로 한 페미니즘과 함께 다시 소생하였다. 그간 '아내 폭력'은 동물 학대보다도 관심을 받지 못했다. 미국의 가족 문제 연구지인 〈결혼과 가족(Journal of Marriage and Family)〉에는 1939년 창간 이후 1960년대 후반까지 '아내 폭력'에 대한 논문이 한 건도 게재되지 않았고[28], 가정 폭력 중에서도 '아내 폭력'은 부차적인 문제로 다루어지는 경향이 있었다. 1962년 미국에서 아동 학대가 사회 문제화되자 가정 폭력의 존재가 세상에 알려지고 아내 구타도 주목받기 시작했다. 페미니즘은 여성 폭력을 '세상 밖으로' 끌어냈고 이에 힘입어 '아내 폭력'은 1970년대부터 본격적으로 학문 연구의 대상이 되었다.

'아내 폭력' 추방 운동은 1972년 에린 피지(Erin Pizzey)가 런던에 치즈윅 여성 보호소(Chiswick Women's Aid)를 설립하면서 시작되었다.[29] 피지는 이 과정을 《조용히 소리 질러라 이웃이 듣는다 (Scream Quietly or the Neighbours Will Hear)》[30]라는 책으로 출판하였고 그녀의 활동은 1974년 영국 의회에 가정 폭력 위원회를 설치하는 데 큰 영향을 끼쳤다. 미국에서도 1974년 미네소타 주 세인트 폴 시에 미국 최초의 쉼터가 생겼고 1975년 전미 여성 기구(National Organization for Woman)에 '구타당하는 여성 특별 위원회'가 설치되었다. 1976년 델 마틴(Del Martin)은 여성주의 입장에서 '아내 폭력'에 대한 최초의 정리서라 할 만한 《매 맞는 아내(Battered Wives)》[31]를 출판하였는데 이 책은 다른 학문 분과의 '아내 폭력' 연구에 페미니즘을 적용하는 데 크게 기여하였다.

이제 어느 분야의 연구자든지 가부장제를 이해하지 않고는 '아내 폭력'을 설명할 수 없다는 점에 동의하고 있다. 1980년대는 서구에서 소위 '반동(backlash)'의 시대를 맞아 어려움을 겪기도 했지만 여성 운동은 법 제정 운동과 이 문제에 개입하는 의료, 경찰, 사회 복지 시설 같은 지역 사회 네트워크, 가해자/피해자 교육 프로그램에 여성주의 시각이 관철되도록 노력해 왔다.

서구 급진주의 페미니즘의 주요 이슈였던 '아내 폭력'은, 1990년대 들어서 전 세계의 보편적인 여성 운동 의제가 되었다. 여성 운동가들의 국제 연대의 성과로 1979년 유엔이 정한 '여성 차별 철폐 협약(Convention on the Elimination of All Forms of Discrimination against Women)'에 여성 폭력이 빠진 것을 비판하여 1993년 '여성 폭력 철폐 선언(Declaration on the Elimination of Violence against Women)'이 추가로 제정되었다. 특히 1990년대 이후 '아내 폭력'이 강간, 군 '위안부' 문제와 함께 인권 문제로 국제 인권 운동의 중심 현안으로 등장하면서 국제 사회에서 여성 문제의 주류화(mainstreaming)에 영향을 끼치고 있다는 데 주목할 만하다.[32]

'아내 폭력'이 행해져 온 수천 년간의 역사에 비하면 1960년대 이후는 가히 혁명적인 시기였다. 그러나 여성 운동의 노력에도 불구하고 여전히 '아내 폭력'은 심각하고 법은 별다른 효력을 발휘하지 못하고 있다. '아내 폭력'의 절망적인 만연과 뿌리 깊은 피해자 유발론은 몇몇 여성주의자들에게도 영향을 끼쳤다. 급진적 페미니스트로서 《성폭력의 역사(Our Against Will)》로 유명한 수전 브라운밀러(Susan Brownmiller)조차 종전의 태도와는 다르게 여성의 피해자성을 강조했고,[33] 에린 피지도 후에 구타는 사회적 문제가 아니라 심리적 문제이며 폭력을 휘두르는 남성도 문제지만, 남성에게 폭력을 '돋우는' 여성도 책임이 있다고 하여 페미니스트 그룹을 실망시켰다.[34]

미국에서 살해당한 여성의 약 42퍼센트는 이전 또는 현재의 파트너에 의해 죽은 것이다. 방글라데시, 브라질, 케냐, 태국은 50퍼센트에 육박하며 파키스탄에서는 전통적인 여성 억압 문화인 푸르다(purdah, 얼굴과 신체를 가리는 베일)의 영향으로 80퍼센트 정도의 여성이 남편으로부터 학대받는다. 볼리비아 정부는 여성에 대한 폭력이 매해 10만 건 정도 행해지고 95퍼센트는 처벌되지 않는다고 보고하였다. 미국에서 아내 구타는 강간, 자동차 사고, 강도를 합한 것보다 더 많은 외상의 이유이며 여성이 다치는 가장 일반적인 원인으로 여겨진다. '아내 폭력' 경험률 조사(1986~1993)에 의하면 칠레/에콰도르/스리랑카/탄자니아 60퍼센트, 일본 59퍼센트, 과테말라 49퍼센트, 우간다 46퍼센트, 케냐 42퍼센트, 벨기에 41퍼센트, 잠비아 40퍼센트, 말레이시아 39퍼센트, 캐나다 27~36퍼센트, 미국 28퍼센트, 노르웨이 25퍼센트, 네덜란드 21퍼센트에 이른다.[35]

리처드 겔즈의 연구에 따르면, 5년간 미국에서 '아내 폭력'으로 사망한 여성의 수는 베트남 전쟁에서 사망한 미국인의 수와 비슷하며 미국의 소아마비 환자 모금 본부(March of Dimes)에 의하면 임신 중 남편의 구타가 기형과 유아 사망의 주 원인이라고 보고하고 있다.[36] 일본 정부의 조사 결과 기혼 여성의 5퍼센트는 '아내 폭력'으로 생명의 위협을 느낀다고 호소하였다.[37]

특히 임신 중인 여성은 학대 타깃 1순위이다. 미국 휴스턴과 볼티모어에서 저소득층 임신 여성 6명 중 한 명은 임신 중에 폭력을 경험했다. 구타당한 여성의 60퍼센트가 그렇지 않은 여성보다 임신 중에 3배 이상의 폭력을 경험한다. 임신 중 구타는 이미 영양 실조와 과도한 노동 상황에 처해 있는 제3세계 여성들에게 더 심각한 영향을 끼친다. 멕시코시티에서 무작위로 342명의 여성들을 조사했는데 20퍼센트의 여성들이 임신 기간 동안 위(胃)를 가격당했다. 코스타리카 산호세에서는 남편에 대해 사법적 개입을 요청한 80명의 매맞는 아내들에 대한 연구에서, 49퍼센트가 임신 중에 구타당했다고 보고했고 이중 7.5퍼센트가 구타로 유산했다.[38]

한국 사회에서도 '아내 폭력' 발생률은 거의 대부분의 조사에서 과반수를 넘어서며, 구체적인 폭력 피해 상황은 다른 사회의 사례와 별로 다르지 않다([표 1] 참조).[39]

## 가정 폭력인가, 아내 폭력인가

이 글을 읽는 독자 중에는 내가 처음부터 가정 폭력, 아내 구타, '아내 폭력'이라는 용어를 혼용하고 있는 것과 아내 폭력을 '아내 폭력'이라고 표기하는 점에 의구심을 느끼는 사람들이 적잖이 있을 것 같다. 현재 한국 사회에서 아내에 대한 폭력은 다음과 같은 다양한 용어가 동시에 사용되고 있다. 가정 폭력(domestic violence)[40] · 가족 폭력(family violence)[41] · 아내 구타(wife battering/beating)[42] · 구타당하는 아내(battered women/wives)[43] · 학대당하는 아내 · 학대

**[표 1] 아내 폭력에 대해 이루어진 조사***

| 연구자 | 년도 | 대상 | 지역 | 경험률 | 비고 |
|---|---|---|---|---|---|
| 한국여성의전화 | 1983 | 기혼 여성 708명 | 서울 | 42.2% | 한국 최초 실태 조사 |
| 한국갤럽조사연구소 | 1983 | 기혼 여성 | | 61.0% | |
| 손덕수 | 1983 | 기혼 여성 140명 | 서울 | 48.8% | |
| 김정옥 | 1985 | 기혼 여성 673명 | 대구 | 44.7% | 성적 폭력 경험률 91.8 |
| 김경화 | 1986 | 기혼 여성 564명 | 서울, 부산 | 1.553점 | 5점 만점 기준시 |
| 이영숙 | 1985 | 부부 519쌍 | 서울, 전주 | 42.0% | |
| 이순형 | 1987 | 기혼 여성 200명 | 서울 | 60.0% | |
| 김이화 | 1988 | 기혼 여성 386명 | 대구 | 43.8% | |
| 김정옥 | 1988 | 기혼 여성 511명 | 대구 | 51.5% | |
| 윤명숙 | 1988 | 부부 42쌍 | | 92.8% | 알코올 중독자 대상 |
| 조연규 | 1989 | | 전국 | 37.5% | |
| 김미옥 | 1989 | 기혼 여성 336명 | 경북 농촌 | 61.3% | |
| 김갑숙 | 1990 | 기혼 여성 521명 | 부산 | 45.7% | 성적 폭력 경험률 86.9 |
| 전형미 | 1990 | 기혼 남성 290명 | 울산 | 55.9% | |
| 한국여성개발원 | 1990 | 1094 가구 | 도시 빈민 | 28.2% | |
| 한국갤럽조사연구소 | 1990 | 기혼 남녀 316명 | 전국 | 37.5% | |
| 김정옥 | 1990 | 225명 | 대구 | 48.4% | |
| 김광일 | 1990 | 1316명 | 전국 | 30.9% | |
| 김정옥 외 | 1992 | 기혼 여성 203명 | 대구 | 38.9% | 성적 폭력 경험률 91.6 |
| 보건사회부 | 1992 | 기혼 여성 7,500명 | 전국 | 61.0% | |
| 한국형사정책연구원 | 1992 | 기혼 남녀 1,200명 | 서울 | 45.8% | 남성 가해 비율은 50.5 |
| 정복희 | 1993 | 기혼 여성 225명 | 대구 | 44.4% | |
| 이영희 | 1993 | 기혼 여성 408명 | 부산 | 42.2% | |
| 박경규 | 1994 | 기혼 남성 642명 | 대구 | 35.8% | |
| Shin | 1995 | 이민 남성 99명 | 미국 남부 | 37.0% | 캘리포니아 교민 |
| 정서영/김명자 | 1996 | 부부 328쌍 | 서울, 부산 | 44.8% | 성적 폭력 경험률 78.1 |
| 김재엽 | 1997 | 기혼 남녀 1,523명 | 전국 | 31.4% | 부부 상호 폭력 발생률 |

| 손정영 | 1997 | 기혼 남녀 318명 | 대구, 서울 | 52.5% | |
| 대구매일신문 | 1997 | | 대구 | 41.4% | |
| 한국보건사회연구원 | 1998 | 남녀노소 1,000명 | 전국 | 5.6% | 최근 1년간 발생률 |
| 법무부 | 1999 | 1,540가구 | 전국 | 34.1% | |

당하는 부인[44] · 매 맞는 아내[45] · 아내 학대(wife abuse)[46] · 아내 폭행(wife assault) · 부부 폭력(marital/conjugal violence)[47] · 배우자 학대(spouse-abuse)[48] · 가부장적 테러리즘(patriarchal terrorism)[49] 등이다.

기본적으로 용어의 선택과 사용은 매우 정치적인 행위이다. '아내 폭력'을 어떤 용어로 표현할 것인가는 곧 이 문제를 바라보는 관점을 드러낸다. 가정 폭력은 그동안 가정에서 연장자 남성에 의해 이른바 교육 차원에서 당연히 행해졌던 관습을 폭력으로 정의했다는 점에서 큰 의미가 있고, 특히 대중적인 설득력이 있다. 1980년대 미

---

* 1999년 이후 진행된 '아내 폭력' 실태 조사.

| 연구자 (연구기관) | 년도 | 대상 | 지역 | 경험률 | 비고 |
|---|---|---|---|---|---|
| 변화순 외<br>(한국여성정책연구원 · UNDP) | 1999 | 20세 이상 60세 미만 남녀 1,100명 | | 35.6% | 여성 응답자 중 결혼 후 남편에게 구타당한 경험이 있는 여성의 비율 |
| 변화순 외<br>(한국여성정책연구원) | 2000 | 20세 이상 64세 이하 남녀 2천 명 | 서울 · 경기 | 45.3% | 일생에 적어도 한 번 배우자 혹은 애인에게 신체적 폭력을 당한 적 있는 여성 |
| 박병일 외(여성가족부) | 2004 | 19세 이상 성인남녀 6,156명 | 전국 | 37.3% | 지난 1년간 남편의 아내 폭력 |
| 김승권 외(여성가족부) | 2007 | 19세 이상 6,561명 | 전국 | 33.1% | 지난 1년간 남편의 아내 폭력 |
| 김재엽 외(여성가족부) | 2010 | 19세 이상 성인남녀 3,800명 | 전국 | 44.3% | 지난 1년간 남편의 아내 폭력(통제행위 제외) |
| 황정임 외(여성가족부) | 2013 | 19세 이상 성인남녀 5,000명 | 전국 | 34.4% | 지난 1년간 남편의 아내 폭력(통제행위 제외) |

국의 페미니스트들도 레이건 정권의 정치적 반동기에 대응하여 '외교적 전략'으로 여성 폭력이나 '아내 폭력' 대신 가정 폭력 용어를 사용했다.[50] 가부장제 사회의 '안식처로서 가족' 관념에 비추어 볼 때 '가정'과 '폭력'은, 병렬될 수 없는 일종의 이문 융합(異文 融合)으로서 그 자체로 정치적 의미가 크다. 그러나 가정 폭력은 아동 학대, 노인 학대 등 가정 내에서 발생하는 모든 폭력을 포괄하기 때문에 적합하지 않고, '아내 폭력'을 성 중립적으로 표현하고자 할 때 많이 사용되는 용어이기도 하다.

가부장적 테러리즘은 '아내 폭력'의 성격을 가장 잘 표현한 용어지만 강간, 여성 (인신) 매매 같은 다른 종류의 여성 폭력도 가부장적 테러리즘이라고 할 수 있기 때문에 가정 내 폭력인 '아내 폭력'의 의미와는 맞지 않는다. 부부 폭력이나 배우자 학대는 가정 폭력의 성별 권력 관계를 모호하게 표현하여 '아내 폭력'을 상호 폭력의 양상인 것처럼 보고 있다. 매 맞는 아내는 한국 사회에서 '매'가 잘못을 저지른 사람, 아랫사람에게 훈육의 차원에서 하는 조처라는 의미를 지니기 때문에 폭력 동기의 타당성을 인정하거나 부부의 서열을 정당화할 여지가 있다.

아내 학대는 구타보다 광범위하지만 다소 심리적, 성적 학대에 치중하는 듯한 어감을 준다. 아내 구타는 여성 운동 진영을 비롯하여 그간 한국 사회에서 비교적 널리 사용되어 왔지만 '구타'는 여성의 경험을 드러내기에 부족하다.

남편은 만날 '나는 목을 조른 것이지 때린 것이 아니다. 내가 언제

너 팔뚝 같은 데 때렸냐? 너는 때리는 게 뭔지 모른다. 내가 때리면 그 때 너는 최소 사망이다. 이건 안 때린 거다.' 그러면서 자기는 때린 적이 없대요. (35세, 주부, 고졸 여성)

'구타하다'를 뜻하는 영어의 'batter'는 격렬하게 연타한다는 의미로 구타당한 상태(battered)는 두들겨 맞아 찢어진 상태를 가리킨다. 이처럼 구타는 물리적 폭력, 혹은 때리는 행위만을 의미하기 때문에 '목을 조른 것이지 때린 것이 아니다'는 가해자의 주장 앞에서 피해 여성은 대응할 논리를 찾지 못한다. 1990년대 초 성폭력 특별법 제정 운동 당시 아내 구타가 성폭력이냐 아니냐의 논쟁 역시 구타가 지니는 표현상의 한계에 기인한 바 크다.

부부 관계에서 신체적 폭력이 없는 언어적, 정신적 폭력은 발생할 수 있어도 언어적 폭력이 없는 신체적 폭력은 없다. 이 연구의 증언자들은 특히 남편의 언어 폭력에 대한 고통을 호소했다. 언어 폭력은 육체적 폭력만큼 아내를 절망케 하는데, 대체로 여성의 성(sexuality)과 관련된 것이 많고 매우 여성 혐오적이다. '구타할 때, 남편이 화났을 때 주로 폭언을 하느냐'는 나의 질문에 대부분의 증언자들은 그것이 일상적인 부부 간의 대화라고 말했다.

'이 씨발, 가랑이 찢어 죽일 년, 좆 같은 년, 개 같은 년⋯⋯' 아주 상습적으로 (폭언을) 하지요. 신혼 때부터. 친구들은 그쪽 지방이 원래 거세다, 그러니 이해하라고 그랬어요. 하지만 내가 같이 욕하면 금세 주먹질이죠. (26세, 고졸, 생산직 여성)

아내 강간 역시 새삼스러운 문제가 아니었다. 신성자의 연구[51]에 따르면 조사 대상 남성(대구 지역)의 42.4퍼센트가, 여성의 35.8퍼센트가 최근 2년간 아내 강간을 경험했다고 응답하였다. 아내 강간이나 정서적 학대는 여성에 대한 폭력 중에서도 사회 문제로 제기하기 어려운 부분이다. 부부 사이의 강간은 성폭력이 아니라는 논리('아내의 몸은 남편의 것')에 따라 사회 문제가 되기 어려우며,* 정서적 학대는 '가볍기' 때문에 폭력으로 정의되기 힘들다.

때린 다음에 꼭 관계를 해요. '밑을 남한테 줄 거냐'면서, 때리고 나면 자기가 발기가 안 되니까 1시간 동안 손가락으로 해요. (40세, 대졸, 자영업 여성)

(화장품) 로션 샘플 있잖아요. 그걸 (질에) 넣고 밑을 막 쥐어뜯어요. (30세, 고졸, 생산직 여성)

구타를 하는데 그 다음에 꼭 아이를 데리고 가출을 해요. 아이가 이제 3개월인데 아이를 데리고 나가서 추운데(아기가 얇은 옷을 입은 상

---

* 2009년 부산지방법원은 아내 A씨가 성관계를 거부하자 흉기로 협박해 강제로 관계를 가진 혐의로 기소된 남편 B씨에게 징역 2년 6개월에 집행유예 3년을 선고했다. 1970년 3월에 나온 부부 간 강간죄를 부정하는 대법원의 판례를 뒤집고 40여 년 만에 부부 간 강제 성행위에 강간죄를 인정한 것이다. 부부 간 강간에 관한 우리 사회의 인식이 개인의 '성적 자기결정권'을 존중하는 방식으로 나아가고 있음을 보여준 사건이었다. 2015년에는 흉기로 상대를 위협하지 않아도 강제로 성관계를 맺으면 부부 간 강간죄가 성립될 수 있다는 판결이 나왔다. 이 판례가 나오기 전까지 유죄로 인정된 부부 강간은 흉기로 배우자를 위협하는 경우에만 해당되었다.

태) 우유도 안 주고 차 같은 데 방치하는 거예요. 그러면 나는 미치는 거지요. 핸드폰도 꺼놓고 연락이 안 되니까. 남편이 때려서 두 번 유산했고 이 애는 (구타로) 7개월 때 양수가 터져 1킬로그램으로 출산했어요. 3개월간 인큐베이터에 있던 애예요. (31세, 사무직, 대졸 여성)

이처럼 '아내 폭력'은 강간, 성적 학대, 의처증, 남편의 경제적 통제 혹은 무능력, 집요한 협박, 알코올 남용, 시집 갈등, 유기적 성격의 외도, 폭언, 잠을 재우지 않음 따위의 언어적, 심리적, 육체적, 경제적, 성적, 정서적 폭력을 동반하기 때문에 '구타'나 '매'는 여성의 폭력 경험을 협소한 의미로 축소하게 된다. 한국 사회에서는 아내를 함부로 대하는 행동이 일반화되어 있기 때문에, 언어 폭력과 같은 '사소한' 폭력은 폭력의 범주에 들어가지 않는다고 본다. 그리고 그러한 과정은 곧 폭력을 일상화, 정상화시키게 된다. 따라서 이 글에서는 여성의 경험에 근거하여 폭력의 개념을 폭넓게 정의한다는 의미에서 아내에 대한 폭력, 즉 '아내 폭력'[52]이라는 용어를 사용한다.

한편, 여성의 경험에 정치적 의미를 부여하는 명명(naming) 작업은 여성주의자에게 딜레마를 안겨준다. 여성학에서 명명은 현상을 여성의 입장에서 재구성하는 것과 정치적 지향을 동시에 포함하는 (double-edged) 작업이어야 하는데, 아내 폭력 개념은 이 점에서 한계가 있다. 나는 이 글에서 여성이 인간이 아니라 단지 아내로 간주되기 때문에 폭력을 당하는 현실에 대한 분석과 여성의 정체성이 더는 아내로 국한되어서는 안 된다는 주장을 동시에 하고자 하는데, 아내 폭력 용어는 이러한 관점을 모두 포괄하지 못한다. 즉, 이 개

넘은 아내 폭력이 아내에 대한 폭력이 아니라 인간에 대한 폭력으로 제기되어야 한다는 본 연구의 입장과는 모순되는 것으로, 이 문제에 대한 여성주의 정치학의 대안적 가치를 담고 있지 못하다. 그러므로 이 글에서는 위와 같은 한정적 의미를 드러내기 위해 아내 폭력이 아니라 '아내 폭력'으로 표기한다.

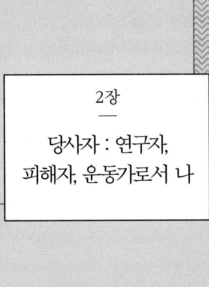

# 2장

## 당사자 : 연구자, 피해자, 운동가로서 나

'매 맞은' 아내들이

고통을 표현하는 행위는,

그들의 고통에 의해 유지되어 왔던

가부장제 가족 제도의

효율적 작동을 위협한다.

그들이 이야기하기 시작하면

안식처 가족의 신화, 보호자 남성의

신화가 무너진다.

그동안 '아내 폭력'은 여성주의 지식 생산 과정의 모델로서 여성주의 연구 방법론에 많은 영향을 끼쳐 왔다.[1] 나 역시 연구 과정에서 '방법론의 신비'를 느낄 만큼 여성주의 질적 방법에 의해 자신의 사고가 변화되고 의식화되는 것을 수없이 체험했다. 나에게 연구 과정은 일종의 굿과 같았다. 그것은 자기 성장 과정이며, 치유이며, 통과 의례였다. 나는 오랫동안 남성(guru)들의 '초월적' 지식을 동경해 왔지만, 해결해야 할 자기 문제를 가진 사람은 현실로부터, 일상으로부터 초월할 수 없다는 것을 깨달았다.

한국 사회에서 여성으로서, 기혼 여성인 '아줌마'로서 나의 위치는 분명 주변적이다. 그러나 나는 나 자신의 주변성, 타자성을 분명히 인식할 때 지식 생산자로서 더 유리하다는 것을 알게 되었다. 초월적인 지식과 그렇지 않은 지식의 경계는 허구였다. 이제까지 나를 괴롭힌 것은 여성의 경험 그 자체가 아니라 그것을 자신의 시각으로 해석할 수 있는 언어의 부재였다. 그래서 글을 쓴다는 것은 내가 알고 있는 지식을 쓰는 것이 아니라 도리어 그것을 버리는 과정이었다.

원래 나는 '아내 폭력'의 발생 이유, 해석, 대응의 세 가지 차원에서 글을 구성하려고 했다. 그러나 폭력 발생 이유와 해석의 구별은 인과론적 사고 방식에 익숙한 나의 입장에서만 구분되는 것일 뿐, 증언자의 입장에서는 구별되지 않는 것이었다. 나는 이 문제로 논문 구성에 무척 애를 먹다가 논문 심사 이틀 전에야 해결했는데, 증언자의 입장에서 세계를 이해한다는 것은 내용뿐만 아니라 사고 방식까지를 포함하는 것이었다.

'아내 폭력'의 오랜 은폐성은 여성주의 지식인에게 여성 경험의 이론화는 '어떻게 아는가, 아는 것을 누가 정하는가'의 질문으로부터 출발해야 한다는 통찰을 주었다. 이것은 곧 지식의 '객관성', '진실성', 권위, 평가, 정치적 영향력 등에 개입된 연구자와 연구 대상과의 관계, 연구자와 연구자가 몸담고 있는 지식 커뮤니티, 전체 사회와의 권력 관계에 대한 질문이기도 하다.

이 글에는 각자 정치적 입장이 다를 뿐만 아니라 서로에 대한 감정이 다른 세 주체—피해 여성, 가해 남편, 나(연구자)—의 이야기가 모두 포함되어 있다. 그러므로 증언자의 이야기에 대한 나의 해석에는 여러 사회적 관계가 개입되어 있다. 예를 들어 성별 관계로서 여성인 나는 가해 남성들보다 주변적 위치에 있지만, 연구자로서 나는 연구 대상인 그들을 나의 시각에서 재현할 권력을 갖는다. 연구 과정에서 많은 방법론적 이슈가 제기되었지만 이는 그 자체로 또 하나의 중요한 연구 주제이므로 그것을 모두 글에 담을 수는 없었다. 여성주의 지식 생산은 가부장제 사회의 타자인 여성이 자신보다 더 사회적 약자인 피해 여성들을 대상으로 하는 경우가 많기 때문에, 이와 관련하여 연구 과정의 윤리와 '객관성', 연구 대상의 고통의 문제에 대해서만 언급하였다.

이 책의 주된 연구 방법은 심층 면접과 문헌 연구이다. 이 글은 '아내 폭력'이 지속되는 사회 문화적 맥락을 여성의 경험을 중심으로 살펴보려 했기 때문에 질적 연구 방법이 적합하였다.

폭력당하는 아내들은 매우 다양한 상황에 있다. 시설이나 상담소를 찾는 여성들은 전체 피해 여성의 1퍼센트 정도에 불과하다.[2] 물론 이러한 수치가 상담소를 찾는 여성들이 전체 피해 여성의 1퍼센트만을 대표한다는 의미는 아니다. 피해 여성이 무기력하다는 사회적 통념과 달리, 실제로 얼마나 많은 여성들이 첫 구타에 남편을 떠나 새 삶을 찾았는지는 알 수 없다. 폭력의 정도, 결혼 연수, 건강 상태, 학력과 직업, 자녀 문제 따위의 개인적 여건에 따라 피해 여성의 상황은 다르다. 또한 각자의 대응 양태에 따라서 그냥 맞고만 있는 여성, 고통을 호소하지만 변화를 포기한 여성, 경찰에 신고하는 여성, 남편의 변화를 기다리며 참는 것을 해결 방법으로 선택한 여성, 이혼을 준비하는 여성, 끊임없이 갈등하는 여성 등등 다양하다. 그러므로 어떤 상황에 있는 피해 여성과 인터뷰하느냐에 따라 연구 내용은 달라진다. 가정폭력방지법 제정 운동 과정에서도 이 문제는 중요한 쟁점이 되었는데, 피해 여성이 이혼을 결심하고 법적 문의를 주로 하는 법률 상담소와 심리적인 문제를 주로 상담하는 여성 단체 간에는 구조적 차원에서 '아내 폭력' 문제에 대한 시각이 매우 달랐다. 연구 대상자의 어떤 상황을 주로 접하느냐에 따라 문제의 성격 파악과 해결책이 달라지는 것이다.

나는 이 글에서 연구 대상자라는 용어 대신 증언자라는 말을 사용하고자 한다. 이 책의 연구 대상에는 연구자 자신도 포함되므로 연구자와 연구 대상 간의 구별이 모호하기 때문이다. 또한 연구 대상자 대신에 연구 참여자라는 말을 쓰는 것도 부적절하다고 본다. 이 글은 피해 여성의 이야기를 연구자인 나의 시각에서 해석한 것이므로, 연구에 참여한 여성들이 본 연구에 기여한 공로와는 별개로 연구에 대한 책임을 공유할 수는 없다고 본다. 이 같은 이유에서 그들은 연구 대상자나 연구 참여자라기보다 경험과 고통의 증언자이다.

나는 내 연구 문제에 적합한 증언자는 폭력 기간에 관계 없이 다양한 대응과 갈등 상황을 경험한 여성이면 좋을 것이라 생각했다. 증언자는 주로 여성 단체와 주변의 소개를 통해서 만났다. 이 여성 단체는 한국에서 가장 오래되었고 가장 많은 피해 여성들을 상담하는 곳으로 알려져 있어, 단시일에 다양한 사례의 여성들을 많이 만날 수 있었다. 그러나 여성 단체에 접수되는 사례들은 대개 심각한 폭력이 많아서 '경미한' 폭력 경험자들은 주변의 소개로 만났다. 증언자를 구하기는 '너무' 쉬웠다. 연구자 주변에 '아내 폭력' 경험자나 그들을 알고 있는 사람들이 많았기 때문이다. 피해 여성, 가해 남성들 모두 학력·직업·계층·종교·연령에 상관없이 거의 전 계층을 망라했으며 피해자, 가해자 중에는 전문직은 물론 '심지어' 여성 운동가, 사회 운동가도 있었다.

면접은 증언자들의 피해 경험과 상황을 고려하여(victim sensitive interview) 진행하였다. 증언자는 모두 50명으로 피해 여성 45명, 가해 남편 5명이다. 원래 나는 20명 정도 인터뷰하려 했으나, 이 여성 단체의 상담원 수급 상황이 열악하여 단체의 부탁으로 3개월간 자원 활동을 하게 되었고 그로 인해 사례가 많아졌다. 남편의 숫자는 적었지만, 그룹 인터뷰(집단 상담 형식)로 총 10회, 모두 23시간 면접하였다. 남편들은 가정폭력방지법으로 고소당해서 법원에서 상담 명령을 받은 사람들로서, 연구자는 이 단체의 간부인 여성 상담 전문가(주 진행자)와 남성학을 전공한 외국인 신부와 함께 보조 진행자 겸 기록자로 교육에 참가하였다. 면접은 증언자의 허락을 받았고 가해 남편들은 면접 내용을 연구에 사용해도 된다는 서약서를 썼다. 그러나 이 책을 출판하는 과정에서 증언한 여성들에게 인터뷰 내용을 사용해도 되느냐고 물었을 땐 거절하는 여성이 많았다. 대체로 학력과 직업에서 사회적 지위가 높은 여성들이 반대하는 경우가 많았다. 나로서는 매우 아쉬웠지만 그들의 인터뷰 내용은 상당 부분 삭제할 수밖에 없었고, 그러고 나니 어쩔 수 없이 연구의 구체성과 생동감이 사라졌다. 또한 증언자들의 요청으로 계층의 범위를 손상시키지 않는 상태에서 직업과 학력을 다소 바꾸었는데, 예를 들면 직업은 변호사 → 교수, 유흥업소 종사자 → 서비스업으로 바꾸거나 더 큰 직업군으로 분류하였다.

면접은 1회당 1~3시간 정도 걸렸고 1회 이상 면접한 경우도 각 회당 비슷한 시간이 소요되었다. 증언자와 여성 단체의 요구로 7회까지 면접한 경우도 있었는데, 1회 면접한 다른 사례와는 많은 차이가 있었다. 횟수가 거듭될수록 연구자와 신뢰 관계가 형성되고 마음속 깊이 묻혀 있던 '수치스러운' 이야기들이 증언되기 시작했다. 7

회 정도 되어서야 증언자의 이야기가 반복됨을 느꼈다. 논문을 쓰면서 면접을 수행했기 때문에 어려움도 많았지만 면접 과정이 수시로 분석과 글쓰기에 반영되었다.

## 증언자의 고통, 연구자의 고통

면접 과정에서 나와 증언자의 이해(利害)가 가장 불일치하는 지점은 내가 듣고 싶은 이야기를 증언자가 말하기 두려워하거나 거부할 때였다. 연구자의 관심과 증언자의 인권 문제는 늘 긴장 관계에 있다.[3] 그들이 말하지 않으려는 이유는 대체로 자신을 보호하는 것과 관련이 있다. "나는 구타당했다는 사실을 말하지 않는 편인데, 왜냐하면 실제로 그렇게 많은 폭력을 견디어냈다고 생각하면 자존감이 사라지기 때문입니다."[4]

'아내 폭력'은 성(sexuality)과 가족 생활 등 가장 은밀하고 개인적인 영역이라고 간주되는 곳에서 발생하는 폭력이기 때문에 그들의 이야기는 연구자와 증언자 모두 불쾌감을 극복하지 않고는 직면하기 어렵다. 증언자가 '여성주의 연구의 발전과 후세 여성들을 위해' 되새기고 싶지 않은 고통스런 이야기를 해야 할 의무는 없을 것이다. 증언자로부터 다음과 같은 얘기를 들었을 때, 나의 행위가 간접적 폭력(second rape 혹은 social rape, 성폭력이 가해자에 의한 직접적 폭력first rape이라면 그 폭력을 남성 중심적으로 해석하는 가부장제 사회의 폭력을 'second rape'라고 함)과 무엇이 다른지 회의하지 않을 수 없었다.

**5년 동안 가장 힘들었던 점은?**

비참하고 후회스럽고 잊고 싶어요. 우선 떨어져 있으니까 이제는 현실적으로 내 얘기가 아닌 것 같아요.

**그래도 뱉어내면 머리가 맑아질 거예요.**

**남편이 애(딸)를 그렇게 (강간)했을 때 왜 헤어지지 않았나요?**

제발 그 얘기는 묻지 마세요. 너무 기억하기 싫은데 얘기하려니까 장이 꼬이는 것 같고…… (울면서 가슴에 손을 얹으며) 위(胃)가 막 아파요. 가슴이 어떻게 될 것 같아요. 너무 아파요.


나는 증언자들이 어디에도 말할 수 없는 이야기를 털어놓음으로써 그들의 상처가 조금이라도 나아질 것이라고 생각했으나, 그것은 나의 자기 중심적 기대였을 뿐 그들은 망각하고 회피함으로써 고통에서 벗어나고자 했다.

여기서 고통은 신체적 고통('아픔', pain)과 정신적 고통('괴로움', suffering)을 모두 의미한다. 근대 서구 철학에서 고통은 'pain'과 'suffering'으로 구분되었고, 의식 작용을 수반하는 정신적 괴로움이 몸의 고통보다 우위에 있다고 보았다. 그러나 고통당하는 사람에게 고통은 몸에서 일어나는 정신적이고 감정적인 것으로서 이러한 구분은 무의미하다.[5] 그들의 고통은 절대적인 고통이다. 몸에 가해지는 아픔의 느낌은 보편적이어서, 우리가 흔히 고통받는 사람들을 위로할 때 쓰는 '생각하기 나름'이라든가 '네가 강하면 이겨낼 수 있다' 따위의 고통을 상대화하는 언어는 그들의 고통을 치유하는 데 무기력하며 때론 아무 의미가 없다.

그들에게 기억의 재생은 피해 당시만큼이나 혹은 그것보다 더 고통스러운 일이었다. 대개 여성 폭력의 피해자들은 고통의 치유와 극복을 사건 이전 상태로 되돌아가는 것(回復, recovery)으로 생각한다. 즉 고통의 기억을 지워버림으로써 '없었던 일'로 만들고자 하는 것이다. 그러나 폭력을 기억하고 있는 그녀의 몸은 이를 불가능하게 한다. 상처의 치유는 문제를 덮어 둠(re-cover)으로써 가능한 것이 아니라 문제를 들춰내어(dis-cover) 자신의 경험을 새로운 시각으로 재해석하고 재발견(discovery)함으로써 가능하다.[6] 그러므로 '불행한 사건을 잊어라' 하는 것은 그들에게 불가능한 치유 방법을 주문하는 것일 뿐이다. 실제적인 상처의 치유는 폭력당한 경험을 잊으려는 노력에서가 아니라 자신의 경험을 여성주의 시각에서 재해석할 때 가능하며, 이때 그들은 희생자가 아니라 생존자(survivor)가 된다.

물론 모든 여성 폭력의 희생자가 저절로 생존자가 되는 것은 아니다. 여성 폭력은 분명 정치적 사건이지만 동시에 그것은 개인적인 경험이다. (개인의) 상처가 (정치적) 사건이 되기 위해서는 정치적 투쟁이 매개되어야 한다. 고통을 겪었다고 누구나 현자가 되는 것은 아니듯 희생자가 생존자가 되기 위해서는 치열하고 고통스런 자기 극복 과정을 거쳐야 하는데, 어떤 의미에서 그 과정은 지극히 개인적인 작업이다. 여성주의 연구 과정의 의미는, 이 과정에 연구자가 동참하여 그녀가 자신의 경험을 '자기 위주'로 해석할 수 있도록 힘을 주는 것일 터이다.

하지만 폭력을 극복하는 과정이 폭력을 당하는 것보다 더 고통스럽다면, 사람들은 그냥 그 상태에 머물려 할 것이다. 나는 피해 여성들의 '말하는(말해야 하는) 고통'을 지켜보면서, 사회를 현재 그대로 두려는 보수주의자의 생각에 어느 정도 동의하게 되었다. 인간 생활의 어두운 문제(惡)를 '들추어내어' 연구하고 개선하려는 노력 자체가 악은 아닐까, 악을 파급하는 것은 아닐까, 악이 되기 쉬운 것은 아닐까? 폭력 문제를 연구한다는 것은 불가피하게 연구자인 나도 폭력에 연루되고 접촉함으로써 부정의(injustice)한 상황에 노출된다는 것을 의미한다.

증언자들의 고통은 청자(聽者)의 경험 밖에 있으므로 타인의 고통을 다루는 연구자, 여성 운동가는 그들의 고통을 타자화하기 쉽다. 이것이 바로 악이다. 나는 증언자의 고통을 반복적으로 들으면서 고통에 대한 감수성이 점점 무뎌지는 것을 느꼈다. 나중에는 그 얘기가 그 얘기 같고, 듣는 행위 자체가 나에게 육체적, 정신적 고통을 주었다. 그들의 고통에 동참하려는 감수성과 긴장을 계속 유지하는 것은 쉽지 않았다. 듣는 자가 성찰을 게을리하는 순간, 말하는 자의 고통은 대상화된 이야깃거리에 불과하거나 심지어 '상품'으로 전락하게 된다.

청자는 화자(話者)의 고통을 정의(定意)할 수 없다. 고통은 개인의 몸 안에서 일어나는 지극히 주관적인 감각이기 때문에 타인의 고통에 공감하는 것, 언어로 표현/소통하는 것은 기본적으로 불가능하다. 그래서 타인의 고통을 표현하는 언어는 모두 비유적인데, 마치 무엇 무엇과 같은('as if') 직유이거나 은유(metaphor)의 형태를 띤

다. 자신이 고통을 당하는 것은 확실한 느낌이지만, 타인의 고통에 대해 듣는 것은 의심스러운 것이다.[7]

청자가 화자의 경험을 믿을 수 없다는 점은, 말하는 자가 사회적 타자이거나 그의 고통이 정치적 금기일 때 더욱 극대화된다. 폭력을 당한 아내의 고통은 한국 사회 구조에서는 부정되어야 한다. '매 맞은' 아내들이 고통을 표현하는 행위는, 그들의 고통에 의해 유지되어 왔던 가부장제 가족 제도의 효율적 작동을 위협한다. 그들이 이야기하기 시작하면 안식처 가족의 신화, 보호자 남성의 신화가 무너지는 것이다.

이처럼 인간의 고통 경험은 평등하지 않다. 어떤 고통의 경험자들은 존경받지만, 어떤 고통의 경험자들은 '더럽다'고 추방되고 낙인찍힌다. '아내 폭력'은 인정되지 않는 고통, 믿을 수 없는 고통이다. '정치적'이고 공적인 장에서 인정되는 고통과 달리 재현할 수 있는 언어를 가지지 못한 타자의 고통이기 때문이다.[8] 한국 사회에는 폭력당하는 여성들의 경험을 '있는 그대로' 수용할 수 있는 담론 구조도 없고 청자들의 공동체도 없다. 그들의 고통은 가족의 문제가 되거나, 자녀의 고통이 강조될 때만 부수적으로 드러날 뿐이다. 그래서 고통을 인내하는 여성들의 능력은 지나치게 과장되어 왔고, 그들은 자신의 고통을 표현하는 것 자체에 죄의식을 느낀다.('나는 왜 참을성이 없을까?')

피해 여성들은 '이런 얘기를 누가 믿겠냐?'며 말하는 고통 못지않은 의심받는 고통을 호소했다. 나는 나대로 '이 이야기들을 쓴다면 사람들이 믿을까'를 걱정했다. 피해 여성은 '분명히' 맞았지만 자신의 경험을 의심했고, 나 역시 '분명히' 들었지만 나의 경험을 의심했다. 여성의 경험을 말하는 사람, 듣는 사람, 제3자 혹은 사회가 인정하지 않는 것은 여성의 경험이 있는 그대로 '객관성', '진실성'을 확보하지 못하는 권력 구조의 산물이다. 일단 증언자들은 자신의 경험과 인식을 일치시키지 못하기 때문에, 이야기 자체가 모순되어 있다. 그러므로 그들의 타자성을 이해하지 못하는 사람들에게 그들의 이야기는 '진실'로 받아들여지기 어렵다. 이 문제가 바로 여성 운동의 이슈가 '예/아니오'만을 요구하는 법정에서 패배하기 쉬운 이유 중 하나이기도 하다.

나는 증언자만큼이나 여성의 경험에 대한 가부장적 시선을 강하게 의식하고 있었다. 그들의 이야기를 들은 나는 우선 나 자신부터 설득해야 했다. 연구 과정 내내 '증언자들의 경험이 선정적이거나 극단적으로 보이면 안 된다'는 스트레스와 콤플렉스에 시달린 나는, 결국 비교적 '경미한' 사례만을 분석 대상으로 삼았다. 사실 '심각한' 사례와 '경미한' 사례의 판단은 듣는 사람의 경험과 가치관에 좌우되는 매우 주관적인 것이다. 나의 여성 의식 수준에 따라 증언자의 경험은 연구 자료로서 의미 있는 것과 '과장한다고 오해를 불러일으킬 만한 것'으로 선별되었다. 나의 자기 검열에 의해 증언자의 경험이 걸러지고 취사(取捨)된 것이다. 다행히(?) 연구 과정 중 발생한 인천의 '끔찍한' 아내 고문 사건9)과 여성 운동의 여론화, 그리고 이를 지켜본 주위 사람들의 공감은 내가 피해 여성의 경험을 좀 더 적극적으로 드러내려는 작업에 큰 지지가 되었다.

우리가 일상 생활에서 수없이 겪다시피, 남성들의 경험은 보편적인 경험으로 다뤄지지만 여성을 비롯한 사회적 소수자의 경험은 언제나 특수한 문제가 된다. 여성주의 지식 생산에서 여성의 경험 드러내기가 중요한 이유는 경험 자체가 이론이 되기 때문이 아니라, 여성의 경험이 인간사의 '보편적'인 문제로 보이지 않게 하는 권력 관계를 설명하기 위해서이다. 그런데 여성의 경험을 드러내는 과정 자체에 이미 그러한 사회적 힘이 개입해 있는 것이다.

이처럼 인간이 고통을 느끼고 표현하고 인정하고 공감하는 행위는 그 사회의 권력 관계로부터 자유롭지 않다. 어느 사회나 주인의 고통과 노예의 고통이 평등하게 취급되지는 않을 것이다. 고통을 둘러싼 정치적 권력 관계는 '아내 폭력'의 재현과 담론화 과정에도 큰 영향을 끼친다. 대중 매체에서 '아내 폭력'의 극단적인 사례만이 재현되는 것은, 그들의 고통이 믿을 수 없는 것이기 때문이다. 이것을 '사회가 확실히 믿을 수 있을 때까지 맞아라, 우리는 이 정도라야 믿는다'는 남성 중심 사회의 메시지라고 받아들인다면 나의 지나친 해석일까? '아내 폭력'은 피해가 가시화되어야만 '진실'이 되기 때문에("남편이 총을 '쏘면' 신고하라") 문제 해결은 언제나 피해 이후에 논의된다. 기존의 많은 연구들이 '아내 폭력'이 사회적 문제임을 주장하기 위해 주로 심각성을 강조하는 것도 같은 맥락이다. 여성들이 가정에서 당하는 폭력은 '개인적'인 것으로 간주되므로, '사회적'인 문제가 되려면 피해가 끔찍하고 심각해야 하는 것이다. 이것이 바로 고통의 정치학이다.

이 글에 등장하는 증언자들도 나의 정체(자신에게 지지적인가, '안전한' 사람인가)를 확인하기 전까지는 자신이 얼마나 큰 피해를 입었는가, 남편이 얼마나 잔인하게 때렸는가 등등 주로 폭력의 심각성에 대해 반복적으로 진술하였다. 그래서 아무리 많은 사례를 인터뷰해도 내용이 비슷했고 인터뷰 자료는 '괴기 스릴러'에 가까웠다. 정작 내가 알고 싶은 문제에 대해서는 구체적으로 질문하기가 매우 어려웠다. 증언자들이 폭력에 대처한 방식, 남편과의 상호 작용, 남편을 보호하려는 심리, 남편에 대한 사랑, 남편과의 성관계와 아내 강간 경험의 차이, 고소를 취하하는 심정, 폭력이 '유발'된 전후 상황에 대한 질문은 연구자와 증언자 모두를 곤혹스럽게 했다. 이러한 질문 내용은 아주 정교하게 묻지 않으면 자칫 피해자를 비난하는 것으로 들리기 쉽기 때문이다.

증언자들은 오랫동안 자신의 이야기가 부정되고 의심받았기 때문에 나의 사소한 태도에도 금세 상처받았다. 그들은 비난받는 데너무나 익숙한 사람들이었다. 내가 그들의 입장에 충분히 동의하고 공감하는데도 그들은 자신이 그럴 수밖에 없었던 이유를 열심히 설명하고 연구자를 설득했다. 나를 만나기 전까지 대부분의 증언자들은, 자신의 이야기를 완전히 믿어주고 분노 표현을 격려하고 자신의 행동에 '혐의'를 두지 않는 청자를 만나지 못했다고 말했다. 폭력당하는 아내에게는 제일 처음 자기 이야기를 듣는 사람의 태도가이후 그녀의 대응에 영향을 미칠 수 있다.

여성이 폭력당한 경험이 수치심과 비난의 대상이 되는 것은, 그녀가 '맞을 짓'을 했거나 늦은 밤거리를 혼자 걸어다녀서가 아니다. 그것은 남성 중심 사회가 강요하고, 희망하는 해석 체계의 산물일 뿐이다. 이처럼 폭력당한 피해 여성의 고통은 (개인적인 것이자) 사회 구조의 결과이기 때문에 정치적 노력에 의해 얼마든지 재해석되고 극복될 수 있다. 일례로 한국 사회의 일본군 '위안부' 문제는 여성 운동의 성장이 개인의 고통을 어떻게 정치적 경험으로, 역사로 만드는지를 잘 보여준다. 증언자 중 몇몇은 자기와 비슷한 경험을 한 여성들과 만나서 '계모임 같은 것'을 하고 싶다고 했다.(여성 운동 단체에는 폭력당한 여성들의 자조自助 모임이 있다.) 이렇게 자신들의 고통을 공유하고 '진실'로 믿어주는 공동체를 만들려는 노력에서부터 그들의 '개인적'이고 '사소'했던 고통은 정치적인 문제가 되기 시작한다.

## 증언자의 고통에 동참한다는 것

여성주의 심리 상담론은 가부장제 사회에서 여성은 언제든지 내담자(client)가 될 수 있다고 본다. 나 역시 예전에 남성들로부터 구타나 성희롱을 당한 적이 있고, 이후에도 언제든지 증언자들처럼 남성 폭력의 피해자가 될 가능성이 있다. 그러나 일단 면접 당시에 나와 증언자는 다른 상황에 처해 있다. 증언자들은 면접 바로 몇 시간 전까지도 구타당했거나 폭력을 벗어난 지 얼마 되지 않았기 때문에 심리적인 힘, 사회적인 자원 측면에서 나와 다르다. 연구 초기에는 고통받는 사람들이 연구 대상이고, 내가 그들과 똑같은 고통을 받고 있지 않다는 사실 자체가 나에게 강한 심리적 부담을 주었다. 타인의 고통과 만난다는 것은 그와 고통을 나누어야 한다는 윤리와 책임이 따르기 때문이다.[10]

나는 연구 과정에서 첫째, 증언자와의 관계에서 나의 이러한 감정을 어떻게 해석할 것인가와, 둘째, 나와 증언자 사이의 공통적 이해 관계는 어디까지인가를 두고 깊은 고민에 빠졌다. 증언자를 돕기 위해서라면 (가부장적인) 실정법을 어겨도 되는가? 증언자가 부담스럽거나 거부감이 들 때 어떻게 대처해야 하나?

나는 연구 대상자가 되어본 경험이 있는데, 그때 나는 '경험 제공자'가 '이론 연구자'에 의해 특정한 방식으로 다루어진다는 것을 알게 되었다. 연구자가 지식에 도달하는 과정을 어두운 동굴을 헤매는 것에 비유한다면, 대부분의 경우 '경험 제공자'는 연구자 앞에 서서 불을 밝히는 길잡이 역할을 하고 동굴이 밝아질 때쯤 길잡이는 필요 없게 된다. 연구자는 더는 증언자의 이야기가 필요 없는데 증언자가 연구자의 도움이 필요하다며 계속 만나자고 할 때, 연구자는 어떤 태도를 취해야 할까.

그들이 내게 다시 연락하는 이유는 다양했다. 심리적으로 위로받고 싶은 경우, 결혼을 유지하면서 남편의 행동에 대해 구체적인 대처 방법을 묻는 경우, 이혼하기 위해 '좋은'(여성주의 의식이 있고 수임료가 싼) 변호사를 소개받고 싶은 경우, 위자료 재산 분할 따위의 재판 이혼에 관한 법률적 지식을 묻는 경우, 연구자가 판사에게 탄원서를 쓰거나 인터뷰 내용을 구타 증거로 사용할 수 있도록 증명서를 써 달라고 부탁하는 경우, 취업을 부탁하는 경우, 고소 절차를 묻는 경우, 급히 탈출한 후 집에 있는 물건을 가져오기 위해 혼자 가기 무서우니 나에게 동행을 요청하는 경우, 폭력 증거물로 사용하기 위해 면접 당시 찍은 사진을 보내 달라고 하는 경우이다. 심지어 나를 선교 대상으로 삼고 교회에 나오라는 얘기를 하려고 연락하는 사람도 있었다.

그들은 아주 어렵게 탈출을 결심했거나 자신을 도와줄 사람이 아무도 없는 경우가 대부분이었다. 또 대개 폭력당하는 아내는 남편과 헤어지는 것을 결심하기 전까지 마음의 동요가 극심하기 때문에 그들은 내게 연락을 해놓고도 약속을 어기는 경우가 많았다. 논문을 쓰는 와중에 어렵게 시간을 낸 나로서는 매우 화나는 일이었지만, 억압적인 관계를 청산하는 것은 그들뿐만 아니라 나를 포함하여 누구에게나 어려운 일이라는 것을 감안한다면 그리 이해 못 할 일도 아니었다. 어쨌든 나는 최선을 다해 그들의 요구에 응했고, 이 과정은 자연스럽게 보충 인터뷰 기회가 되어서 나도 많은 도움을 받았다. 추가 인터뷰로 인해, 이혼 여부 등 증언자의 상황이 많이 달라져 연구 내용도 수정과 변화를 거듭하였다.

그러나 이들의 요청을 모두 수용할 수는 없었다. 증언자 중 몇 사람은 나와 전화 친구가 되기를 바라는 사람도 있어서, 한밤중에도 수시로 연구자의 집에 전화를 하였다. 문제는 나와 증언자가 '아내폭력' 외에는 공통의 관심사가 별로 없다는 점이다. 두 사람 간의 여러 가지 차이(나이, 직업, 학력, 계층……)때문에 나는 차츰 그들의 연락이 부담스러워졌다. 내가 그들보다 '우월한' 위치에 있어서 그들을 일방적으로 돕는 관계가 아니라면 연구자와 증언자의 관계도 인간 관계인 이상, 관계의 지속과 성장은 상호적일 때 가능하다고 본다. 연구자가 원하지 않으면서 의무감이나 '윤리 의식' 때문에 증언자와 관계를 지속하는 것은, 오히려 증언자에게 상처를 주기 쉽다는 생각이 들었다.

연구자와 증언자 사이의 평등은 서로의 자원을 나누되, 각자의 자원이 '경험 대 이론' 식으로 이분화되고 위계화되지 않아야 한다는 것을 의미한다. 단지 나는 증언자들의 고통의 목격자가 됨으로써, 다른 상황에서 또 한 사람의 증언자가 된다. 그러므로 연구는 여성주의 지식인(연구자)의 특권이 아니라 의무이다.[11] 연구 초기의 죄의식은 내가 지식 생산에 특권적 의미를 부여했기 때문에 생긴 것이었다.

'아내 폭력'을 여성주의적으로 연구한다는 것은 연구 내용이 '아내 폭력'에 대한 남성 중심적, 가족 중심적 담론에 이의를 제기하고 동시에 연구 과정이 증언자에게 폭력에서 벗어날 수 있는 의식화 과정이어야 함을 의미한다. 그러나 다음 사례는 구체적인 맥락에서 연구자인 내가 어떻게 판단하고 행동할 것인가에 대해 많은 고민을 제기했다.

법? 그런 거 안 통해. 무슨 소리만 나와도 (손으로 시늉하며) 내 눈을 긁어버려. 날 죽일 거야. 그러니까 남편을 못 나올 데에 넣어버려야 돼. 나왔다면 몇 사람 죽여. 감옥? 안 돼. 금방 나와. 법, 이혼 모두 적용 안 돼. 그러면 나를 죽이지. 남편을 갖다 버려야 해. 거기(요양원) 가면 평생 반병신 되어 콱 죽으면 좋지. 애들이 아버지 죽이겠다고 나오니까, 내가 저런 거(남편)를 죽여서 우리 애들 작살낼(신세 망칠) 필요 없잖아. 새벽에 장정 다섯 불러서(고용해서) 이백만 원씩, 천만 원만 있으면 된대. 한 달에 육십만 원씩 식비로 주면 되고. 내가 22년 동안 당한 거를 이제 지가(남편이) 나머지 인생에서 당해라 이거야. 왜? (이런 생각이) 불공평해? 그러니까 제발 좀 알아봐줘요. 그런 데가 어딘가, 알잖아? (55세, 국졸, 자영업 여성)

가정폭력방지법이 제정되었지만 피해 여성들은 법을 이용할 힘이 없다. 폭력당하는 아내들로부터 이러한 내용의 전화 문의는 흔하다. 내가 복지 시설 비리 해결을 위해 활동하고 있는 시민 운동가와 변호사에게 문의한 결과 실제로 남편이 아내를 혹은 아내가 남편을 '정신병자'로 몰아 강제 노역과 구타가 만연하여 한번 들어가면 평생을 '반병신'으로 살게 되는 '기도원', '요양원', '복지원'에 감금하는 사례가 상당히 많다고 한다. 이 여성이 내게 요구한 것은 그러한 행동이 불법인지 아닌지와 그곳을 구체적으로 소개해 달라는 것, 그리고 자신을 심리적으로 지지해 달라는 것이었다. 그녀는 매우 적극적이었고 나에게 동의를 강요하다시피 해서 나는 무척 괴로웠다.

나는 세 시간 동안 폭포수같이 한꺼번에 분출하는 그녀의 이야기를 들었다. '일부종사 못 한 년이 30년간 맞으면서 살 수밖에 없는' 이야기를 들으면서 그녀의 입장에 강하게 동일시되었다. 나는 한국 사회의 '아내 폭력' 구조상 그녀의 선택이 불가피하다는 것을 알고 있고, 나도 그런 상황이라면 그녀와 같은 방법을 사용할지도 모른다. 더구나 현행 '정신 보건법'상 이 방법은 (내용상으로는 불법이되 형식상으로는) 불법이 아니다.

이러한 상황에서 여성주의자의 윤리란 무엇일까? 현재의 법과 제도에서 여성의 안전이 보장되지 못한다는 사실이 피해 여성이 가해자에게 사형(私刑, lynch)을 가해도 무방하다는 것을 의미하는가? 남편들도 아내를 그런 식으로 많이 '갖다 버린다'는데 여성은 그러면 안 되는가? 이러한 행위가 '보편적인' 인권 침해는 아닌가?……가해 남편에 대한 분노는 물론이거니와, 나중에 문제가 생겼을 경우 증언자가 이 일을 나의 지시와 협력에 의한 것이라고 주장할 가능성도 있으므로 이 일에 개입함으로써 생길 수 있는 문제와 두려움으로 나의 감정은 매우 복잡했다.

물론 연구자는 연구 과정에서 일어나는 모든 상황을 통제할 수 없고 몇 번의 인터뷰로 증언자를 '구출'할 수도 없다. '아내 폭력'은 가부장제 체제 내적인 방법으로는 해결이 불가능하다. 가해 남편을 그런 방법으로라도 '제거'하지 않으면, 폭력을 멈추게 할 수 없는 것이 한국 사회 성별 관계의 구조다. 이 문제가 사건화되어 그녀의 이름을 앞세운 'ㅇㅇㅇ대책위'가 결성된다 해도 그녀의 고통은 완전히 해결되지 않을 것이다. 그녀는 남편이 살아 있는 한, 남편 신체가 구속되지 않는 한, 평생을 공포감에서 벗어날 수 없을 것이다. 그녀는 나와 면접이 끝나고 귀가하는 그 순간부터 남편의 폭력에 노출되어 있다. 인터뷰 내내 나는 이후 그녀가 겪을 고통과 나의 행동 여부에 따라 상황을 변화시킬 수 있는 가능성을 교대로 상상하면서 극심한 갈등을 경험하였다. 그녀의 준비 정도로 보아 내가 지지하고 도와준다면 그녀는 내일 당장이라도 그 방법을 실행할 것이다.

연구자가 인터뷰를 통해 생산한 지식이 여성 해방적이라 할지라도 그것이 당장 증언자의 삶을 개선해주지는 않는다. 연구 과정에서 연구자는 자신이 현재 몸담고 있는 세상과 지향하는 세계 사이의 경계에 서게 된다. 증언자의 고통에 동참한다는 것과 그를 위한 행동에 직접 참여하는 것에는 어쩔 수 없는 간극이 있다. 그것은 연구자의 실천 적극성 여부의 문제라기보다는, 여성이 폭력과 억압으로부터 벗어나려는 노력이 다양한 권력 구조의 경계를 넘나들고 변화시켜야 하는 정치적인 행위이기 때문이다. 실천의 매순간 새로운 윤리를 필요로 하지만 나는 그 사이에서 혼란만을 경험하였다. 결국 윤리는 정치의 산물이고 정치의 한 표현이었다. 연구 과정 중 연구자가 '불법'을 저지를 수 있는 상황은 이밖에도 많았다.

선생님은 힘이 있질 않습네까! 저를 반드시 도와주어야 합니다. 취직만 하게 해주신다면 은혜를 잊지 않겠습네다! 다시 중국으로 돌아가느니 여기(상담실)서 죽을 겁니다…… 나는 자본주의가 좋습네다. 이 땅에서 살 겁니다. (40세, 학력 모름, 무직 여성)

위 사례 여성은 조선족 여성으로서 한국 시민이 될 것을 기대하고 한국 남성과 결혼했는데, 남편이 다른 여자를 집에 데리고 와서 자면서 자신은 부엌으로 내쫓고 '식모'로 부리자 집을 나오게 되었다.[12] 남편은 그녀가 원하는 혼인 신고는 안 해주고 그녀의 여권을 빼앗았으며, 어부인 그는 동네 사람 앞에서 선구(船具) 따위로 그녀를 매일 심하게 구타하였다. 이를 보다 못한 동네 사람들이 조선족을 돕는 모 사회 단체로 안내하였고 그녀는 다시 여성 단체로 보내졌다. 그녀가 여성 단체를 찾은 이유는 폭력 문제를 상담하기 위해서가 아니라 불법 체류자인 자신의 처지로서는 불가능한 취직을 부탁하기 위해서였다. 그녀는 나를 보자마자, 마치 내가 자신을 취직시켜줄 의무라도 있는 것처럼 떼를 쓰다시피하였다. 그녀는 한국 사회에서 어디에도 의지할 곳 없는 여성이었다. 그녀의 처지가 매우 안타깝긴 했지만 내가 그녀의 '불법' 취업을 알아볼 수는 없는 노릇이었다.

한편 그녀를 소개한 사회 단체 관계자(남성)는 나에게 그녀가 '상습범'이라며 조선족 여성 중 취직을 위해 위장 결혼한 경우가 많다고 말하였다. 하지만 그녀의 결혼 동기와 취직 요구가 '불순'하고 불합리할지라도 그것이 그녀의 고통을 평가할 수 있는 잣대가 될 수는 없다고 생각한다. 폭력 피해자의 고통과 분노에 공감하는 것은 피해자의 경력과 능력, 인격, 품성과는 무관한 문제이기 때문이다.

## '객관성'은 정치적인 문제다

연구 과정 중 나는 우연히 부부 모두를 인터뷰하게 되었다.(두 사람은 내가 상대방과 인터뷰한 사실을 모른다.) '부부 싸움'은 양쪽 이야기를 들어보아야 안다는 통념처럼 그들의 목소리는 극단적으로 달랐다. 남편의 이야기를 그대로 믿는다면 폭력은 전혀 발생하지 않았고 내가 보기에도 그렇게 '일탈'적인 주부가 있을까 싶을 정도로 그의 아내는 '눈치 없고 싸가지 없는 여자'였다. 폭력 남편들은 내가 여성이기 때문에 "무조건 여자 편만 들고 객관성이 없다"고 여러 차례 항의하였다. 그들은 자신들이 사건(폭력) 현장에 있었기 때문

에 '객관적'이지만, 여성인 나의 판단은 주관적이기 때문에 '객관성'
과 대립한다고 본다. 이와는 반대로 '아내 폭력'을 여성이 연구하면
여성의 경험을 반영하기 때문에 남성보다 더 객관적이라고 볼 수도
있을 것이다. 이처럼 주관성과 객관성은 서로 분리, 대립하는 것인
가?

　남편이 주장하는 아내의 '나쁜 행실'이 반드시 폭력으로 연결되
어야 할 필연적인 이유인가는 연구자의 (주관적) 판단에 달려 있다.
'객관성'[13]은 연구자인 내가 가해/피해자라는 상반된 입장의 연구
대상과 사회적으로 어떠한 관계를 맺고 있는지 그 관계성을 인식하
여 그들의 진술을 판단, 분석, 개념화할 때 확보된다. 이미 내가 '아
내 폭력'을 부부 싸움이 아니라 폭력으로, 집안일이 아니라 인류의
반을 억압하는 중대한 정치적 사건으로 보는 것 자체가 나의 가치
관을 개입시킨 것이다. 나의 이러한 인식은 남성이 자신의 가치관을
'중립, 객관적'이라고 생각하는 것과 똑같이 한국 사회 내부에서 배
우고 형성된 사회적인 것이다.

　인식자의 사회적 상황(social position)에 대한 이해를 전제하지 않
은 지식은 '객관성'을 확보할 수 없다. 연구자가 자신의 사회적 성
별을 여성으로 인식하고 자신의 억압 경험, 자의식, 감수성, 일상 생
활을 연구 과정에 개입시키지 않고서는 연구 대상의 경험이 분석되
지 않는다.[14] 그러므로 연구 대상에는 증언자뿐 아니라 연구자 자
신도 포함된다. 이때 연구자의 '경험'과 연구자가 생산하는 '이론'의
경계는 모호해지며 연구자와 연구 대상의 관계도 분리되지 않는다.

　여성주의 지식이 사회적 의미를 획득하는 과정은 여성주의 정치

학의 발전을 동반할 수밖에 없다. 무엇이 중요하다고 생각할 수 있는 인식은 기본적으로 우리가 몸담고 있는 사회의 지적 패러다임에 의해 제한받기 때문이다. 무엇을 본다는 것은 동시에 무엇을 보지 않는다는 것을 의미한다. 지식의 가치에 대한 정의는 '객관적인' 상황뿐만 아니라 가치 판단에 의한 선택의 문제를 함의하며, 그러한 선택의 원리에는 권력 관계가 작동하기 때문이다. 그러므로 '아내 폭력'은 여성 운동이 활발할수록, 사회적 대책이 마련될수록 증가하는 속성이 있다. 일반적인 사회 현상과는 달리 해결 노력이 활발할수록 문제가 더 심각하게 '드러난다'는 것이다. 이것은 이제까지 '아내 폭력'이 없었던 문제가 아니라 다만 보고되지 않은 문제이기 때문이다. 여성 운동의 활성화는 피해 여성들에게 자신의 피해 사실을 드러낼 수 있는 시각과 용기를 준다. 이처럼 '아내 폭력'은 특정한 관점(gender perspective)에 의해서만 우리에게 '사실'로 인지된다.

모든 여성주의 연구가 그러하지만 특히 '아내 폭력' 연구의 '객관성', '사실'의 확보는 여성과 남성의 권력 관계(gender politics)의 영향을 강하게 받는다. 그래서 '객관성'의 문제는 곧 정치적인 문제가 된다.

이 글에 등장하는 여성들의 진술은 나의 질문 능력과 한국 사회의 여성 세력화 정도에 따라 얼마든지 달라질 수 있는 것으로, 매우 유동적이다. 여성들이 성(sexuality)과 가족이라는 주제에 대해 자신의 경험을 얼마나 자유롭게 말할 수 있는지, 자신의 머릿속에 각인된 남성의 언어를 얼마나 잘 극복할 수 있는지에 따라 자료의 내용은 달라진다. 예를 들어 미국의 경우 폭력 남편이 아내의 질 속에

금붕어 같은 애완 동물을 삽입한다든지, 강제로 수간(獸姦)을 시킨 예가 1970년대부터 보고되고 있다.[15] 아직까지 한국 사회에는 이런 사례가 보고된 적이 없는데, 이것이 그런 '사실이 없다'는 것을 뜻하지는 않을 것이다. 피해 여성이 수치심을 극복하고 자기 경험을 말할 수 있는 정치적 자유의 확보는 여성주의 연구의 '객관성'을 제고시킨다.(물론 이는 여성주의 연구에만 해당하는 것은 아니다. 광주 민주화 운동이나 제주 4·3 사건에 대한 연구도 정치적 상황에 따라 '객관성'은 다른 방식으로 구성된다.)

다음 대화는 여성의 언어 부재가 어떻게 인식의 부재를 낳고, '사실' 구성에 영향을 끼치는지를 보여준다.

> 그동안(결혼 생활 4년) 구타가 얼마나 자주 있었나요?
>
> 세 번 맞았어요.
>
> 기억력이 좋으시네요. 가장 최근에는?
>
> 바로 이틀 전에요. 너무 심해서 (집을) 나온 거예요.
>
> 그럼 그것까지 세 번인가요?
>
> 아니오. 그런 것까지 치면 수도 없지요.
>
> 이틀 전에도 심했다면서요?
>
> 어떤 구타를 말씀하시는 건데요?
>
> 부인이 폭력을 당한 거요.
>
> 세 번이라니까요.
>
> 이틀 전에도 폭력이 있었잖아요?
>
> 아아, 그때는 제가 대들었거든요.

여기서 '폭력'은 연구자(외부자)의 언어이지 피해를 입은 사례 여성의 언어가 아니다.[16] 그녀는 폭력이 '결혼 4년 동안 3번'이라고 강조했는데 이 숫자는 남편의 각서를 공증한 횟수였다. 남편의 구타가 폭력이냐, 아니냐를 놓고 매일 남편과 싸우는 그녀에게 이 횟수만큼은 누구나 인정할 수 있는 '객관적'인 사실이다. 자신이 실제 수도 없이 당한 폭력은 폭력이 아니고, 가해자가 인정한 것만이 폭력이 된다. 이 여성의 폭력 경험은 공증과 같은 공적 영역의 원리에 의해 구성되고 있다.

> 친정 식구 증언 말고 (고소, 이혼에 필요한) 또 증거물 할 만한 거 있어요?
> 글쎄, 워낙 다 없어져서요.
> **동네 사람들 증언해줄 분 없어요?**
> 아줌마들이 우리 남편 때문에 생리가 터진 적은 있는데, 해줄지 모르겠네…….
> **네? 왜요?**
> 남편이 나랑 동네 아줌마들이 부엌에서 얘기하고 있는데, 나를 공기총으로 쏘려고 했거든요. 그래서 부엌 천장에 총알 자국이 있어요. 그때 아줌마들이 너무 놀라서 갑자기 생리가 나왔대요.
> **아니, 그걸 왜 이제서야 얘기하세요!**
> ……안 물어보셨잖아요.

이 이야기는 사례 여성과 세 번째 면접이 끝날 때쯤 나온 것이다. 나는 남편의 폭력이 동네 사람이 있는 상황에서도 공기총으로 위협

사격을 할 정도로 심각하다는 것을 알지 못했다. 이 여성의 말대로 내가 '물어보지 않았기' 때문이다. 폭력당하는 아내들은 자신의 경험을 숨기거나 축소하기 때문에 그들의 이야기는 듣는 사람의 태도에 따라 다르게 구성된다. 증언자와 연구자의 상호 작용이 '사실'을 '만들어내는 것'이다. 증언자들은 한국 사회의 타자이고, 그들의 경험은 그들의 타자성에서 기인한다. 실증주의적 연구 방법에서처럼 연구자 효과(researcher effect)를 배제한 중립적인 태도로는 그들의 타자성을 이해할 수 없다. 연구자가 이야기를 들을 수 있는 위치를 확보할 때 그들의 이야기는 '들리게 되고' 의미화된다. 그들은 자신의 경험을 드러내본 적이 없기 때문에 무엇을, 어떻게, 어디까지 말해야 할지 잘 모른다. 때문에 연구자는 '유도 질문'을 할 필요가 있다. '덜 왜곡된' 자료를 얻으려면 연구자가 의도적인 '주관성과 편파성'을 발휘해야 하고 이때 여성들의 이야기는 '객관화'된다. 연구자의 개입은 질문 과정뿐 아니라 자료 수집, 분석 등 연구 과정 전반에 걸쳐 요구된다.

(이혼)소장에 성폭행은 안 썼어요. (울면서) ① 남편하고 헤어지는 마당에 남편의 치부를 드러내고 싶지 않았어요. ② 그 사람이 회개의 눈물을 흘렸으므로. ③ 다시 떠올리기도 그렇고. ④ 또 자포자기로 될 대로 돼라 친정 식구에게 복수할까 봐. ⑤ 그 사람이 그 문제로 굉장히 죄책감을 가지고 있어서, '그래 이년아, 나는 사람이 아닌데 떠나면 될 거 아니냐'라고 말한 적도 있고…… 결혼은 생활, 현실이다 보니까 살(殺)기가 뻗쳐서 ⑥ 나도 남편을 때리고 목 조르고 한 잘못이 있으니

까…… ⑦ 나는 그 사람 곁을 떠나지만 남편은 사회 생활을 할 수 있게 해주고 싶어요. ⑧ 마지막 무기로 사용하려고 저축하는 의미도 있고요. (33세, 대졸, 사무직 여성)

재판 이혼 시 남편의 과실(過失)이 많을수록 위자료나 재산 분할에서 아내에게 유리하지만 사례 여성은 소송장에 남편이 딸과 조카, 이웃집 어린이를 성폭행한 사실을 적지 않았다. 그런데 그 이유가 무려 여덟 가지이다. 내용은 남편에 대한 증오, 사랑, 주변 사람에 대한 걱정, 자책감, 실리적 이익에 이르기까지 다양하다. 이 여성의 삶의 맥락에서 ①~⑧이 모두 같은 비중은 아닐 것이다. 내가 그녀의 이야기 중 어느 부분에 긍정적 혹은 부정적으로 (무)반응하느냐에 따라, 그녀는 위와 다르게 진술할 수도 있다. 증언자의 이야기는 연구자의 가치 개입, 듣는 사람과 말하는 사람을 둘러싼 정치적 상황과 상호 주관성(inter-subjectivity)에 의해 의미 있는 자료로 선택되기도 하고 그냥 버려지기도 한다.

이젠 내가 (맞는 게) 습관이 되었는지 심각하게 느껴지지도 않고 쾌감을 느끼나 봐요. 때리고 한 이틀은 잘해주니까. (26세, 고졸, 판매직 여성)

'쾌감'이라는 말에 나는 무척 당황했다. 나는 피해 여성들이 이 말을 안 쓸 것(써서는 안 될 것)이라고 생각했기 때문이다. 아내가 폭력을 당할 때 '쾌감'을 느낀다는 담론은 그동안 '아내 폭력'을 정신

분석학적 차원에서 설명하는 일부 연구자들에 의해 지나치게 강조되어 온 의견일 뿐, 실제 사례에서는 별로 등장한 적이 없었다. 나는 이러한 시각에 강한 거부감이 있었기 때문에 이 이야기는 나의 관점과 상반되는 자료였다. 그러나 연구자가 연구 대상의 시각에서 세계를 이해하려는 노력 없이 연구자의 사고 방식에 연구 대상의 경험을 가둘 때 질적 방법을 사용하더라도 '사실상의 실증주의'[17]를 범하게 된다. 연구자는 자신이 보고 싶은 것만, 보이는 것만 보게 된다.

이 자료는 나에게 다른 사고와 해석을 요구하였다. '아내 폭력'을 여성주의 시각에서 연구한다고 해서 피해 여성의 '쾌감'은 배척해야 할 정치적 금기가 아니라 그녀가 어떤 맥락에서 자신의 심정을 이렇게 표현하는가, 그녀의 세계관에서 그 의미는 무엇인가를 분석해야 했다. 남성의 폭력 행사가 본능이 아니라 학습이라면, 여성이 폭력에 익숙해지는 것도 학습일 것이다. 최초의 성적 경험이 강간이었던 여성은 폭력적인 방식으로 성을 학습한 것이고 그 경험은 이후 그녀의 성적 쾌락을 구성하는 데 영향을 끼친다. 이것이 가부장제 사회에서 폭력과 성과 사랑이 뒤범벅된 이유일 것이다.

연구자의 조건은 연구자가 의식하든 안 하든 연구에 영향을 끼친다. 연구 대상의 이야기에서 자신이 어떤 부분에 반응하는지 모르면 연구의 '객관성'을 확보하기 힘들다. 연구자가 자기 자신을 알 때 연구자는 연구 대상과 맺는 관계가 투사인지, 계몽인지, 의식화인지, 혹은 전이인지 유도 질문인지 구별할 수 있다. 여성주의 질적 연구의 기본적인 특징과 목적은 사건, 규범, 행위, 가치들을 연구 대상자(타자였던 여성들)의 시각에서 관찰하여 이제까지 숨겨져 왔고 무시되어 왔던 인식, 해석 주체로서 여성의 시각을 드러내는 것이다. 연구 대상자가 중요하다고 생각하는 문제가 무엇인지 알기 위해서는 연구자가 중요하다고 생각하는 문제를 마음속에서 제거하는 노력이 필요하다. 연구자가 어느 순간 자신이 페미니스트라는 사실을 잊는 것이다. 타인의 경험 세계로 들어갈 수 있는 능력은 연구 대상의 이야기를 듣는 데 방해가 되는 연구자의 자아를 견제할 때 생기기 때문이다.[18] 그래서 연구 과정은 곧 연구자 자신을 아는 과정이 된다.

연구자와 연구 대상의 상호 주관성과 동일시는 다르다. 연구의 '객관성'은 연구자가 자신의 위치를 고려하면서 연구 대상과 부분적으로 동일시할 때 가능하다. 부분적 동일시는 연구자가 상대방의 내적 준거 체계, 그의 구성 개념과 자기 자신의 생각 사이를 자유자재로 들어가고 나올 수 있는 능력이다. 자신의 사고 세계와 타인의 세계 사이의 경계를 융통성 있게 넘나드는 '삼투압' 능력이 필요하다. 이러한 능력은 가부장제 사회에서 이상적인 인간형이라고 간주되는 유형, 즉 타인과의 대립을 통해 자신의 경계를 구축하는 '독립적인' 자아를 가진 사람에게는 어려운 작업일 수 있다.

## 피해 여성들을 만나면서 다시 읽는 기존 연구들

서구와 마찬가지로 한국 사회에서도 오랫동안 '아내 폭력'은 학문 연구의 대상이 아니었다. '아내 폭력'이 여성 운동 세력에 의해 '발견'된 1983년 이후, 본격적으로 연구되기 시작한 것은 1990년대

**[표 2] 각 분야별 '아내 폭력' 연구 시작 시점**

| 학회지명(창간 연도) | 연도 | 최초 게재자 | 비　고 |
|---|---|---|---|
| 한국여성학(1985) | 1992 | 한영란(간호학) | 여성주의 무크지 〈또 하나의 문화〉에 조주현(1990)의 연구 게재 |
| 대한의학협회지(1948) | 1989 | 김광일 | 한양대 의대 〈정신건강〉 지에 김광일 (1985)의 연구 게재 |
| 한국사회학(1964) | 없음 | | |
| 대한가정학회지(1959) | 1989 | 전춘애 | |
| 가족학논집(1979) | 1993 | 김정옥 외 | |
| 사회복지학회지(1979) | 1984 | 서명선 | |

로 비교적 최근의 현상이라고 볼 수 있다. '아내 폭력'이 각 분야별로 연구(게재)되기 시작한 시기는 [표 2]와 같다.

'아내 폭력'이 연구된다는 것은 그 자체로 여성 문제의 진보이지만, 연구가 문제 해결을 가져오는 것은 아닐 것이다. 한국 사회의 '아내 폭력' 연구는 많은 연구자들도 지적하듯이, 대체로 원론적 수준을 넘지 못하고 있다. 이제까지의 연구는 양적, 질적 방법을 막론하고 실태, 원인, 피해 영향, 각 분야별(사회복지학·교육학·법학·의학·심리학·간호학·가정학·신학·사회학 등등) 대책이 논의의 주를 이루고 있다. 나는 국내 선행 연구를 검토하면서 몇 가지 문제 의식을 품게 되었다. 한국 사회에서 가정 폭력이 사회 문제로 제기된 이래 수백 편이 넘는 '아내 폭력' 연구물들이 생산되었음에도 불구하고 연구의 구성 형식과 내용이 거의 같다는 점은 나에게 의문이 아닐 수 없었다. 그 구체적인 문제 의식은 다음과 같다.

첫째, 기존 연구들이 피해 여성의 경험에 근거를 두지 않거나 혹은 경험에 근거를 두더라도 해석 틀이 여성 중심적이지 못해서 사회의 가부장적 통념을 별로 비판하지 못하는 '상식'적인 결론을 제시하고 있다는 점이다. 둘째, 연구 과정의 윤리와 정치학의 문제로서 자료의 인용과 구성에 관한 것이다. 셋째, 연구 대상자에 대한 타자화, 희생자화의 문제이다. 그리고 이 세 가지 문제는 '아내 폭력'을 누구의 시각에서 볼 것인가라는 점에서 하나의 문제로 연결되어 있다.

양적 연구들은 실태를 파악하는 데 크게 기여했지만 그것이 객관적인 실태를 그대로 반영하는 것은 아니다. 모든 사회 현상이 그렇지만 특히 여성에 대한 폭력은 정확한 통계가 불가능하다. 이 문제가 숨겨진 범죄이기 때문에 암수(暗數) 발생이 많고 피해자, 가해자, 질문자 모두 여성 폭력에 대한 개념을 남성 중심적으로 수용하는 경우가 많기 때문에 사례가 누락되거나 왜곡된다. 여성 폭력에 대한 여성과 남성의 경험은 현저히 다르다. 일례로 성기 노출의 심각성에 대한 양적 조사에서 여성들은 쉽게 응답했지만, 대부분의 남성 응답자들은 '세상에 이런 일이 있느냐, 성기 노출하는 남자들이 있다는 얘기는 처음 들어본다'며 현상 자체를 모르고 있었다.[19]

'아내 폭력'을 부부 폭력의 입장에서 보면 '매 맞는 남편'도 등장하고 이에 따라 (1년간) 발생률은 5.6퍼센트[20]가 되기도 하고 17.2퍼센트[21]가 되기도 한다. 이처럼 여성 폭력에 대한 사회적 보고(report)는 담론에 의해 선택적이다.

양적 조사도 질적 연구도 아닌 대부분의 연구는 문헌 연구인데 이는 '아내 폭력'에 대한 기존의 관점을 해체하기에는 제한적이다. 문헌 연구는 많은 경우 소위 '짜깁기'가 불가피한데 이때 인용되는 자료들은 지식 생산이 얼마나 다층적인 권력 관계망들의 산물인가를 보여준다. 몇몇 연구들은 논문 저자의 사회적 위치와 연구물에 대한 접근 용이성에 따라 (논문의 질과 상관없이) 선택되어 '인용이 인용되는' 형식으로 다른 연구들에서 반복적으로 인용되고 있다. 정부 기관에서 낸 자료인가 NGO에서 낸 자료인가, 저자가 교수인가 아닌가, 석사 논문인가 박사 논문인가, 서울 논문인가 지방 논문인가(지방에서 발간된 연구물은 서울에서는 구하기 어려운 경우가 많고 그 반대의 경우도 마찬가지다), 통념적 의미에서 '좋은' 대학을 기준으로 하여 어느 대학의 무슨 과 논문인가 따위가 인용에 영향을 끼친다. 인용 자체가 나쁘다는 것이 아니라 연구자는 자신이 인용하게 된 과정에 개입된 상황을 고려해야 한다는 것이다. 또한 '아내 폭력'과 같이 가부장제 시각에서 탈각된 관점이 필요한 연구가 문헌 연구 방법으로만 가능하겠는가 하는 것도 생각해볼 문제다.

한편, 피해 여성을 직접 면접하지 않고 관련 운동 단체의 상담 통계를 자료의 근거로 삼거나 다른 사람이 면접한 상담 일지를 질적 자료로 사용하는 경우가 있다. 연구자가 통계를 직접 설계하지 않았으므로 통계를 근거로 하여 이론을 제시하는 것이 아니라 결론을 입증하기 위해 상담 통계가 동원된다. 여성 운동 단체의 자료는 피해 여성들의 기입 방식, 기입된 자료의 전산 입력 방식 등 자료가 만들어지는 과정에 대해 맥락적인 이해가 필요하다. 자료를 연구자 본인이 수집한 것이 아니므로 이에 대한 고려 없이 (모르고) 인용할 경우에는 문제이다. 예를 들면 어떤 연구자는 '여성의전화' 설문지의 중복 응답 문항을 설명 없이 그대로 인용하여 마치 상당히 많은 여성들이 응답한 것처럼 보이게 했다.

피해 여성을 직접 면접하더라도 연구자가 '믿는 대로 본다면', 혹은 연구자가 연구 대상과 자신이 몸담고 있는 세계와의 상호 작용이 없다면 직접 인터뷰를 해도 기존 연구와 같은 결과가 나온다. 예컨대 '학습된 무기력(learned helplessness)'이라는 개념으로 피해 여성을 보게 되면, 그들이 실제 무기력하지 않아도 무기력하게 보이게 된다. 나는 왜 그토록 많은 (실제 거의 모든) 연구들이 폭력당한 여성들을 무기력하다고 보는지 이 점이 가장 의아스러웠다. 그들은 실제로 무기력한가? 아니면 남성만을 주체로 인정하는 한국 사회의 가부장성이 그들이 '무기력하길 원하는가'?

내가 만난 50여 명의 피해 여성들은 '무기력하고 자존감 없음'과는 거리가 멀었다. 그들은 사나웠고, 매우 적극적이었고, 분노가 넘쳤으며, 뻔뻔하기도 하고, 착하기도 하고, 순진하기도 하고, 나를 배려하기도 하고, 항의하기도 하고, 욕도 잘하고, 남성만큼 공격적이었으며, 내 앞에서 자녀를 심하게 때리기도 하고, 생활력이 넘쳤으며, 살려고 몸부림치며, 끊임없이 갈등하고, 생각보다 유순하지도 않았고, 인생을 포기하지도 않았다. 그리고 다른 사람들처럼 행복한 삶에 대한 꿈이 있었다. 내가 보기에 그들은 특별히 나쁜 사람들도 특별히 착한 사람들도 아닌, 다만 폭력의 피해를 당한 사람들이었다. 이러한 모습은 인생을 살다가 예기치 못한 어려움에 처한 보통 사람들이라면 누구에게나 나타날 수 있다. 그들은 선택과 대안을 필요로 할 뿐이지 불쌍하거나 병든 희생자가 아니다.

희생자화는 타자화와 관련된다. 타자화는 폭력당한 여성을 '일탈' 집단으로 볼 때 가능하다. 연구 대상을 타자화, 희생자화한다는 것은 그들이 연구자에 의해 일방적으로 재현된다는 것을 의미한다. 그래서 그들은 연구자에 의해 구원의 대상, 복지의 시혜 대상이 되기도 하고 무능력하고 자존심 없는 피학증 환자가 되기도 한다. 연구 대상이 타자화될 때 연구자는 연구 대상과 아무런 관계가 없으므로 '아내 폭력'은 폭력 당사자만의 문제가 되고, 이는 곧 연구 내용의 문제로 이어진다.

몇몇 연구를 제외한 대부분의 연구들은 폭력당한 아내가 폭력으로부터 벗어나야 한다고 주장하면서도 동시에 가족도 유지되어야 한다고 본다. 현재 가족 구조의 문제와 폭력 발생을 연결하지 못하는 것은, 연구자 자신이 기반하고 있는 가족 제도를 연구 대상으로 삼지 않기 때문이다. 연구자가 '아내 폭력'이 발생하고 있는 현실에 개입하지 않고 자신의 사회적 위치를 드러내지 않은 채 연구가 진행되기 때문에 연구자와 폭력당하는 아내가 '공동으로' 경험하고 있는 가족 구조의 현실은 드러나지 못하게 된다.

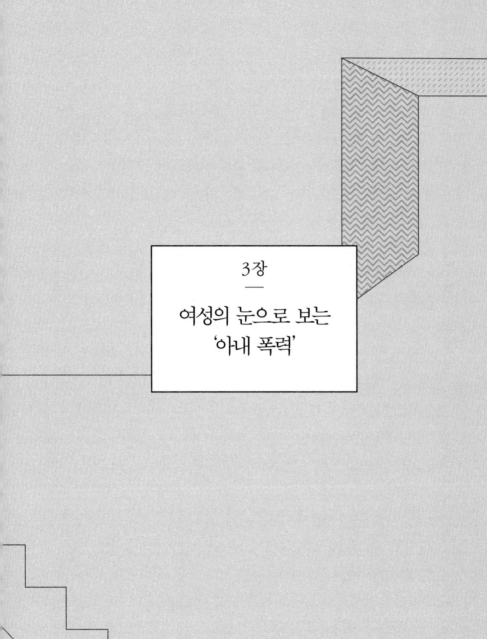

3장
—
여성의 눈으로 보는
'아내 폭력'

여성에 대한 폭력을
개인 인성의 문제가 아니라
인간의 권력 행동, 정치적 행동으로
파악할 때 폭력은 남성 지배의
핵심적인 영역이 된다.

## 아내를 때릴 수 있는 권력은 어디에서 나오는가?

초기 급진주의 페미니즘 고전에서는 폭력이 남성 지배의 중요한 영역이라고 보지 않았다. 시몬 드 보부아르, 슐라미스 파이어스톤, 줄리엣 미첼, 케이트 밀렛, 실라 로보텀은 남성들이 이미 군대, 과학기술, 대학, 정치 권력, 경제력 등 모든 권력을 독점하고 있는 현대 서구 사회에서 굳이 폭력이라는 신체적 수단을 통제 기술로 사용할 필요가 없다고 생각했다.[1] 이들은 가부장제가 '세련'되어 감에 따라 직접적인 남성 폭력(male violence)은 남녀가 모두 공유하는 남성 이데올로기(male ideology)로 개량화될 것으로 보았다.[2] 이들의 논의에서도 다소 차이[3]는 있지만, 초기 페미니즘 이론은 육체적인 것(물리적인 힘) 대 정신적인 것(이데올로기)의 구분으로부터 완전히 벗어나지 못했다. 폭력은 이성적인 지배에 비해서는 야만적인 것으로, 남성 권력이 위기에 처했을 때 부차적으로 동원되는 도구 혹은 최후 수단으로 인식했다.

그러나 권력은 사용을 통해 영속화된다. 권력 관계로서 성별 체계(가부장제)는 한번 완성된 상태에서 고정되어 있는 것이 아니라 계속 실천되는 과정이다. 폭력은 권력의 창출을 위해서건 유지를 위해서건 필요하다. 폭력적인 지배와 이성적인 지배는 대립물이 아니라 오히려 동일한 것이라고 볼 수 있다. 근대 사회의 특징인 집단 학살(genocide)과 여성 살해(gynocide)는 남성 중심의 이성주의, 합리주의의 또 다른 결과였다. 다시 말해 폭력은 권력이 위기에 처했을 때 어쩔 수 없이 발생하는 것이 아니라 그 자체로 목적 의식적인 인간 활동이자 계획된 실천이라고 할 수 있다. 이성을 잃었을 때 폭력이 발생한다기보다는 폭력에 의해 이성이 실현되는 것이다. 폭력에 대한 이 같은 입장은 독일의 파시스트 남성 폭력을 탁월하게 분석한 클라우스 테벨라이트(Klaus Theweleit)의 《남성 판타지(Male Fantasies)》에 잘 나타나 있다. 테벨라이트에 의하면 파시스트들의 폭력은 '다른 어떤 것'을 얻기 위해 치환된 행위 혹은 욕망의 도구가 아니라 그들이 원하는 것은 폭력, 전쟁 그 자체라는 것이다. 그는 폭력을 읽지 말고 보아야 한다고 제안한다.

급진주의 페미니스트들은 모든 여성이 피지배자로서 근본적인 공통점이 있다고 보았다. 이들은 여성의 종속이 가부장제가 규정한 남녀 간의 신체적 성차에 근거하기 때문에, 억압의 원인은 여성의 출산과 성행위에 대한 남성의 통제, 곧 여성의 육체에 대한 남성의 통제에 있다고 보았다. 즉, 여성의 몸이 여성 동질성의 최소 단위가 되는 것은 신체 구조가 같기 때문이 아니라 성 차별 사회가 여성의 몸에 부여하는 사회적 평가 때문이다.[4] 따라서 여성의 몸에 대한 통제는 계급이나 인종에 따른 여성 억압보다 더 근원적인 억압의 형식, 모든 사회적 모순들의 마지막 원인[5]이라는 것이다.

이처럼 보편적인 가부장제 개념은 보편적인 범주로서의 여성 개념에 근거한다. 그러므로 성적인 폭력과 신체적 폭력 사이의 구분은 별 의미가 없다. 흔히 성적인 폭력이라고 간주되는 강간과 신체적인 폭력이라고 인식되는 아내 구타는 다른 종류의 폭력이 아니다. 실제 피해 여성들이 대부분 강간과 구타를 동시에 경험하거나, 결혼 전에는 강간으로 결혼 후에는 구타로(결혼 후 강간은 인정되지 않으므로) 단지 형태를 바꾸어 폭력을 당하기 때문이다. 또한 가부장제 사회에서 여성의 신체에 대한 시선은 그 자체로 성애화되어 있기 때문에 여성의 몸에 대한 폭력은 곧 섹슈얼리티의 문제가 되고 이는 성(차)별 제도의 산물이다.

남녀의 성 활동이 성별화(gendered)되어 있다는 것은 성기 노출과 '스트립쇼'의 예처럼, 이성(異性)의 몸에 대한 경험이 성별에 따라 여성에게는 당하는 폭력으로 남성에게는 돈을 내고 구입할 수 있는 쾌락으로 인식되는, 바로 그 차이를 가능하게 하는 권력 관계를 의미한다. 많은 사회에서 남성성의 정의는 성적인 정복과 폭력으로 나타난다. 대부분의 남성 섹슈얼리티는 젠더를 구현하는 노력(진정한 남자라는 감정)에 의한 것이며 남녀 모두 젠더에 기반한 문화적 의미 없이는 에로틱한 감각이 생기기 어렵다. 이처럼 남성과 여성의 권력 관계는 다른 권력 관계와 다르게 성애화되어 있기 때문에 '자연스러운 것'으로 인식되어 이제까지 정치적 분석의 대상이 되지 못했다. 그래서 여성 폭력을 문제화하는 페미니스트들은 '무엇이 정치적인 문제인가, 그리고 그것은 누가 정하는가' 자체를 질문하기 시작했다.

여성에 대한 폭력을 개인 인성의 문제가 아니라 인간의 권력 행동, 정치적 행동으로 파악할 때 폭력은 남성 지배의 핵심적인 영역이 된다. 여성 폭력은 성별 권력 관계의 일환으로서 시대와 문화에 따라 각기 다른 형태로 나타나지만, 그 본질은 모두 가부장제의 보편적인 여성 통제라는 점에서 같다. 그러므로 '아내 폭력'은 가정 폭력의 한 종류라기보다는 강간·성매매·포르노·음란 전화·성기 노출·성희롱·근친 강간·마녀 사냥·신부 화장(bride burning)·아내 순사(殉死)·음핵 절개·전족(footbinding) 같은 여성에 대한 폭력의 한 형태이다. 대부분의 사회에서 폭력은 남성성의 일차적 요소인데, 이것은 성별 관계로서 여성성과 대비됨으로써 의미를 지닌다. 성별 관계의 맥락에서 섹슈얼리티와 여성에 대한 폭력을 개념화하면 강간과 이성애 관계에서 '정상적'인 성교의 차이는 질적인 차이가 아니라 정도의 차이일 뿐이다.

여성 폭력에 대한 급진주의 페미니즘 이론의 가장 핵심적인 통찰은 폭력과 폭력을 통한 위협, 공포는 권력 관계의 부산물이나 이차적인 것이 아니라 위계 관계의 구조적인 토대로서 남성 지배와 여성 종속의 중요한 동인(動因)이라는 것이다. 즉, 남성 폭력은 그 자체로 독립적인 권력의 한 형태이다.

1980년대 들어 서구에서 여성 폭력에 대한 급진주의 페미니즘의 입장은 여성들 간의 차이와 여성의 행위 주체성을 무시하는 '결정론'이라고 비판받기 시작했다. 그러한 비판의 주요 내용은 여성들

간의 다름에 관한 것이었다. 즉 여성은 계급·인종·지역·종족·문화·성 정체성·장애/비장애·나이에 따라 개인이 가진 자원과 부(富)에서 차이가 있으며 이에 따라 폭력도 다른 방식으로 경험한다는 것이다. 예를 들어 유색 인종 여성이 백인 남성에게 강간당했을 경우 그 여성은 성 차별주의와 인종 차별주의를 동시에 경험한다. 남편으로부터 구타와 성적 학대에 시달리는 여성들에게 가정은 위험한 공간이지만, 노숙자 여성들은 그중에서도 가장 위험한 환경에 처해 있다.[6] 레즈비언 커플 간 가정 폭력의 경우 피해자는 동성애혐오 때문에 사회의 개입을 요청하기가 더욱 어려우며,[7] 이때 가해자는 '생물학'적으로 여성이다.

또 남성이 행사하는 폭력은 그 자체로 여성에 대한 권력의 한 형태지만 다른 영역의 가부장제 통제 결과에 크게 영향을 받기 때문에 통제의 '기초'로 보는 것은 부적절하다는 비판도 제기되었다.[8] 또한 여성 폭력을 성별 관계의 필연적 결과로 환원하면, 행위자로서 여성의 자율성을 인식하는 데 실패하기 쉽다는 것이다. 페미니스트가 강간에 대해 말해야 하는 것은 강간이 폭력이어서가 아니라 강간이 여성의 자발성과 즐거움을 침해하기 때문이며 '노'라고 말할 수 있는 권리는 어떤 의미에서 '예스'라고 말할 수 있을 때 존재한다는 것이다.

위와 같은 문제 제기는 충분히 타당하다. 그러나 여성에 대한 폭력을 성별 관계에 의한 권력과 통제의 문제로 제기한 것은 기존의 정치학과 권력 개념에 대한 새로운 해석일 뿐 아니라 특히 '아내 폭력' 인식에 큰 영향을 주었다. '아내 폭력'은 특별히 더 오랫동안 '집안일, 개인적인 문제'로 여겨졌기 때문이다.

주류 사회과학자들은 '아내 폭력'을 아동 학대, 노인 학대, 형제 간 폭력처럼 가정 폭력의 하나로 본다. 다른 가정 폭력에서는 여성도 가해자가 되므로 이는 성별의 문제라기보다 역기능적인 가족 관계의 산물이라는 것이다. 혹은 스트레스, 분노 같은 개인 간 심리의 문제, 남성 몸의 생물학적 현상으로 분석해 왔다. '아내 폭력'을 가정 폭력의 시각(family violence perspective)에서 볼 것인가, 여성주의 시각(feminist perspective)에서 볼 것인가는 이 문제를 다루는 두 개의 큰 흐름이었다.[9]

가정 폭력의 시각에서 '아내 폭력' 문제의 분석 대상은 성별 관계가 아니라 하나의 단위로서 가족이며, 성 차별주의는 '아내 폭력'의 주된 요소('the' factor)가 아니라 많은 요소 중의 하나('a' factor)가 된다.[10] 가정 폭력의 관점에서는 문제 해결을 위해 가족의 기능과 역할을 바로잡아야 한다고 본다. 이들은 폭력 제재와 피해자 일시 보호도 필요하지만 비폭력적인 갈등 해결 기술, 부부 대화법, 가해/피해자에 대한 치료 따위를 통해 바람직한 가족을 유지할 수 있도록 도와야 한다고 주장한다. 가족 구조 자체에 문제가 있다기보다는 가족을 잘 운영하지 못하는 개인에게 문제가 있다는 것이다. 자신을 구타하는 사람과 '인간적'인 대화가 얼마나 가능할지는 모르겠지만, 어쨌든 이러한 입장은 일반적 통념이기도 해서 상식적인 차원에서 매우 설득력이 있다.

'아내 폭력'이 시대와 지역을 넘어 보편적으로 발생한다고 해서 이 문제가 인간의 본성이라는 의미는 아니다. 여성 폭력은 보편적으로 발생하지만, 동시에 역사성을 지닌다. 여성 인류학자들의 노력에 의하여 여성 폭력은 그 사회의 성별 분업, 성–성별 체계(sex-gender system)에 따라 발생 정도와 양상을 달리한다는 사실이 드러났다. 비록 적은 수이긴 하지만 여성 폭력이 존재하지 않는 사회에서는 성 역할 고정 관념이나 남녀 분리 문화가 존재하지 않았다. 페기 샌데이(Peggy Sanday)의 156개 부족 사회 연구에 따르면, 47퍼센트가 강간이 없거나 극히 드물었다. 또 1960년대에 수집된 중앙 타이(Thai)에 관한 민족지에 따르면 아내 구타는 극히 드문 현상이었는데 그곳에서는 성에 따른 노동 분업이 거의 없었다.[11] 이는 성(차)별 제도를 무시한 기존의 사회 분석 방법으로는 이 행동이 설명되지 않는다는 것을 보여준다.

'아내 폭력'은 명백히 성별화된 폭력인데도 성별의 문제는 가장 쉽게 간과된다. 가정 폭력적 접근 방식은 왜 언제나 때리는 사람은 '남성'이고 맞는 사람은 '여성'인지를 설명하지 못한다. 남편이 스트레스 때문에 때린다면 왜 직장 상사나 길거리에 다니는 사람은 안 때리는지, 술 때문에 때린다면 왜 아내들은 술을 먹고도 남편을 때리지 않는지, 분노 처리 기술이 미숙하기 때문이라면 왜 그 분노를 언제나 '집안에서만' 표출하는지, 폭력 행위가 손실(형사상 제재, 이혼)보다 보상(분노 발산, 타인을 통제)이 크기 때문에 사용된다면 왜 여성들은 이 방법을 쓰지 않는지, 종교와 성격 차이 같은 부부 갈등 때문에 때린다면 왜 남성들은 이혼한 이후에도 전 부인을 때리는지를 설명하지 못한다.

'아내 폭력'이 워낙 보편적으로 발생하기 때문에 여성주의자들조차 '아내 폭력'이 성별 관계 외 다른 사회적 요소에 의해 영향을 받는다는 남성 중심적인 주장을, '아내 폭력'을 사회적·역사적 시각에서 보는 것으로 착각하기도 한다. 그 대표적인 예가 한국 사회에서 IMF 경제 위기 시기에 남성들의 실업으로 인한 불안과 스트레스 때문에 '아내 폭력'이 증가했다는 담론이다. 이는 여성 운동 단체나 여성주의 저널에서도 많이 주장했는데, 이러한 언설은 '스트레스 때문에 때린다'는 가부장적 통념을 더욱 강화할 위험이 있다. 아내는 일자리를 잃거나 스트레스를 받았다고 해서 남편을 때리지 않는다. 또한 이러한 주장은 경제 위기 전후의 '아내 폭력' 증감을 비교할 근거가 없다는 점에서 '객관성'이 없는 담론이다.

'아내 폭력'처럼 남성 중심적(가해자 중심적) 시각이 가시적이고 체계적인 영역도 없다. 사회는 남성의 폭력 행동 자체에 대한 정치적인 분석과 비판보다는 남성이 폭력을 행사할 수밖에 없는 상황과 이유에 초점을 둔다. 남편은 아내를 때릴 수 있다는 사실을 전제하기 때문에 언제나 '아내 폭력' 현상은 성(차)별적으로 해석된다. 피해 여성과 가해 남성의 경험이 해석, 재현, 담론화되는 데 이미 그 출발선이 다른 것이다. '아내 폭력'은 현재의 가족 제도와 사회 구조를 지탱하고 있는 성별 관계에 의한 여성 문제들 간의 연관성을 이해하지 않고는 설명하기 어렵다. '아내 폭력'에 대한 질문은 (안 때릴 수도 있는데) '왜 때리는가'보다는, '아내를 때릴 수 있는 권력은 어디에서 나오는가'로 전환되어야 한다.

## 법의 보호를 받지 못하는 '사적' 공간, 가정

남편의 폭력은 권력을 지닌(지니려는) 자의 의도적인 통제 행위지만, 단지 가족 관계에서 발생한다는 이유 때문에 제대로 이해되지 못해 왔다. '아내 폭력'이 통시적인 현상이긴 하지만, 근대의 발명품으로서 인간의 활동 세계를 공/사로 구분하는 관념은 현대 자본주의 사회의 여성 폭력을 분석하는 데 매우 중요한 이슈이다. 존 로크가 권위는 개인으로부터 나온다고 개념화한 것은 근대 국민국가 성립에 매우 중요한 이데올로기였다. 그러나 모든 인간은 평등하다는 근대적 인권 개념은 가부장제와 양립할 수 없는 것이었고 공/사 영역 분리는 여성을 개인의 위치로 승격시키는 것과 가부장제 사이의 모순을 해결하는 데 유용한 전략이었다.[12] 가족을 사회로부터 제외해서 사적(私的)인 영역으로 만듦으로써, 남성 가장은 사회에서 가족의 이해를 대표하게 되었다. 우리가 흔히 사용하는 '여성의 사회 진출'이라는 말은, 여성이 생활하고 있는 가족은 사회가 아니라는 것을 전제한다.

근대 이전의 '아내 폭력'이 결혼 제도의 여성 매매적 성격과 관련하여 소유의 관념에서 주로 기인했다면, 현대 사회에서 '아내 폭력'의 원인으로 가장 가까운 요소는 공/사 영역이 분리되었다는 인식이다. 남편이 아내를 때릴 수 있는 권리는 가정에는 권력, 정치, 인권, 민주주의, 법이 적용되지 않는다는 논리에 근거를 두고 있다. 공/사 분리는 성별 분리와 분업을 기초로 삼는데, 직장과 가정에서 성별 분업은 성별 권력 관계의 다른 표현으로서 이는 평등한 분업이 아니라 남성을 중심으로 한 여성의 배치이다. 여비서는 사무실의 아내(office wife)이고 아내는 집에 고용된 노동자다.[13]

공/사 분리 이데올로기는 실상 공적인 영역의 시각에서 사적인 영역이 규정된다는 것을 의미한다. 사적 영역은 공적 영역의 창조물로서, 사적인 것은 공적인 것과의 대립을 통해서 정의된다. 공적 영역의 정치적, 갈등적 성격에 비해 사적인 영역은 동의가 전제되는 영역으로 간주되기 때문에 사람들은 사적인 영역에서는 강제가 없을 것이라고 생각한다. 사적인 것에 대한 이러한 관념은 구타당하는 아내에게 '왜 떠나지 않는가?'와 같은 질문을 하게 한다.[14]

공/사 분리 제도를 통해 여성은 남성과는 다른 형태로 국가, 사회와 관계를 맺게 된다. 공적 영역은 남성들의 세계이며 남성만을 주체로 세우기 때문에 여성이 공적 영역과 관계를 맺거나 경찰, 법 같은 공적 자원을 이용하려면, 가족 제도를 거쳐 남편을 매개할 때 가능하다. 개인(individual)은 성별화된 언어다. 여성의 경험이 사적인 문제로 할당되는 한, 여성은 사회적 주체/개인이 될 수 없다. 가부장제 사회에서 여성은 한 사람의 개인으로서보다 '누구의 아내'일 때 정상성을 획득하고 더 많은 자원을 갖게 된다. 이 점에서 폭력은 이미 가정 주부 모델 그 자체에서 떼어낼 수 없는 일부분이다.[15] 가정적인 여성이 된다는 것은 남편의 폭력으로부터 외부의 도움과 보호를 받을 수 없다는 것을 의미한다. 개별 여성은 전체 남성으로부터 보호를 받는 대가로 한 남성과 결혼하는데, 바로 그 남성으로부터 학대당한다는 사실은 사회도 당사자도 인정하기 힘들다.

여성들은 사적인 영역을 남성과 다르게 경험한다. 여성들에게 사적인 공간은 휴식처가 아니라 노동의 공간이며, 구타와 아내 강간이 일어나도 법의 적용을 받지 못하는 곳이다. 사적인 영역에서 여성의 경험이 권력 분석에서 배제된 것 자체가 권력 관계의 결과였으므로 페미니즘 이론은 사적인 것은 더는 사적이지 않다고 본다.[16] 여성과 남성 간의 불평등은 가장 은밀한 성관계에서부터 공적인 것이라고 간주되는 정치, 경제 활동에 이르기까지 하나의 연속선이며 무엇이 공적이고 사적인가에 대한 규정은 권력을 어디에 놓을 것이며 그것이 무엇에 의존해 있는지 문제를 제기한다.[17] 즉 공/사 경계는 남녀의 '생물학'에 의해 규정되는 것이 아니라 여성을 사회적 주체에서 배제하여 비역사적인 존재로 간주하는 남성 권력의 산물로서 여성의 저항을 억압함으로써 유지된다.

이처럼 공/사 분리 관념은 여성 폭력을 사회적인 문제로 인식하는 데 걸림돌이 되어 왔다. 여성 폭력이 인간의 안전과 존엄을 공격하는 문제가 아니라 사적 영역의 사소한 문제라는 인식은, 여성을 보편적인 인간의 범주에서 제외했기 때문이다. 구타 남편들이 '여자 하나 때린 걸 갖고 뭘 그러느냐', '나는 사람을 친(때린) 것이 아니라 집사람을 친 것'이라고 말할 수 있는 것은 사회가 남성만을 보편적인 인간으로 인정하고 남성의 폭력을 방조하고 지지하기 때문이다. 샬럿 번치(Charlotte Bunch)는 인권 단체나 정부가 여성의 인권 문제를 심각하게 다루지 않는 이유를 네 가지로 정리하였는데, ① 성 차별은 사소하거나 중요하지 않은 문제, 또는 생존 문제 다음에나 나오는 문제라는 인식 ② 여성 학대는 문화적, 개인적 문제일 뿐 국가가 취해야 할 정치적 사안이 아니라는 인식 ③ 여성의 권리가 인권 문제 그 자체는 아니라는 인식 ④ 여성 문제는 불가피하거나 너무 만연된 문제라서 노력해봐야 성과가 나지 않는 문제라는 인식이다.[18]

여성 폭력이 인권의 문제에서 제외되어 왔다는 비판이 제기되면서 기존의 공적 영역 중심, 남성 중심의 인권 개념은 물론 '아내 폭력' 자체가 다른 시각에서 비판되고 재해석되기 시작했다. '아내 폭력'은 유사(類似) 국가인 가족에서 행해지는 통치 행위로서 고문이자 테러라는 것이다. 게다가 '아내 폭력'은 국가 기관의 고문보다 더 심각하다. 남편은 공적 기관의 고문 가해자보다 더 임의대로 행동하고, 남편의 폭력은 사회적 감시의 대상이 아니라고 간주되며, 가정에서의 고문은 친밀한 관계에서 일어나므로 피해자의 폭로를 더 어렵게 한다. 여성 폭력에 인권의 관점에서 접근하면서 국가 권력으로부터 개인의 권리를 보호하고자 했던 근대적 인권 개념의 한계가 지적되고, 이제까지 비정치적인 공간이라고 간주되었던 집안에서 개인들 간의 억압 관계에도 인권 개념을 적용함으로써 인권의 범위가 확장되었다. '아내 폭력'이 가족 문제가 아니라 인권의 문제로 제기된다는 것은, 여성을 가족 구성원으로만 한정했던 가부장제 질서에 대한 도전이며 여성을 사회적 개인으로 보기 시작했다는 점에서 여성 정체성의 정치학에 새로운 차원을 열게 된 것이다.

## 결혼이라는 폭력 허가증

'아내 폭력'은 여타의 여성 폭력과 다른 맥락에 있다. '아내 폭력'

은 더 보편적으로 발생하며 전 생애에 걸쳐 피해가 지속된다. '아내 폭력' 현상에는 강간·구타·성매매·포르노·성기 노출·성희롱·근친 강간·지참금 살인·신부 화장·아내 순사·음핵 절개 등 여성에 대한 폭력 거의 모두가 포함된다. 음핵 절개는 결혼과 출산 활동에 고통을 준다. 음핵 절개의 일반적인 형태는 음핵과 음순 일부를 제거하는 것이지만, 성교를 못 하도록 음부를 봉쇄하기도 한다. 이때 소변과 월경 혈이 통과할 정도의 구멍만 남겨 두고 주변이 같이 꿰매진다. 여성이 출산하면 아기가 통과할 수 있도록 구멍이 벌어지게 되는데 출산 후에 다시 양옆을 꿰맨다. 이 과정은 임신할 때마다 반복된다.[19]

남성은 '가정에서라면' 이 모든 것을 할 수 있고 실제로 한다. '아내 폭력' 발생은 가부장제 기초로서 가족의 역사적 전통에 기인한다. 남성은 가족을 통해 여성의 성과 재생산 능력을 통제한다. 가족은 여성을 이성 간의 일부일처제에 묶어 두고 여성의 성을 남성의 욕망을 충족시키기에 적절한 피학적인 것으로 재구성하는 가부장제 유지의 가장 기본적인 사회 도구이다.[20]

'아내 폭력'의 역사는 성별이라는 정치적 제도에 의해 여성이 아내, 어머니라는 기능/역할로 규정되어 온 가부장제의 성립과 궤를 같이 한다. 여성의 '사회' 진출 확대에도 불구하고 가족 안에서 여성의 권력은 여성의 사회적(공적) 권력의 패턴과 일치하지 않는데[21] 이 점이 바로 각 사회마다 성별 권력 관계가 다른데도 불구하고 '아내 폭력'이 보편적으로 발생하는 이유이다. 물론 어느 사회나 '아내 폭력'이 질과 양 면에서 똑같이 발생하지는 않는다. 그러나 이를 실제로 정확히 비교하는 것은 불가능하다. 폭력의 개념이 각 사회의 문화적 맥락과 개인의 의미화 정도에 따라 다르기 때문이다. 네덜란드에서는 폭력 피해자가 배우자일 때 3분의 1 이상 가중 처벌을 받기 때문에 '아내 폭력'이 감소한 것으로 알려져 있지만, 미국의 경우 여성 운동의 오랜 역사와 법적, 복지적 대책이 전국적으로 잘 정비되어 있지만 아내 구타가 줄어들지 않고 있다.[22]

공적 영역의 성별 관계와 가족 내 성별 관계의 불일치는, 여성이 공적 사회에서 어떠한 지위를 갖든지 간에 아내/어머니로서 성 역할이 우선시되기 때문이다. 그러므로 공적 영역에서 '향상된' 여성의 지위는 구조적인 성 평등의 증거가 아니라, 개별 여성들의 공/사 영역에 걸친 이중 노동의 결과이다.

각 지역별 사례 연구들은 가족 내 역할 규범의 변화가 없고, 성 역할을 기반으로 하는 가족의 가치가 강조될수록, '아내 폭력'은 공적 영역에서 여성의 지위와 관련 없이 발생한다는 것을 보여준다. 미국의 법적, 경제적, 교육적, 정치적 권리와 같은 공적 영역에서 여성 지위가 낮은 곳과 높은 곳 모두 '아내 폭력'이 빈발한다는 연구[23]는, 여성이 권력이 없어도 폭력이 발생하지만 사회적 지위가 높아도 가부장제 구조 붕괴에 위협을 느끼는 남편과의 갈등 때문에 폭력이 발생함을 시사한다. 린다 고든은 미국 보스턴 지역의 가정 폭력에 대한 역사적 연구를 통해 여성 운동의 성장이 '아내 폭력'을 가시화하는 데 큰 영향을 끼치며 가족의 결속이 강조될수록 '아내 폭력'은 사회적 관심사에서 사라진다는 사실을 밝혀냈다.[24]

에콰도르 사회는, 남녀는 본질적으로 다르며 남성 지배와 여성

복종이 이상적 가치라는 인식이 팽배한 사회인데도 여성들이 전통적으로 가정 내에서 경제력과 의사 결정권을 쥐고 있기 때문에, 에콰도르 사회의 뿌리 깊은 '사나이 문화(machismo ethic)'에도 불구하고 다른 사회보다 '아내 폭력'이 덜 발생한다.[25] 인도, 파키스탄, 스리랑카, 방글라데시 같은 남아시아 국가에서는 전통적으로 가족 이데올로기와 모성을 통해서만 여성의 권리가 논해져 왔기 때문에, 여성의 세력화가 가져다줄 책임과 자유보다 기존의 가부장적 제도가 훨씬 더 여성을 움직인다. 이러한 상황에서 여성의 권리는 공적 영역을 중심으로 공적 영역'에서' 논의되기 때문에 사적 영역은 여성의 권리 담론으로부터 가장 영향받지 않는다.[26]

이처럼 '아내 폭력'의 현실은 계급, 인종, 직업, 학력 같은 여성들 간의 차이가 '아내 폭력'의 발생과 대응에 별로 의미를 지니지 못함을 보여준다. 가부장제의 기본 성격은 여성의 정체성, 지위, 역할(기능)을 남성과의 관계로부터 규정하는 것인데, 그러한 과정이 '자연스럽게' 실천되는 장소가 바로 가족이기 때문이다. 가족 제도는 여성을 개별적 인격체가 아닌 (남성을 위해 존재하는) 동질적, 비역사적, 자연적 집단으로 정체화한다. 가족은 여성을 '진정한 여성'으로 만들고, 남성을 '진정한 남성'으로 만드는 가장 기본적인 장치이다. 가족은 특히 사적인 존재로 간주되는 여성에게는 더욱 '합당한' 정체성을 부여한다.

가족 안에서 권력의 분배는 남녀의 성 역할과 관련되어 규정되는데[27], 이때 남편과 아내는 개인이지만 동시에 서로 다른 성별 그룹의 일원이므로 그들의 역할 규범은 평등하지 않다. 또한 역할 규범을 둘러싼 두 사람 간의 갈등과 상호 작용은 사적인 것으로 여겨지므로 그로 인해 폭력이 발생해도 그것은 '부부 싸움'이 된다. '아내 폭력'을 문제 있는 개인 간의 이해 갈등의 산물로 파악하는 시각은, 갈등 상황 자체가 성 역할로부터 발생한다는 점을 간과한다. '아내 폭력'이 '부부 싸움'이라는 인식은 가족 내에서 남성과 여성의 성 역할이 평등하거나, 불평등하더라도 성 역할은 '자연의 이치' 차원에서 당연하다는 생각을 전제한 것이다. 그러므로 가부장적 역할 규범에 충실하여 부부 관계가 '안정적'이어도 관계가 불평등하므로 폭력이 발생할 확률이 높고, 역할 규범을 따르지 않아 '불안정'해도 그로 인한 갈등 때문에 폭력이 발생하게 된다. 결국 현재의 가족 제도에서 '아내 폭력'은 극단적이거나 일탈적인 현상이 아니라 구조 자체에 내재해 있다.

가부장제 사회의 주체로서 여성과 남성은 모두 가족 내에서 자신의 성 역할에 충실함으로써 사회가 부여한 정체성을 유지하려 하며, 또 (남녀가 동일하지는 않지만) 그로부터 권력을 얻는다. 특히 여성은 성별 분업 원리에 따라 가족 내 지위가 곧 사회에서의 지위가 되기 때문에, 피해 여성들은 생명을 위협하는 폭력 앞에서도 아내/어머니로서 성 역할을 좀처럼 포기하지 않게 된다. '아내 폭력'은 아내가 폭력을 유발해서 발생하는 것이 아니라 아내가 성 역할에 충실하고 집착함으로써 지속된다. '아내 폭력'은 가부장제의 기본 성격과 맥락을 같이 하기 때문에 성매매(매매춘)와 더불어 가부장제 프로젝트의 최후 보루가 되고 있다.

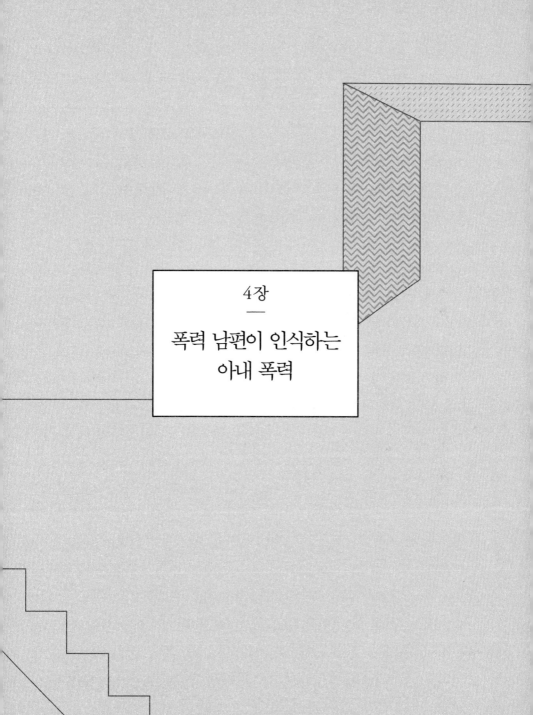

4장
—

폭력 남편이 인식하는
아내 폭력

남성들은 가정이 휴식처이므로
마음대로 분노를 발산할 수 있고
아내는 조건 없이 수용해야 한다고 믿는다.
남편의 기분을 배려하지 않는
아내의 자기 감정 표현은 폭력의
충분한 이유가 된다.

일상적인 가족 생활은 남성과 여성이 남편과 아내가 되어 각자 성별화된 역할(gender role)[1]에 충실함으로써 유지된다. 개인인 남성과 여성은 가족 제도를 통해 남편과 아내라는 지위를 얻게 되고, 그 지위는 남성과 여성에게 서로 다른 내용의 노동과 규범을 요구한다. 결혼 생활을 구성하는 부부 간의 성(sexuality), 여성의 보살핌 노동과 가사 노동, 남성의 임금 노동, 가정의 대표자로서 남성 가장 등 가족 생활에서 남성과 여성의 역할은 사회에 확산되어('가정은 사회의 기본적 단위') 사회적 성별 관계 전반을 규정한다. 이처럼 결혼과 가족은 각 개인들에게 성별 정체성(gender identity)을 확고하게 부여하는 핵심적인 사회 장치이자 성별 관계를 생산하는 공장(gender factory)과 같다.[2]

'아내 폭력'은 남성이 여성에게 행사하는 것이 아니라 남편이 아내에게 행사하는 폭력이다. 개인으로서, 사회적 시민으로서 여성은 남성에게 그렇게 당연하게 오랫동안 폭력을 당할 이유가 없다. 그러나 여성이 결혼하면, 사회적 개인으로 인식되기보다는 가족 구성원으로서 역할이 우선적으로 기대된다. 이에 반해 남성의 개인성과 가족 구성원으로서의 정체감은 비교적 일치되어 있다. 남성은 공적 영역으로 간주되는 임금 노동에 종사할 것이 기대되며, 가족 구성원으로서의 정체감도 여성과 달리 의무보다는 권리가 많다.

여기서는 가족 제도 안에서 아내와 남편의 역할 규범이 '맞을 짓이 있다'는 문화적 전제를 어떻게 생산하고 지속하는지를 살펴보고자 한다. 폭력 발생 과정 분석을 통해 이제까지 '아내 폭력'의 정당한 이유로 여겨져 왔던 '맞을 짓'이 부부 간 역할 규범과 어떠한 관련이 있는지 알아본다. 아내가 '맞을 짓을 했으니 맞는다'는 피해자 원인 제공론은 그동안 '아내 폭력'에 대한 가장 일반적인 사회적 담론이었고 정도의 차이는 있지만 가해자와 피해자 모두 이를 수용해 왔다. 이러한 이유로 '아내 폭력' 예방책은 남편의 폭력을 아내의 노력으로 적절히 통제('조심')하도록 하는 것이었다. 즉 가정에서 폭력이 발생하느냐, 안 하느냐는 아내의 행동 여부에 달려 있다는 것이다. 그러나 이러한 담론이 실제 상황에 근거한 것인지, 이러한 담론을 따르면 정말 폭력이 줄어드는 것인지를 구체적으로 살펴볼 것인데 4장과 5장에서는 주로 다음의 문제들을 알아볼 것이다.

첫째, 가해 남편은 자신의 폭력 행사를 어떻게 인식하고 있는가?

둘째, 가정 내 여성의 역할에 대한 사회적 규범이 남편에 의해 어떻게 '맞을 짓'의 이유로 구성되는가?

셋째, 피해 여성의 폭력 인식과 수용은 아내 역할과 어떤 관련이 있는가?

## 아내를 때려서 가르칠 '권리와 의무'[3]

근대 이후 가부장제 사회가 고수하고자 하는 친밀성의 상징으로서 가족의 이미지와 '아내 폭력'의 실상은 양립하기 어려운 것이었다. 그래서 '아내 폭력'은 가족의 어두운 측면으로 간주되어 왔다. '아내 폭력'이 비정상적인 부부 관계에서만 일어날 것이라는 통념은, 폭력 남편이 '아픈 사람'(정신병자)이거나 '나쁜 사람'(성격 파탄자)일 것이라고 생각하게 한다. 혹은 그들이 아프지도 나쁘지도 않다면 남편이 아내를 때리는 것은 행위자의 어떠한 의지, 관리, 통제 조절을 거치지 않은 남성 생리학으로서 자연적인 행위('공격적 본능의 분출')로 인식되었다. 이러한 담론의 결과로 남편의 폭력은 지나치게 이해되어 온 반면 아내의 대응은 지나치게 비난받아 왔다.

이처럼 사회는 '아내 폭력'을 소수 남성들의 일탈로 간주해 왔지만 한편으로는 '마누라와 북어는 사흘에 한 번씩 패야 한다', '그 법(가정폭력방지법) 생기면 무슨 재미로 사나!', '아내를 때리지 못하게 하는 것은 결혼 생활의 모든 재미를 박탈하는 것'이라는 언설에서 볼 수 있듯이 남성들은 '아내 폭력'을 당연한 규범(norm)으로 생각해 왔다.

가해 남성 스스로의 폭력 인식은 가정과 아내에 대한 그들의 가치관을 반영하며 이에 대한 연구는 곧 폭력의 원인과 이유를 설명해줄 수 있다. 서구에서는 지난 1960년대부터 구타 남편에 대한 연구가 진행되어 왔는데, 초기에는 주로 정신 의학적 측면에서 이들을 성격 장애(personality disorder)가 있는 사람들로 보았으나 이후 여성주의자, 사회학자에 의해 반박되었다.

폭력 남편들은 '정상적'인 사람들이다. 아내들은 남편이 주변 사람들에게 인정받고 존경받는 별문제 없는 사람들이기 때문에 대응하기가 더 어렵다고 호소한다. 피해 여성들은 남편을 '아이큐가 높고 머리 회전이 빠르다, 치밀하다, 주도면밀하다, 논리 정연하다, 형사 출신이 아닌가 싶을 정도로 행동과 판단력이 빠르고 예민하다, 잔머리가 천재다, 자존심과 자제력이 뛰어나다, 차분하고 생각이 많다, 집념이 강한 엘리트, 지적(知的)이다, 용의주도하다, 인격적이고 부드러운 사람, 매사에 계획적이고 꼼꼼하다'고 표현했다. 이는 폭력 남편들이 참을성이 없고 충동적이며 자기 통제력이 부족하고 스트레스 관리 능력이 떨어지는 사람들이라는 기존의 '아내 폭력' 연구와는 완전히 다른 것이다. 기존 연구들이 이미 전제한 시각에 따라 자료를 구성하기 때문에 폭력 남편을 비정상적인 사람으로 간주하는 것이다. 커스티 일로는 이 문제를 '보는 대로 얻는다(what you see is what you get)'라고 표현했다.[4]

　　남편이 너무 착해서 사기를 잘 당해요. …… 예의 바르고, 양반이고, 차분하고, 핸섬하고, 미소년 스타일이고 굉장히 점잖아서 사람들한테 인기가 좋아요. (35세, 고졸, 자영업 여성)

　　남편은 여자한테 무조건적으로 잘하는 스타일이라 친정에서는 (폭력 사실을) 몰라요. 시집에서도 그렇고. 친정 식구들한테도 대우받고 인정받아요. (27세, 대졸, 주부 여성)

연구를 진행하면서 가해 남편들은 연구자와 함께 세 가지 간단한 심리 검사(자존감, 스트레스 척도, 스트레스 내성)를 했는데 일반인과 비슷한 수치였고, 오히려 연구자인 내가 가장 불안한 심리 상태를 보였다. 이들은 자신의 좌우명을 말하라고 하자, '남한테 피해를 주지 말자, 최선을 다하자, 부도덕하게 살지 말자, 흐트러진 삶을 살지 말자, 도둑질을 하지 말자'고 대답하였다.

(기가 막히다는 듯) 글쎄, 나는 폭력을 안 했다니까요. 그러니까 제가 생각하는 가정 폭력은 담뱃불로 지지고 혁대 같은 거 쓰는 건데, 그런 거는 깡패 폭력 집단이나 하는 거지. 저는 아녜요. (35세, 중졸, 생산직 폭력 남편)

실제 내가 마누라나 때려보고 여기 왔으면 안 억울하다니까. 폭력을 했다면 덜 억울하겠어요. 물론 법에 해당하는 진짜 나쁜 사람도 있겠지만……. 나 같은 경우는 여기 다른 분들과는 달라요. 나는 정말 집사람을 때린 적이 없어요. 정말 때려서 왔다면 속이라도 시원하겠는데……. (40세, 고졸, 무직 폭력 남편)

부인에게 '전치 20일간의 치료를 요하는 다발성 좌상의 상해를 가한' 위의 사례처럼, 이들은 모두 자신의 폭력 행위를 완강하게 부정했다. 그들은 내가 폭력이라는 말을 사용하면, "여자들 그거 아무 때나 소리 지르는 거, 그게 더 큰 폭력이야, 지금 가장 큰 문제는 여자들이 가정 폭력법으로 남자들을 위협하고 있다는 거예요. 그건 폭력 아닌가? 폭력으로 따지면 내가 아내를 신고할 일이 더 많아요."라고 흥분하였다. 이러한 논리는 '여기 온 나는 피해자이고 진짜 와야 할 사람은 마누라, 법이 일방적으로 남자들에게 불리하게 되어 있다, 법이 가정을 깨고 있고 세상이 이상하게 돌아간다'고 주장하는 근거가 된다.

'아내 폭력'이 피해의 광범위성과 심각성에도 불구하고 오랜 세월 동안 문제화되지 못한 것은, 폭력이 가족 안에서 남편의 역할로서 부부 생활의 자연스런 일부분이었기 때문이다. 그들은 자신이 당연히 해야 할 일을 했기 때문에 '환자'도, '범죄자'도 아닌 것이다. 가부장제 사회에서 아내를 때리는 것은 폭력이 아니라 남편의 역할 수행으로 간주되므로, 이러한 논리에 남편은 물론 아내도 어느 정도 수긍하게 된다. 남편은 폭력 행사를 통해 자신의 가족 내 성별 정체성을 확인하고 강화한다. 이 같은 폭력 인식은 그들의 가족관에서 나온다.

나는 남자의 권위가 조금 서야 된다고 생각하는 사람이에요. 가장의 권위는 설 수 있는 거예요. 세상이 평등해져서 권위가 없어지면 안돼요. 어린애가 잘못하는데 그냥 넘어가는 건 말이 안 되죠. 집안이 서려면 주춧돌이 있고 그래야 기둥이 서죠. 그 집안을 책임질 수 있는 사람이 있어야 돼요. 집을 대표하는 대표자, 대변자가 있어야지, 배에도 선장이 있고 차도 운전을 해야 가잖아요. (48세, 대졸, 무직 폭력 남편)

위 남성의 말대로 한국 사회에서 가족은 평등한 성원들의 수평적인 공동체가 아니라 성과 연령에 따른 역할이 있고, 그에 따라 가족 구성원들 간에 위계가 정해진다. 집안의 '대표자, 선장, 운전자, 어른'인 남편은 가족 구성원들을 통솔하고 지도해야 할 권한과 의무가 있다. 남편은 부인의 잘못을 교육할 수 있고 또 교육해야 하는데, 이때 폭력은 아내가 말을 듣지 않으므로 사용할 수밖에 없는 불가피한 방법이다.

학대를 해본 적은 없고 가르친 적은 있죠. 내가 상당히 아내를 좋아했어요. 두 번 망치면 안 된다는(그는 재혼임) 생각에…… 아니, 가르치는 게 왜 나쁩니까? 모르니까 가르쳐서 사람을 만들어야죠. 그 사람은 자유롭게 커서 방탕한 스타일이라 내가 가르쳐야 했어요. 제가 가르치고 그 사람이 따라올 때 정상적, 모범적 가정이 만들어지는 것이죠. (36세, 고졸, 사무직 폭력 남편)

'하느님 말씀이 남편 말을 안 들으면 때리라고 했고, 네가 아픈 것도 남편 말을 안 들어서 그렇다'는 거예요. 하느님 핑계를 대니까 내가 대꾸도 못 하고…… 남편 말이 구약 시대에도 남편 말 안 듣는 사람은 다 그렇게 칼로 찔러 죽였다고 해요. (40세, 국졸, 자영업 여성)

그러나 때릴 수 있는 권리는 보편적인 인간의 권리, 남성의 권리가 아니라 남성 중심의 가족 제도에서만 보장되는 남편의 권리이다. 그들은 남편일 때만 아내를 때릴 수 있고 아내도 그것을 인정한다.

그때 관광 버스에서 만난 남자들은 어땠어요?

다들 잘해주지요. 남편처럼 때리면 누가 맞고 가만있나요?

그럼 남편이 때리는 것은?

이혼하면 안 맞지요. 이혼했으니까 떳떳이 안 맞죠! 가족일 때는 맞을 수밖에 없지만요. (45세, 고졸, 자영업 여성)

폭력 남편은 자신의 권리 의식에 지나치게 충실한 나머지 아내에 대한 폭력은 권리를 넘어 의무 차원으로 승화된다. 아래 사례의 남편은 자신이 그러한 의무(폭력)를 소홀히 했음을 자책하고 있다.

그래서 내가 119에 실려 갔는데 글쎄 시누이랑 남편이 병원 와서 하는 말이, '오빠도 잘못했다. 오빠 잘못이 크다'는 거예요. 남편도 인정하면서 '아닌 게 아니라 나도 잘못이 있다. 내가 언니를 너무 풀어줬다'는 거예요. (36세, 고졸, 주부, 여성)

이 남편이 반성하는 이유는 부인에게 서른다섯 바늘을 꿰매는 중상을 입혔기 때문이 아니라, 부인의 외출을 허락하여 '감시와 감금'이라는 남편의 의무를 다하지 못했기 때문이다. 폭력을 남편의 권리임은 물론이고 의무라고 생각하는 것은 가해 남성들의 진술에도 일관되게 드러난다. 이들은 피고소인으로서 자신들의 처지가 불리하고 연구자가 자신들을 지지하지 않는다는 것을 알면서도, 당당하게 하고 싶은 말을 다했다.

아니, 그러면 나더러 아무것도 하지 말라는 겁니까! (아내가) 한 번에 텔레비전을 500만 원짜리 사고 말이야! 남편으로서 정말 가만히 있어야 합니까! 돈을 벌어다 주는 입장에서 이건 이해가 안 갑니다. (48세, 대졸, 무직 폭력 남편)

위 남성의 입장에서 부부 간의 대화란 곧 폭력을 의미한다. 지금 그가 흥분할 수밖에 없는 이유는 법이 남편의 의무 수행을 방해하고 그 결과 가정을 파괴하고 있기 때문이다. 그는 이와 같이 법이 생기고 나서 부인의 잘못을 방관할 수밖에 없는 자신의 답답한 심경을 토로했다. '아내 폭력'에 대한 고전적인 통념인 피해자 유발론은 폭력이 남편의 권리와 의무라는 인식에서 출발한다. 아내가 잘못을 했으므로(폭력을 유발했으므로) 자신이 폭력을 행사하는 것은 너무나 당연한데 '세상이 여자들 중심으로 돌아가다 보니까, 경찰이 자신들을 가해자로 조작해서, 억울하고 분한, 기가 막히고, 의아스럽고, 황당한' 상황이 연출된다는 것이다.

좋아요, 내가 때렸다고 칩시다. 그것(가정폭력방지법)도 법이라면 내가 실정법을 위반한 거죠. 자, 그러면 더 큰 가해자는 누굽니까? 때리게끔 한 사람이 누굽니까? 유발한 사람은 왜 그냥 둡니까? 이건 억울해도 진짜 억울해요. 문제의 근원은 놔두고 남자만 제재한다고 문제가 해결됩니까? 여기서 교육받고 나가도 또 할 수밖에(폭력을 쓸 수밖에) 없습니다. 이 법이 근본적으로 실효를 거두려면, 여자들이 변해야지 안 그러면 소용없어요. 여자들이 (폭력을 유발하지 않도록) 교육을

받아야 해요. (52세, 대학원졸, 무직, 폭력 남편)

기존의 여성 폭력 가해자 연구들은[5] 이들의 폭력 부정을 방어 기제 혹은 정당화로 설명해 왔다. 그러나 이러한 해석은 폭력을 나쁘다고 보는 연구자의 생각으로서, 폭력 남성의 사고방식을 그대로 드러내주지 못한다. 원래 자아 방어 기제(ego defence mechanism)란 프로이트 심리학에서 발전된 것으로서 자아의 존재를 전제로 하는 개념이다. 그러나 그들은 아타(我他)의 경계로서 자아의 존재를 필요로 하지 않는다. 이들에게는 방어할 자아가 없다. 세상이 모두 자기(남성)를 중심으로 돌아가는 자신의 확장이기 때문이다.

그들의 폭력 부정은 자신을 방어하기 위한 것이 아니라 자신들이 믿는 바, 생각하는 바 그대로이기 때문에 다른 문제로 치환(置換)하여 인식할 필요가 없다. 그들은 자기들의 행동이 정당하기 때문에 굳이 합리'화', 정당'화'할 필요를 느끼지 않는다. 그러므로 이들의 폭력 부정은 방어 기제가 아니라 오히려 자신의 인식 구조를 확실히 하는 일종의 공격 방법이다. 자아가 없다는 것은 자신의 자아가 타인의 자아와 부딪칠 때 생기는 갈등이 없다는 것을 의미한다. 자신의 행위를 남편의 권리와 의무로 생각하기 때문에 아내를 구타한 후 죄책감이나 연민, 아내의 고통에 대한 반응(sensitive)이 없다. 이제는 남편으로서 '옳은 행동'(폭력)을 법으로까지 제재하는 세상이 왔으므로 여자들이 '무서운' 지경이 된다. 자신이 폭력을 행사했다는 아내와 이 사회의 주장은 자신의 신념을 억압하는 것이다.

요즘이 어느 세상인데 여자를 때려요. 내가 남자들이 맞고 산다는 얘기는 들었어요. 여자들이 맞고 가만있나요. 그러면 우리를 죽여버리지. (48세, 대졸, 무직, 폭력 남편)

저는 굉장히 합리적인 행동(폭력)을 했다고 생각했는데 아내가 내 앞에서는 자기 잘못을 인정하다가 친정 가서 내 욕을 하니까, 아주 섬 찟합니다. (몸서리치며) 솔직히 이제는 여자들이 무섭습니다. 두 얼굴을 가졌어요. 우리 어머니도 그래요. '그애(아내)는 가면을 쓰고 산 사람이다'. 아내를 찔러 죽일까도 여러 번 생각했어요. 근데 애들 엄마라 자식들 때문에…… 부모가 죽이고 죽었다면 자식에게 뭐가 되겠습니까? (35세, 고졸, 사무직, 폭력 남편)

이들의 인식은 가해자의 피해 의식이 얼마나 극단화될 수 있는가를 보여준다. 피해 의식은 상대방과의 권력 관계에서 발생하는 상대적인 것이다. 아내는 남편에게 폭력을 당함으로써 위협과 공포를 느끼지만, 남편은 자신이 폭력을 행사했다고 해서 권력이 있다는 느낌을 받지 않는다. 폭력 남편들은 부부 관계의 모든 행위를 '자신은 이래야 하고 아내는 저래야 하는' 성 역할 규범에서 판단하므로 폭력은 특권이라기보다 의무이다. 이들은 자신의 피해 의식이 '객관적'이라는 것을 증명하기 위해 부인이 자신을 신고한 것에 대해 '엄청 미안해하고 있다'고 주장한다.

아내와 아무 문제 없어요. 부부 관계? 좋지요! 아침마다 홍삼 엑기스 넣어줘요. 다만 이것(교육)만 생각하면 기분 나쁘지. 자기도 미안해 해요. 나더러 억울하겠다 그래요. 같이 사는 사람을 고소했으니 아내는 주눅 들어 있어요. (48세, 대졸, 무직, 폭력 남편)

애기 엄마가 나를 오이매 걸어서(먼저 싸움을 걸었다는 뜻) 그런 거지. 근본적으로 이 사태가 내가 잘못한 게 아니거든요. 내가 때리지도 않았는데 때렸다고 했으니 자기도 엄청 미안하게 생각해요. 내가 그랬어요. 내가 안 때렸다는 것을 '여성의전화' 회장한테 가서 얘기해라. '여성의전화' 회장은 때렸다고 주장하니까. 내가 지금 자기 때문에 겁나게 큰 수치를 받고 있잖아요! (40세, 고졸, 무직, 폭력 남편)

가해 남편과 당한 아내 모두 '피해받았다'고 주장하는, 이 경험의 간극은 세상 그 어떤 정치적 적대자들보다도 크다. 폭력 남편들에게 아내는 자신의 욕구, 요구, 의지, 이해를 실현하는 데 필요한 대상, 즉 남편의 권리 행사 대상이기 때문에 폭력 상황에서 인간적인 호소나 대화는 불가능하다. 폭력 남편이 자신의 폭력 행위를 반성하거나 정당화할 필요를 느끼지 못하는 것은, 그들의 권력이 가족이라는 정치적 구조 속에서 남편과 아내의 역할 그 자체로부터 보장되기 때문이다. 우리말의 '손보다'는 무엇을 고치다(correct), 바로잡다, 폭력을 가한다라는 의미가 있는데, 아내의 잘못을 지적하는 것은 아내를 손보는 것, 곧 폭력을 가하는 것이다. 이처럼 아내의 잘못을 교육하기 위한 남편의 역할(폭력)은 가사 노동, 아내의 성적 서비스, 가정 주도권 등 가족 생활 전반에 걸쳐 나타난다.[6]

## 가사 노동자로서 불성실한 아내

한국 사회에서 가사 노동은 여성의 임금 노동 여부에 상관없이 여성이라면 당연히 해야 할 의무로 간주된다. 가사 노동은 반드시 여성에 의해 수행되어야 하기 때문에 가사 노동과 비슷한 성격의 일을 가정이나 직장에서 남성이 하는 것은 남성성의 수치이자 훼손으로 여겨진다. 남성들이 결혼하는 가장 실질적인 이유 중의 하나는 가사 노동 담당자를 구하기 위해서이다. 청소, 요리, 세탁, 남편과 자녀 돌보기, 시집에 대한 봉사 따위의 가사 노동은 가족 생활의 유지와 지속을 위한 여성의 가정 내 역할 중에서 아주 핵심적인 것이다.

주로 언제 폭력이 발생하나요?

이놈의 인간(무직인 남편)이 밤새 화투 치고 놀다가 새벽에나 자요. 아침에 밥 먹으라고 깨우면 '여편네가 아침부터 재수 없이 잠자는 사람 깨운다, 네가 매를 번다'고 그래요. 그러면 나도 너무 신경질이 나니까, '네가 밥을 먹어야 설거지하고 나가지!' 소리를 지르게 되고 그러면 이제 주먹이 날아오지요. 그렇잖아요? 여자는, 일단 남편 밥은 챙겨주고 나가야 하니까…… (43세, 중졸, 생산직, 여성)

위 사례의 여성은 아내의 역할을 너무 잘하려고 해서 '매를 벌고' 있다. 자신이 해야만 한다고 믿는 일('여자는 일단 남편 밥을 챙겨주고 나가야')과 그것을 실현할 상황이 모순되어 있으므로, 이때 그녀가 신경질이 나는 것은 당연하다. 그래서 '소리를 지르게 되고', 그러면 '주먹이 날아온다.' 하지만 남편 밥을 챙겨주지 않았을 때도 역시 주먹이 날아온다는 것을 잘 알고 있다. 남편은 밥을 먹지 않는다. 아내가 '먹여주어야' 한다. 어차피 아침에 밥을 안 먹이고 가면 한창 일할 영업 시간에 남편이 밥 달라고 가게에 나오기 때문에 그녀는 맞아 가면서 남편에게 밥을 먹이려고 하는 것이다. 그녀 입장에서 남편에게 밥을 먹이는 일은 역할 이상의 의무이다. 그녀에게는 맞으면서라도 그 일을 수행하는 것이, 수행하지 않았을 때 느끼는 심리적 불편보다 참을 만한 것이다.

기혼 여성인 나는 이 여성의 이야기에 매우 공감했는데, 남편은 잠을 자고 싶은데 아내가 밥 먹으라고 깨우는 이 같은 상황은 일반적인 부부 관계에서도 매우 흔한 일이다. 물론 이때 모든 남편들이 아내를 때리지는 않는다. 아내들은 비슷비슷하게 행동하지만('그만 자고 밥 먹어요!') 이 상황에서 때리고 안 때리고를 결정하는 것은 남편이지 아내의 '유발' 행동이 아니다.

그날은 남편이 잔뜩 술을 먹고 들어와서는 부엌으로 갔어요. 술을 마셨으니 목이 마르잖아요? 그럼 물을 먹고 (컵의) 나머지 물을 방바닥에 천천히 쏟아 버리는 거예요. 그때 내가 즉시 물을 안 닦는다고 사정없이 때리기 시작했어요. 저는 닦으려고 했어요. 정말로요. 근데 막 때리니까 닦으려 해도 정신이 없잖아요? (40세, 대졸, 자영업, 여성)

남편은 아이들한테 잘하고 아이들도 나보다 남편을 더 좋아해요. 집에 들어서자마자 아이들 밥 주었느냐, 안 주었느냐 자꾸 물어요. 내가 우물쩍거리고 바로 대답을 못 하면, 집 안 치우고 낮에 낮잠을 잤다고 소리를 지르는 거예요……. 남편이 돈을 안 주니까 아파트 앞에 재생옷(재활용품)이 있어요. 그걸 주워다가 아이들을 입혔는데, 아이들을 볼품없이 만들었다고 두들겨 패기 시작했어요. …… 남편은 걸핏하면 거실에 반찬을 쏟아요. 그걸 누가 치우겠어요? (38세, 대졸, 주부, 여성)

남편은 음식 투정이 심한데, 자기가 레인지 국그릇 위에다 쓰레기통을 얹어 놓고 하는 말이 '그거는 소나 먹으라고 끓인 거지 사람 먹으라고 끓인 거냐. 이건 김치가 아니라 구더기다. 나가서 길 가는 사람에게 물어보라'는 거예요. (29세, 대졸, 사무직, 여성)

위 사례들은 가사 노동과 관련한 아내의 역할이 남편에 의해 이중 구속 메시지(double bind message)가 되어 폭력이 진행되는 경우다. 사실 이 같은 이유는 제3자가 볼 때는 어이가 없지만 아내와 남편 모두에게 설득력을 발휘한다. 사례 여성들은 모두 그러한 남편의 요구를 즉각 수행하기 위해 노력하고 있고, 남편은 자신의 행동에 대해 누가 옳은지 '길 가는 사람에게 물어보라' 할 정도로 자신감에 차 있다.

이것은 누구나 지킬 수 없는 룰(rule)이지만 아내라면 그것을 수행해야 한다. '정숙하면서도 섹시해야 한다'는 예처럼 한국 사회에는 남성의 입장에서 구성된 여성에 대한 모순적인 요구가 흔하다. 이는 곧 여성이 남성을 위한 기능으로 간주되는 것을 의미하는데, 여성들은 저항하기도 하지만 그것이 모순이라는 것을 알면서도 그 기준에 맞추려고 노력하기도 한다. 이 점에서 '보통 여성'들이 처해 있는(우리가 흔히 이해할 수 있는) 상황과 폭력당하는(흔히 이해가 잘 되지 않는) 아내들의 행동은 비슷하다고 볼 수 있다. 다만, 폭력당하는 아내들의 경우 그것이 폭력이라는 적극적인 강제에 의해 수행되기 때문에, 우리가 흔히 '정상적'이라고 생각하는 여성의 적응 전략에 비해 '비정상적'으로 보일 뿐이다.

아내의 가사 노동 소홀을 둘러싼 갈등이 폭력으로 이어지는 상황은 구타의 가장 일반적인 경우이며 그럴듯한 사유가 된다. 아내의 가사 노동에 대한 가부장제 사회의 규범은 '비폭력' 가정의 일상에서도 예외가 아니다. 그래서 남편은 아내가 해야 한다고 믿는 일을 제대로 하지 않았을 때, 이를 아내의 도전으로 받아들이고 '쇼크'를 받는다.

전화기, 스탠드, 애들이 몇 년씩 일기 쓴 다이어리를 갈기갈기 찢고 집에 있는 액자란 액자는 다 깼어요. 거실을 아예 뒤집어놨어요. 나더러 '보고 반성하라' 이거죠. 근데 내가 그 난장판을 안 치웠어요. 그게 쇼크였나 봐요. 남편이 진짜 화가 난 거예요. 그게 그렇게 분하고 기분 나쁠 수가 없대요. '네가 나를 무시해도 유분수지, 어떻게 이걸 안 치울 수 있냐'고 때리기 시작한 거예요. (41세, 고졸, 자영업, 여성)

남편이 돈을 안 벌어오는 것처럼 가정을 유지하는 데 필요한 역할을 제대로 하지 않았을 때 아내는 남편을 때리거나 남편의 행동을 자신에 대한 저항으로 받아들이지 않는다. 오히려 이때 아내에게 요구되는 태도는 '남편 기 살리기 운동'과 같이 남편을 위로하는 것이다. 폭력 가정에서는 남편/아내 역할의 범위와 책임과 처벌의 기준을 전적으로 남편이 구성한다. 이것은 가정을 유지하는 데 필요한 아내와 남편의 노동에 대한 사회적 평가도 동등하지 않지만 그에 대한 기대와 처벌 역시 불평등하다는 것을 보여준다.

여성이 결혼한다는 것은 부계(父系) 가족을 떠나 부계(夫系) 가족의 성원이 되는 것을 의미한다. 특히 한국 사회와 같이 형태상으로는 핵가족의 비율이 많지만 부계 중심 대가족 제도의 전통이 여전히 유지되고 있는 상황에서 누구의 아내가 된다는 것은 동시에 어느 집안의 며느리가 된다는 것이다. 시집에 대한 봉사와 시집 식구의 생일, 각종 기념일, 명절 챙기기 같은 남편 친척 관리 노동은 부계 가족의 영속을 위해 필수적으로 요구되는 아내의 역할이다.

남편 b_우리 집사람이 어떤 사람인가 하면요, 아버님(시아버지) 삼우제를 안 간 여자예요.

남편 d_그건 더 이상 살기 싫다는 의사 표현이에요.

남편 c_(사례 b의 아내 행동이) 기가 막히는구먼…….

남편 b_그때는 몰랐어요. 지금 보니 맞아요! 내가 혼자 애들 데리고 갔다 왔어요. 12년 동안 명절 때 (시집에) 다섯 번 갔으면 많이 간 거예요. 나도 그런 게 쌓이니까 한번 폭발하면 무섭죠.

결혼 초부터 친정 욕을 해댔어요. '니 에미가 너를 이렇게 가르쳤냐'며 수시로 친정 엄마한테 전화해서 '나는 이런 년하곤 못 산다'고…….
저는 시아버지가 편찮으셔서 시아버지께 폐를 끼칠까 봐 그리고 창피하니까 (구타) 사실을 숨겼는데 남편이 오히려 자랑스럽게 자기가 나를 때린 것을 시집에 떠벌리고 다녔어요. 남편은 술 먹고 새벽 2시에 들어와서 장모 앞에서도 나한테 '씨발 년, 개 같은 년, 죽일 년, 듣기 싫어 이년아' 하는 인간이에요. (38세, 대졸, 주부, 여성)

다른 가사 노동과 달리 시집에 대한 봉사는 자녀의 '도리'로서 요구되기 때문에 여성에게 더 큰 도덕적 비난이 따른다. 시아버지 삼우제를 안 간 사례 남편 b의 부인의 행동은 한국 사회에서 사는 며느리로서는 파격적인 행동이다. 이는 다른 남편들이 봤을 때는 '기가 막히고, 더 이상 살기 싫다는 의사 표현'일 정도로 며느리로서 규범을 어긴 것이다. 그래서 남편은 자기가 생각해도 무서울 정도로 아내를 때릴 수 있다. 여성의 며느리로서 역할과 남성의 사위로서 역할은 대칭적이지 않다. 결혼한 여성과 남성이 '도리'를 다해야 하는 대상과 방식은 다르다.[7] 그 '다름'을 실천하지 않는 여성에게는 며느리로서 처벌이 따를 수밖에 없다.

남편이 원래 때리거나 그러는 사람은 아니야. 우리가 의사 사위 봤다 이거지. 남편은 시어머니한테 완전히 대통령이고 나는 봉인 거야. 개업 문제로 끝도 없이 돈을 요구하는 거야. 그 집은 우리 집 때문에 한 살림 차렸어. 아주 천박스러운 게 진짜 여성 잡지에 나오는 거랑 똑같애. 내가 더 이상 돈을 못 대겠다고 했더니, 시어머니가 뭐라는 줄 알아? 자기는 며느리로서 도리를 요구한 거지, 돈을 요구한 게 아닌데 '너는 왜 자꾸 돈, 돈 하냐'는 거야. 그러면서 내가 너무 돈을 밝힌

대. 글쎄! 진짜 머리가 돌겠더라. 완전히 할 말이 없어지고. 도대체 누가 돈을 밝히는 건지 내가 정신 병원에 가겠더라니까! …… 내가 그 집 가면 아주 하녀 취급을 하면서, 밥상에 내 수저는 아예 놓지도 않고 지들끼리 밥 먹는 거야. 그래서 둘이 싸울 때 내가 자기 엄마를 ○○○ 씨, ○○○ 여사라고 부르면서 욕을 하고 막 소리를 질러대니까 남편이 나를 때렸고, 고막이 터진 거지. 우리 아버지(같은 의사)가 불러다가 얘기했어. '이런 식으로 나가면 자네도 손해다. 쟤 고종(사촌)이 남편이 때리고 외도해서 자살했다. 늙어서 그 사람 마누라도 없이 고생하고 애들도 다 좋은 대학 못 갔다. 계속 때리면 쟤도 어떻게 될지 모른다'고 얼른 거야. 남편은 되게 합리적이고 이성적인 사람이니까 자기가 거기서 스톱해야겠다 생각한 거지. (45세, 대졸, 자영업, 여성)

시집의 과다한 금전 요구를 감당하지 못한 아내가, 시어머니를 가족 내 위계적인 관계성(며느리와 시어머니)을 거부하는 개인 대 개인 호칭인 '○○○ 씨'로 부르자 '합리적이고 이성적인' 남편조차 격분하여 폭력을 휘두른 것이다. 남편의 입장에서 아내의 행위는 '폭력'이고 자기 집안에 대한 '모욕'일 수 있다. 두 사람 간에 오간 '폭력'이 등가의 폭력이냐의 문제는 한국 사회에서 며느리의 위치, 시집 갈등의 성격을 여성의 입장에서 맥락적으로 이해하지 않고는 판단하기 어렵다.

그날 남편이 왜 가게 나갔냐면서 전화기로 때리다가 나중에는 화장실 의자가 쪼개지도록 때렸어요. 방에서 쿵! 쿵! 소리가 나니까 어른

(시부모)들이 나와서 '저런 걸 가만 놔두냐, 죽여라 죽여!' 그러는 거예요. 내가 여기 있다간 죽겠다 싶어서 쓰래빠(슬리퍼) 신고 찻길로 막 달렸어요. 근데 금방 신랑이 차 몰고 나오더니 딱 내 앞을 가로막고 차에서 나오는 거예요. 나는 재빨리 차 안으로 들어가서 문을 잠갔어요. 그러니까 남편이 열 받아 가지고 '문 열어! 문 열어!' 소리 지르더니 돌멩이로 차 유리를 깨서 나를 끌어냈어요. 그 다음부터는…… 신랑은 목을 조르고 동네 어른들(집성촌으로 동네 사람들이 모두 친척임)이 내 다리를 붙잡고 시어머니가 패고 발로 밟고 했어요. 온 동네 사람들이 다 나와서 구경했어요.

누가 말리지 않았어요?

말리기는요! 다들 자기(남편) 식구들인데. (구타를) 부채질했어요. 남편이 사람들 앞에서 내 옷을 찢으면서 '보라! 이전 것은 지나갔으니 새로운 것이…… 새것이 되었도다! 육신의 옷을 찢어버려라! 너는 네가 아니다! 이제 내 것이다! 내 말을 들어라!' 이렇게 성경 말씀을 외쳤어요. (42세, 국졸, 자영업, 여성)


24년간 살던 곳을 떠나 자신의 연고가 전혀 없는 남편 가족의 네트워크로만 이루어진 농촌 집성촌(集姓村)으로 '시집간' 이 여성은 완전히 고립되어 있다. 대도시와 달리 농촌의 고립성, 여성의 고용 기회와 익명성의 부재, 가족 가치를 강조하는 전통적인 문화는 '아내 폭력'에 대한 사회적 개입을 더욱 어렵게 한다. 여기서 '누가 말리지 않았어요?'라는 연구자의 질문은 우문이 아닐 수 없다. 핵가족 제도가 구타당하는 아내에 대한 지원 체계를 상실했기 때문에 대가족 제도의 유용성을 언급하는 연구자도 있으나, 위 사례의 경우는 대가족이 남성 중심의 가족이라면 별 소용이 없음을 보여준다. 그녀는 동네 모든 사람들의 며느리이다. 사람들은 말리기는커녕 함께 구타하고 있다. 마지막에 남편이 사람들 앞에서 성경 구절을 인용하면서 행한 폭력은 여성의 정체성을 완전히 며느리와 아내로 이전시키는 일종의 통과 의례(ritual)라고 볼 수 있다. 여성은 결혼을 거쳐 다른 사람('새것'), 남편 가족의 구성원('내 것')이 되어야 하는 것이다.

### 남편의 재산인 아내의 성(sexuality)

대부분의 아내들에게 남편의 폭력과 성관계는 별로 구분되지 않는다. 서울시 거주 여성 1,500명 중 92.7퍼센트가 아내가 남편의 기분에 맞추어 '성행위'를 하는 것을 당연하게 생각하고 있으며, 기혼 여성의 25.2퍼센트가 아내 강간을 당한 경험이 있고 이중 8.7퍼센트는 강간 직전 남편에게 구타당했다.[8] 현재의 가족 제도에서 여성의 성 활동은 자녀를 낳기 위한 재생산 활동과 남편의 성적 상대로서의 기능에 국한되기 때문에, 남편의 성적 요구를 수용하고 '견뎌내는 것'은 아내의 의무로 간주된다. 이는 훌륭한 어머니 역할 수행과도 맞물린다. 남편과 아내 사이의 권력 관계는 성관계를 통해 더 명확해진다.

일반적으로 사람들은 남편이 아내를 때리는 것은 나쁘지만, 아내가 외도했을 경우에는 예외라고 생각한다. 한국인의 폭력에 대한 태도 조사에 따르면, 아내가 남편의 말을 듣지 않아 구타당하는 것은 '허용한다'가 16.2퍼센트('허용할 수 없다'는 75.5퍼센트)이나 아내가 외도했을 경우에는 53퍼센트가 구타를 허용해야 한다고 생각한다.[9] 영화와 같은 대중 매체에서는 남편이 아내를 사랑할수록, 행복한 가정에 대한 소망이 클수록 아내의 부정(不貞)은 남편이 아내를 살해하는 충분한 이유로 재현된다.

'아내 폭력'은 남성의 폭력이 얼마나 섹슈얼리티와 뒤섞여 있는지, 그리고 폭력과 섹슈얼리티가 남편이 아내에게 행사하는 권력의 근본적 성격임을 보여준다. 폭력 남편에게 가정은 자신의 성(城)이고 결혼은 아내의 몸을 자신의 소유로 만드는 과정이기 때문에 가정에서 섹슈얼리티를 둘러싼 남편과 아내 규범의 차별성은, 가족 밖에서 통용되는 성의 이중 윤리 수준을 넘어선 상황에 있다.

　　아침이고 뭐고 없어요. 마루고 안방이고 간에 무조건 드러누워라예요. 애들 보는 데서. 그러면서 지꺼 만져 달라. 여기 만져라, 저기 만져라. 내가 거부하면 눈에 살기가 나니까 나는 무서워서 눈은 못 쳐다보고 입만 쳐다보게 돼요. (35세, 대졸, 자영업, 여성)

　　남편은 성욕이 강하고 스킨십, 터치를 좋아해서 특히 싸우고 난 다음에는 꼭 섹스를 하자고 해요. 그건 강간이죠. 내가 싫어하니까 남편이 시어머니한테 내가 곁을 둔다(접근을 싫어한다는 뜻)고 이른 거예요. 그랬더니 시어머니가 '남편 스트레스도 못 풀어주는 년이 여자냐!'고 나를 혼내는 거예요. 내가 시어머니한테 '애 아빠가 무섭다. 폭력을 쓴다'고 했더니 시어머니가 '도대체 몇 번이나 맞았길래 말끝마다 폭력, 폭력 그러느냐. 우리 아들 (성욕을 못 풀어주어) 스트레스 주는 네가 나쁜 년이다. 해줄 것은 해주고 말을 하라'는 거예요. (38세, 대졸, 주부, 여성)

남편은 아내의 신체적, 정신적 상태에 상관없이 언제든지 섹스를 요구할 권리가 있다. 대개 피해 여성들이 부부 관계에 적극적이지 않은 것은 남편이 외도하거나 구타로 인한 공포 상황 때문인데 남편은 그것을 인정하지 않는다. 아내는 '부부 관계'를 거부할 때마다 구타당하고 있다. 위 사례는 전형적인 구타 후 아내 강간을 보여준다. 구타 후에 아내 강간이 발생하는 빈도는 '한국여성의전화' 조사에서는 24.5퍼센트, '한국여성개발원'의 조사에서는 28.8퍼센트, '한국형사정책연구원'의 조사에서는 22.9퍼센트였다.[10] 이는 아내의 입장에서는 강간이지만, 시어머니 말대로 남편과의 성관계가 '해줄 것은 해주어야' 하는 아내의 의무인 이상 강간이 아니게 된다. 남편의 성폭력은 '의무를 거부한 아내와의 부부 관계'로 해석된다. 가장인 남편은 집안의 모든 것을 소유할 수 있는데 아내의 몸은 그의 소유물 중에서 아주 핵심적인 것이다.

일단 자기가 나를 때리더라도 내가 자기를 어머니처럼 무조건 안아주어야 해요. 안 그러면 난리가 나죠. 모성애가 그리운 거예요. 유방 큰 여자를 좋아하면서 '나는 유방 큰 여자 가슴에 묻히고 싶다. 나는 유방 큰 여자 무릎 베고 유방이 내 얼굴에 닿아서 그러면서 테레비 보는 게 소원이다'라고 해요. 나더러 자기 앞에서 스트립쇼를 좀 해보래요. 다른 여자들은 남편이 부탁 안 해도 다 그렇게 하는데 너는 왜 못 하냐면서 내가 스트레스를 준대요. 그러면 옷도 사주고 차도 사준대요. (43세, 대졸, 주부, 여성)

위 여성의 남편은 부부의 성관계에서뿐만 아니라 일상적인 아내의 가사 서비스 자체의 성애화(sexualization)를 요구하고 있다. 이 사례의 남편에게 아내는 그야말로 '낮에는 식모, 밤에는 창녀'인 셈이다. 가부장제 사회는 여성을 '어머니'와 '창녀'로 이분화해 왔는데, 이 사례는 '어머니'와 '창녀'가 서로 대립하는 이미지가 아니라는 것을 보여준다. 여성의 이분화는 남성 중심 사회가 여성의 가치를 모성과 섹슈얼리티로만 규정한 것이라고 볼 수 있는데, 이는 남성을 위한 것이라는 점에서 결국 하나의 기능이다. 이 남성에게는 모성과 섹슈얼리티의 경계가 없다. 아내를 어머니의 대체물로 보고 모성성을 요구하는 '한국적' 남성성의 특성은 조혜정(1988)과 신용구(2000)의 연구에서도 지적되고 있다. 신용구는 《박정희 정신분석, 신화는 없다》에서 육영수가 박정희의 충동성을 조절하는 강력한 초자아(超自我)이자 구강기적(口腔期的) 욕구를 채워주는 어머니였다고 분석하고 있다.

성애화된 모성, 모성과 같은 무조건적이고 한없는 성적 서비스를 모두 아내에게 요구하며 아내가 그것을 거부하거나 수용할 수 있는 상태가 되지 못하면 그것이 폭력의 이유가 된다. 이 남성은 가족 생활의 일상을 성적인 것으로 만들면서 아내를 성적인 존재(sexual being)이자 육체적인 존재로 환원한다. 이 남편에게 아내의 존재 의

의는 자신의 성적 필요를 해결해주는 것 외에는 없다. 따라서 아내가 자신의 성 대상 외에 다른 역할이나 욕망을 갖는 것은 금지된다. 이 남편은 결혼 후 계속 무직 상태로 지내면서도, 아내가 돈을 버는 데 반대하고 친구나 친척을 못 만나게 하고 아내가 어디에 있는지를 5분 단위로 체크하는 등 감시가 매우 심했다. 이렇게 합법적으로 남성이 여성의 몸을 지속적으로 통제하고 독점적으로 사용할 수 있는 것은 가족이라는 제도적 틀 안에서 가능하다. 이 여성에게 가정은 자신을 (성)노예로 만드는 공간이다. 여성의 개성은 모두 섹슈얼리티로 환원되고 그녀는 단지 한 남자의 성 활동을 위한 물화(物化)된 동산(動産)일 뿐 욕망과 고통을 느끼는 인간이 아니다.

외도의 정의는 다양하지만 여기서는 법적 정의에 따라 배우자가 있는 남성 혹은 여성이 이성(異性)과 행하는 성교(sexual intercourse) 행위를 말한다. 여성이 외도를 해서 남편이 폭력을 행사하는 경우도 있지만 본 연구의 사례에서는 발견되지 않았다. 대부분은 의처증이 아내가 실제 외도했다는 상상으로 발전하여 남편이 폭력을 행사하는 경우였다. 의처증은 여성에 대한 남성 판타지의 대표적인 것이다. 폭력 남성들은 자신의 성 활동 경험을 근거로 하여 아내의 성 활동을 구성한다. 그래서 대체로 외도 경험이 많은 남편일수록 의처증도 심하다. 남편의 입장에서는 아내가 항상 의심의 '증거'를 제공하기 때문에 그것은 의심이 아니다. 그래서 확신에 찬 행동으로 아내를 단죄할 수 있게 된다.

(10년 동안 폭력당한 것을) 아무도 몰라요. 오직 두 사람, 그 사람과

저만 알아요. 애들한테는 너무 자상하고 잘해줘서 애들이 저보다 아빠를 더 좋아해요. 그런 일(폭력)이 있는 날은 특히 잘해요. 애들이 완전히 잠들기를 기다렸다가 자기는 2시까지 안 자요. 2시부터 3시 사이에 방문을 잠그고 때리는 거예요. 언제나 얘기는 그거예요. '너 때문에 내 인생이 망가졌다. 오점이 생겼다. 나도 괴롭다. 내 인생을 어떻게 보상할래?' 신혼 여행 때 '과거를 얘기하지 않으면 나를 사랑하지 않는 증거'라고 하도 얘기하라 그래서 저도 속죄하는 마음으로 결혼 전에 사귀었던 사람 얘길 했어요. 그 뒤로 폭력이 시작되었고, 때릴 때 무척 힘들어해요. '아무 부족한 게 없는 내가 너 때문에 흠집이 났다' 그것이 견딜 수 없다는 거예요. (38세, 대학원졸, 주부, 여성)

남편은 아내의 현재뿐만 아니라 과거까지도 소유하려고 한다. 아내 스스로도 혼전 관계를 '속죄'해야 하는 '죄'로 생각하고 있다. 아내의 과거는 남편의 인생에 '오점'과 '흠집'을 넘어 실패 원인으로서 보상해야 할 과오이다. 이는 역설적으로 남편의 자아 이미지가 얼마나 (자신이 소유한) 여성의 상황에 의존하고 있는가를 보여준다. 한국 사회에서 첫날밤의 '과거 고백 게임'은 결혼 생활 내내 남편이 아내를 통제할 수 있는 기제가 된다. 신혼 첫날밤 신부의 가장 큰 걱정거리는 혼전 순결 문제이다.(남성의 첫날밤 걱정거리는 ① 조루 ② 발기력 ③ 신부의 순결 여부 ④ 성기 크기 ⑤ 여성의 성감대 위치인 데 반해서 여성의 걱정거리는 ① 혼전 관계 ② 가슴 크기 ③ 삽입에 대한 공포 ④ 임신/피임 ⑤ 속궁합으로 나타났다.)[11]

이 부부에게는 폭력 발생 원인이 되는 부부 갈등의 '다양한 레퍼

토리'도 없다. 남편은 언제나 같은 이유로 부인을 구타한다. 아내의 혼전 경험도 구타의 이유가 되는 상황에서, 결혼 생활 중 부인이 외도를 했다는 '사실'(남편의 믿음)은 너무나 명백한 폭력의 이유가 된다.

20년 만에 국민학교 동창을 만났어요. 3개월 되어, 남자를 만나다 보니 자꾸 딴 생각이 들어 선을 넘기 싫어서 그애한테 편지를 줬어요. 정리하려고. '너를 사랑했다. 너를 만나 행복했다' 그렇게 썼어요. 그게 발각된 거예요. 원래 의처증이 심해서 나를 집 밖으로 못 나가게 했어요. 손만 만졌는데 그날부터 '너는 성폭행한 년이다'(그 남자와 성관계 했다는 뜻), '그놈한테 했던 것처럼 나한테도 해봐라, 사랑했다? 만나서 행복했다? 그러는 년이 뭐는 안 했겠냐'고 (외도를) 인정하라며 죽도록 팼어요. 선풍기같이 생긴 적외선 난로가 있는데, 그게 완전히 부서지도록 맞았어요. 내가 입원했는데, 친정 언니들이 놀래 가지고 남편한테 항의하러 갔어요. 집에 가보니 뽑힌 머리카락이 가발처럼 쌓였고 피가 흥건해 가지고 방바닥이고 뭐고 할 것 없이 피범벅이 됐는데, 사람이 죽어 나간 자리 같더래요. 언니들이 너무 화나 가지고 '이럴 수 있느냐' 그랬더니 남편이 그 편지를 들이대며 내가 외도해서 때렸다고 하니까 언니들이 암말 못하고 남편한테 싹싹 빌고 왔더라고요. (36세, 고졸, 주부, 여성)

워낙 의처증이 심했어요. 늘상 화냥년이라고. 근데 내가 큰 실수를 한 거죠. 친정 오빠 친구가 있는데, 처녀 때 그 오빠가 저를 좋아

했거든요. 그 오빠가 부동산 개업한다고 오라길래 못 간다는 메시지를 남긴다는 게 남편 핸드폰에 남긴 거예요. 하도 남편 번호에 익숙해서…… (남편 입장에서는) 완전히 증거가 나온 거죠. 그 뒤로 계속이에요. 그날도 술에 취해 들어와서 갑자기 머리채를 끌고 가더니 나를 베란다에 던진다고 해서 얼마나 빌었다고요. 경비실로 도망가다가 붙잡혀서 새벽 1시부터 새벽 3시 너머까지 죽는 줄 알았어요. 그날은 너무 급작스럽게 당해서 도저히 어떻게 할 수가 없었어요. (33세, 고졸, 주부, 여성)

아내의 외도는 구타 정도의 처벌로는 부부 관계를 복원할 수 있는 작은 잘못이 아니기 때문에, 이들은 지속적인 학대 관계에 있거나 아내의 유책(有責)으로 남편에 의해 오히려 이혼당하기 쉽다. 법적으로는 남편의 폭력과 아내의 외도가 모두 이혼 사유가 되지만 현실적으로 이것은 같은 수준의 잘못으로 인식되지 않는다. 이때 두 사람이 생각하는 가해자는 때린 남편이 아니라 '외도'한 아내가 된다. 자신의 '외도'로 남편에게 폭력당했다고 생각하는 아내는 위자료, 재산 분할을 요구하지 못한다.

일부일처제 결혼 제도 안에서 배우자의 외도에 대한 사회적 인식은 도덕적인 죄(sin), 범죄(crime), 살다 보면 있을 수 있는 일, '영웅호색' 언설처럼 자랑스러움 등 다양하다.[12] 문제는 이러한 평가가 지나치게 성별에 따라 다르게 적용되기 때문에 심증만으로도 남편은 아내를 때릴 수 있다는 것이다. 아내의 '외도'는 가장 확실하게 남편에게 폭력의 면죄부를 준다. 남녀의 외도에 대한 배우자의 태도는 전혀 다르다. 아내의 외도는 처벌되어야 하지만, 남편의 외도는 다른 여성과의 경쟁에서 '아내 지위' 상실을 두려워하는 아내의 헌신과 복종을 가져온다. 남편의 섹슈얼리티는 자기 의지의 산물로서 자유롭게 돌아다닐 수 있지만, 아내의 섹슈얼리티는 남편의 것으로서 가정에 정박되어 있어야 하기 때문이다. 폭력 남편들은 이에 대해 솔직하게 말한다.

> 이건 제가 많이 생각했던 부분인데, 집사람은 옷을 야하게 입어요. 그 사람 말은 아무래도 그 계통은, ○○업에 종사하니까 손님한테 좀 화려하게 어필해야 한다는 거고 나는 제발 가정 주부답게 입어라…… 저 사람은 아직 미(美)가 있고 행동이 방정해 보이질 않으니까 내 통제를 벗어나면 다른 남자한테 갈 소지가 있다고 생각했어요. 그래서 24시간 같이 있었죠. (35세, 고졸, 사무직, 폭력 남편)

'직장인'으로서 알맞은 옷차림을 고집하는 아내에게 '가정 주부'로서 옷차림을 강요하는 남편은 그 갈등을 해소하기 위해 결국 아내와 24시간 같이 있는 방법을 택한다. 남편은 아내가 자신의 통제를 벗어나면 다른 남자에게 갈 것이라고 생각하기 때문에 늘 불안하다. 여성은 남자의 가족을 구성하는 요소일 뿐이다. 남편의 입장에서는 남성만이 가족을 구성하는 주체가 되므로, 자신이 다른 여성을 만나는 것(외도하는 것)은 가족을 구성하는 행위가 되지만 아내가 다른 남성을 만나는 행위는 다른 남자의 가족 구성원이 되는 것, 즉 가족의 해체를 의미한다.

남편 말이 '집 나간 년이 무슨 할 말이 있느냐, 니가 집 나가서 어떻게 굴러먹은 줄 누가 아느냐. 나가면 여자들이 다 밑을 벌리고 다닌다. 너 같은 년은 똥구녕을 바리바리 찢어서 죽일 년이다. 니가 나를 남자구실 못 하게 했다. 개 같은 년이 나한테는 씹을 안 주고 다른 놈한테는 실컷 주고 왔다.' 친정 엄마랑 애들 앞에서 그렇게 욕을 하면서 패는 거예요. (30세, 고졸, 자영업, 여성)

폭력 남편에게 '집' 밖에 존재하는 여성의 성은 문제적이다. 남편만을 위한 성, 출산을 위한 성 이외의 여성 섹슈얼리티는 있을 수 없다. 집 밖의 여자들은 모두 '밑을 벌리고 다니기' 때문에 남편의 폭력으로 아내가 가출(탈출)하면 그것은 곧 섹슈얼리티에 대한 의심으로 연결된다. 아내의 가출은 물건의 유출이자 훼손 같은 것이다. 아내가 집을 나가서 '남자 구실'을 못 했다는 이 남편에게 아내는 자신의 성기가 드나드는 집 그 자체가 된다.

다음의 사례는 폭력 남편들이 주장하는 '남자랑 여자랑 같습니까?'라는 아내와 남편의 성 규범의 차이가 어디까지 극단화될 수 있는가를 보여준다. 남편은 그가 믿는 바를 아내가 인정('자백')하여 자신의 주장이 '진실'이 될 때까지 폭력을 쓴다. 이러한 고문은 '아내 폭력'의 극단적인 사례가 아니라 전형적인 상황이다. 남편은 자신의 상상이 옳다는 것을 증명하기 위해 구타하고, 아내를 외도한 여자로 만들기 위해 다른 남자를 시켜 아내를 성폭행한다.

싸움(폭력)이 어떻게 시작되냐면은요, 만날 (외도를 인정하는) 진술서를 쓰라 그래요. '안 쓰면 죽인다. 자세히 써라. 묘사를 해라.' 저는 무서우니까 일단 쓰는 척하다가 '여보, 왜 그래. 제발 이러지 마세요' 그러면서 빌면, 구체적으로 안 쓰고 자기를 속인다고 때리기 시작하는 거예요. (33세, 고졸, 주부, 여성)

몇 년 전에 아래 동서와 나이트클럽 가서 한 남자를 알게 되었고 식사 정도 하다가 헤어졌는데, 남편도 그걸 (식사 정도 하다가 헤어진 것) 알아요. 근데 갑자기 2년 후부터 관계가 있었냐, 몇 번 있었냐, 계속 그 남자를 만나라, 전화해라, 그 남자랑 (성)관계를 하라는 거예요. 관계를 맺으라고오~ 맺으라고. 때리면서. 그 남자한테 전화해서 나 대주고는 전화해라, 녹음해라, 증거 잡게 그러는 거예요. 6개월 동안 사귀면서 아무 일 없다는 것이 있을 수 있냐고 계속 폭력을 쓰니까, 내가 참다 못해 두 번 있었다며 아무 여관이나 이름을 둘러댔어요. 그래도 내가 그 남자랑 다시 시작을 안 하니까, 기사 둘을 사서 나를 산으로 데리고 갔어요. 나더러 차 안에서 관계를 하래요. 기사들이 눈치채고 하는 척만 하니까 택시 안으로 들어와 내 성기를 만져보더니 하지 않았다는 것을 알고, 여관으로 데려가 두 사람과 하라는 거예요. 한 사람은 했고 한 사람은 안 했어요. 그 아저씨들이 나가면서 나한테 신고해줄까 묻는데, 나는 그러지 말라고 했어요. 그러면서 돈을 받아 가는 것 같았어요. 그것도 분이 안 풀리는지 나를 여관으로 데리고 가서 옛날 가게 할 때 데리고 있던 조금 모자라는 청년을 불러 나랑 관계를 하게 하고…… (30세, 고졸, 생산직, 여성)

위와 같은 상황에서 아내는 남편의 질문에 '노'를 할 수도 없고, '예스'를 할 수도 없다. 아니라고 해도 구타당하지만 외도를 인정할 경우 더 큰 폭력을 부른다. 남편은 폭력을 통해 아내를 선택 불가능한 지점에 놓는다. 아내의 대응 자체를 원천적으로 봉쇄하기 때문에 피해 여성이 폭력을 벗어나는 것은 불가능해 보인다. 이때의 자백은 '진실'을 알기 위한 것이 아니라, 이미 얻고자 의도하는 답이 있다는 의미에서 권력의 문제가 된다. 자백을 받아내기 위한 심문은 폭력을 합법화하는 절차이다. 어떤 방식이든 남편의 '승리'는 예정되어 있다. 아내의 몸은 완전히 남편의 통제를 받으면서 남편의 '신념'을 실현하는 도구가 되고 있다. 위 사례는 '아내 폭력'을 원인 제공 → 결과 발생이라는 인과론적 관점에서 이해할 때 그 원인이 언제든지 남편에 의해서 '만들어질 수 있다'는 것을 보여준다.

### 가장의 가정 경영권에 도전하는 아내

가사 노동과 가정사(家政事, 家政은 '가정을 다스린다'는 뜻이다)는 다른 일이다. 가사 '노동'은 아내의 일이지만, 가정의 경영과 관리는 집안 통솔권의 영역으로 남편의 몫이다. 가족에는 사회 여느 조직과 마찬가지로 조직의 우두머리(長)가 있다. 구체적인 부부 관계에서 성(gender)에 따른 서열은 미리부터 정해져 있는 것이 아니고, 남편과 아내는 신혼 초부터 가정 경영권을 두고 끊임없이 갈등하게 된다. 이른바 신혼 시기의 '주도권 다툼'이 그것이다. 남편의 가장(家長) '취임'은 그러한 갈등 과정의 결과이다. 결혼한 지 1년이 안 된 아래 사례의 남편은 아내에게 순종 각서를 받아내기 위해 폭력을 행사하고 있다.

목을 조르면서 나더러 각서를 써라. 남편은 솔직히 자기가 다 결정하고 싶대요.

**각서에 뭐라고 쓰는데요?**

순종하지 않을 시에는 아무 이유 없이 합의 이혼한다…… (흥분하며) 이건 노예 입장 아닙니까? 순종할 것을 계약하라, 그렇게 따지면 저도 구타하지 않겠다는 계약서 몇 번이고 받아야 하는 것 아닙니까? (25세, 고졸, 주부, 여성)

아내의 순종, 남편의 비폭력이라는 각서의 조건 자체가 이미 폭력을 남편의 권리로 상정하고 있다. 순종 각서는 아내가 폭력을 당하더라도 문제 제기해서는 안 된다는 '폭력 허락서'이다. 폭력 남편은 결혼 초부터 가정의 '대장'이 누구인가를 아내에게 끊임없이 주지시키고 폭력에 시달린 아내는 남편을 대장으로 인정한다.

남자니까 집안을 이끌어 가야 하는 것 아닙니까? 집사람은 여자들끼리 살다가 아무것도 모르고 결혼을 했죠. 진정한 가정이 무엇인가를 나한테 배운 거죠. 처음에는 집사람이 무지(무척) 반항했어요. '내가 부인이지 직원이냐' 그랬어요. 하지만 내가 옳으니까 집사람도 차차 나를 따라왔어요. 집사람이 식구들 30명 생일 리스트를 쫙 적어놓았는데, 내 생일을 대장 생일이라고 써놨어요. 저는 제가 대장인 줄 몰랐는데, 내가 물었어요. '정말 나를 대장으로 생각하느냐?' 집사람이 '당신,

대장이잖아' 그러는 거예요. (흐뭇한 표정으로) 기분이 좋았죠. (35세, 고졸, 사무직, 폭력 남편)

위 사례의 남편은 부인이 직장 생활을 계속하는데도 여전히 '집' 사람이라고 부른다. '진정한 가정'은 남성이 존재하는, 남성에 의해 질서가 잡힌 가정이다. 폭력 남편들은 가정을 자신들이 소유한 사업체와 같다고 생각하고 아내는 거기에 단지 소속되어 있다고 본다. 그래서 아내가 재산권을 주장하거나 '이재(理財)를 밝히는 것'은 '섬뜩'할 정도로 공포스러워 한다.

**폭력 남편 b_**내가 작년에 수표 사건(경제 사범)으로 인천 지검에 두 달 있었어요. 그때 집사람이 와서 사건 해결하게 서류에 지장을 찍으래요. 읽어보지도 않고 두 군데 지장을 찍었어요. 근데 며칠 전에 애들이 침대 위에서 뛰다가 침대 커버가 벗겨져 정리하려고 커버를 들췄더니 이게 딱 나오는 거예요. 처남 앞으로 된 등기부 등본이! ○○○!(처남 이름) 아파트가 처남 앞으로 돼 있어요! 35평인데 처음에는 그 사건 때문에 재산 보호하려고 했나보다 생각해서, 내가 좋은 말로 '야, 이제 사건 정리됐으니까 다시 (내 앞으로) 돌려놔라' 근데 이 여자 한다는 소리가 돈 달래요. 돈 주면 옮겨주겠대요. 순간 머리에 열이 오르고 배신감이 싹 스쳐 가는 거예요. 그래서 '무슨 돈을 달라는 거냐, 내가 아파트 팔았냐'고 했어요. 화가 나서 사무실로 나갔더니, 이 여자가 글쎄 전화 6대를 다 자기 명의로 해놓은 거예요. 원래 다 내 명의로 되어 있었는데. 생각해보니까 결혼 초부터 통장 하나도 꼭 자기 명의로 하는 것을 좋아하더라고요. 지금 와서 생각하니 내가 너무 봐줬나봐요.

**폭력 남편 c**_(사례 b에게 충고하듯이) 여자들이 돈 있을 때랑 없을 때 상황이 틀려집니다. 여자들은 돈 있으면 딴 생각을 하게 돼 있어요. 그거 35평이면 돈 천만 원 드는데 변호사한테 가면 다시 다 돌려줘요. (명의를) 돌려요.

**폭력 남편 d**_여자들 금전 애착…… 그거…… 그거는 못 고칩니다. 섬뜩하군요.

**폭력 남편 a**_소위 말해서 돈 보고 온 여자군요.

이들은 모두 아내가 재산권을 가질 수 있다는 사실에 대해 극도의 거부감을 보였다. 사례 b의 부인은 남편과 함께 가게를 운영해 왔고 직원들은 모두 그녀의 친정 식구들인데도 남편은 아파트, 전화, 통장 명의가 당연히 자신의 것이어야 한다고 생각한다. 이들은 부부 별산제도 인정할 수 없다. 여자들은 '돈이 있으면 언제든지 딴 생각을 하기' 때문이다. 남편들의 '대장' 노릇은 재산 문제뿐만 아니라 아내와의 노동 분업, 종교 문제, 물품 구입, 자원 조달까지 가정사의 모든 영역에서 행사된다. 하지만 이들에게 '대장'은 책임지는 자리가 아니라 생색내고, 감독하고, 명령하고, 대접받아야 한다는 의미가 더 크다.

처음에 카페를 같이 했어요. 근데 남편은 사장이 나설 자리만 나서고 하루종일 자기는 잡지나 보고, 아르바이트생 돈 주는 일 그런 거만 하려고 해요. 남편은 자기 권리에 대해서는 대단해요. 남자는 대접받을 권리가 있다는 거예요. 여자도 (돈을) 벌 권리가 있는데 왜 안 버냐. 반면에 여자가 돈 벌면 돈 좀 번다고 큰소리 치냐고 또 그래요. 여자는 돈을 벌더라도 살살거려야(애교를 부려야) 한다면서 때리고…… (대졸, 40세, 자영업, 여성)

'평등했던' 노동 운동가로 만난 두 사람은 결혼 후 '사장과 직원' 관계가 되었다. 그녀는 '그래도 아직까지는 남편과 통하는 얘기가 있어서' 그것이 부부 관계를 버티는 끈이라고 했는데, 이때는 정치 얘기를 하며 '노동 운동가'로서 만나지만 결혼 생활 8년 동안 시간이 흐를수록 그 끈은 얇아지고 '부부'로서 두 사람은 '때리고 맞는 관계'이다.

첫 번째 결혼이 실패한 것은 종교 문제였어요. 저희 집은 불교인데, 싸우다가 결정적인 것은 집사람이 마지막 순간에 '저는 하느님의 딸이어요' 그러는 겁니다. 아니, 그럼 하느님의 딸은 중요하고 가정을 지키는 것은 안 중요한가? 저로서는 견디기 힘든 충격, 굉장히 타격이었고 괴로웠어요. 정말 가정을 지키려고 혼신의 힘을 다했지만 어떻게 안 되겠더라구요. 그렇다면 갈라서자……. (35세, 고졸, 사무직, 폭력 남편)

평소에 '무조건'이라는 말을 많이 써요. 지금도(별거 중) 내가 잘못했다고 무조건 빌면 다시 살아주겠대요. 남편은 네가 무조건 성격을 고쳐라, 그러면 안 맞는다…… 그러나 자기 성격은 그냥 놔두래요. 자

기는 일본 여자를 원한대요. (29세, 대졸, 주부, 여성)

남편은 아내의 자기 주장을 가정을 깨겠다는 의도로 해석한다. 그는 아내의 종교와 남편의 종교는 양립할 수 없고, 남편의 종교로 통합되어야 한다고 생각하기 때문에 결혼 실패 원인은 자신의 사고방식이 아니라 '종교 문제'가 된다. 폭력 남편이 바라는 아내는 '일본 여자'처럼 순종하는 아내이다. 남편은 '아내는 남편에게 순종하라'가 결혼의 본질이라고 믿는다. 그래서 결혼 생활의 지속은 '너는 고치고 나는 안 고칠 때' 가능하다. 여성이 굴복해야만 관계가 유지되는 것이다.

## 아내와 남편을 묶어주는 폭력

남성 폭력의 오랜 역사는 폭력을 남성의 정체성과 인성(personality)을 구성하는 요소가 되게 하였다. 남편의 역할로서 행해지는 아내에 대한 폭력은 가족 내에서 남편의 기능, 태도, 행동, 성격 특성을 표현한다. 남편의 성 역할은 아내와의 관계에서 나오는 것이므로, 성 역할로서 폭력은 아내와 관계 맺는 방법이자 내용이 된다.

폭력으로 얻는 게 있죠. 일단 폭력을 쓰면 대화가 시작돼요. 평소에 저희 집은 대화가 안 돼요. 집사람은 꼭 내 화가 고조될 때 얘기하자고 하거든요. 와이프는 당장의 얘기를 안 하고 10년 전 얘기부터 쭉 해요.

성격이 아주 이상해. 옛날 거를 다 끄집어내! 사람 미친다니까. 서로 말이 없다가 폭력을 쓰면 나를 전달할 수 있고, 그 전에는 가타부타 얘기를 안 하다가 폭력을 행사하는 순간 나를 표현하게 되죠. (35세, 중졸, 생산직, 폭력 남편)

그의 부부 생활에서 폭력과 대화는 구분이 안 되는 것이다. 평소에 대화가 없기 때문에 대화가 시작되어도 그것은 서로 간에 '언어 폭력'만을 주고받을 뿐이다. 성별화된 사회에서 남편과 아내가 대화를 나누는 기능과 목적은 서로 다르다. 남편이 말하는 것은 문제 해결을 위한 경우가 많지만, 아내의 말하기 목적은 말하는 그 자체, 느낌을 나누려는 것이다. 대화에서 공감이 이루어지지 않으면 이슈는 계속 반복되기 마련이다. 아내가 10년 전 얘기를 자꾸 꺼내는 것은 자신의 (아마도 억울한) 느낌이 남편에게 수용되지 않았다고 생각하기 때문이다. 남편 입장에서는 이러한 상황이 '사람을 미치게' 하고 폭력을 쓰게 한다. 아내와는 폭력으로 문제를 터뜨릴 때만 비로소 관계가 시작된다. 폭력은 아내와 남편을 매개해준다.

**폭력 남편_**나는 콕 집어서(지적해서) 집사람한테 시켜요. ○○○ 씨처럼 조종하고 교육할 게 뭐 있나? 내가 필요하면 그냥 시키면 되지.
**교육자_**부부는 동반자 관계입니다. 부인을 친구라고 생각해보세요.
**폭력 남편_**(어이없다는 듯 코웃음치며) 그게 말이 안 되지, 아니 친구하고 어떻게 같이 살아요? 부인하고 살아야지. 부인하고는 특수한 관계예요.

이 남성의 말에 따르면 결혼 관계는 이성(異性) 관계에서만 가능하다. 같은 남자인 친구는 부인처럼 무조건 복종하거나 자신이 원하는 모든 서비스를 해줄 수 있는 사람이 아니다. 그래서 남자는 친구(남성)하고는 살 수 없고 아내(여성)하고 살아야 하며 '부인하고는 특수한 관계'이다. 이 '특수한 관계'는 자신이 '교육도 필요 없이 콕 집어' 명령하고 지배할 수 있는 관계로서, 다른 인간 관계에서는 그렇게 할 수 없다. 부부는 그런 관계를 가능하게 한다.

> '분노를 훌륭하게 표현하기'라는 교육 프로그램을 진행하면서
> **폭력 남편 c**_이런 거까지 생각하면 분노 표출 못 합니다.
> **폭력 남편 e**_(냉소적으로) 여자한테 꽉 쥐어살면 되죠(되겠죠).

이들에게는 폭력 자체가 의사 소통이고 대화 방식이기 때문에, 아내에게 폭력을 쓰지 않는 것은 곧 여자한테 '꽉 쥐어사는 것'이다. 폭력 남편들의 사고 방식에서 아내와의 관계는 폭력을 행사하거나 쥐어살거나 양자택일밖에 없다. 남편은 자신이 원하는 바로 그것 외의 다른 것은 아무 의미가 없다고 생각한다. 양자택일, 전부냐 전무냐(all or nothing) 식의 사고는 상대방의 입장을 고려하거나 상대를 주체로 인정하지 않기 때문에 발생한다. 상대를 철저히 부정하는 것이다.

> **폭력 남편 d**_가족이라면 통제보다는 관심인데, 왜 자꾸 통제라는 말을 씁니까?

교육자_개인의 자율성을 무시한 것은 관심이 아니죠. ○○○ 씨(사례 d)는 관심이라고 하지만 부인은 통제라고 느낀 거 아닙니까?

폭력 남편 d_통제를 받는 사람이 안주해 있으면 안 되죠. 인간이 도태된단 말입니다. 그런 상태를 벗어나는 것이 인간의 본연 아닙니까? 그러니 제가 설득, 좀 강한 설득이었습니다만 (아내를) 가르친 거죠.

폭력 남편 c_어떻게 보면 남자가 여자를 통제하는 것도 좋을 것 같아요. 서로 땡기는 맛이 있어야……. 통제를 안 하면 소속감이 없어지는 거예요. 너무 간섭을 안 하면 (아내가) 관심 없다 그래요. 통제를 안 하면 관계가 없어져요. 그게 애정이에요. 괜히 사랑의 매라고 그러는 줄 알아요! 이런 게 없이 가정이라는 게 어떻게 (유지)되겠느냐 이거지.

폭력 남편 a_아니 왜 자꾸 통제, 통제 그러는 거예요! 우리는 (부인을) 통제한 적이 없는데. 요즘 누가 그러고 살아요!

폭력 남편 e_내가 볼 때 통제라는 개념이 이상해. 통제하면 부인이 좀 다가서야지, 그렇다고 더 멀어지나? 속박을 하더라도 여자가 그러면 안 되지.

폭력 남편 c_내가 보기에 (사례 b를 가리키며) 이 집은 통제를 안 하면 (부인이) 그냥 튀어버려요. 그럴 집이야…….


이들에게 가정은 폭력을 통해서만 유지되기 때문에 폭력을 못 쓰게 하는 가정폭력방지법은 곧 '가정 파괴법'이다. 역사적으로 남성들은 여성들과 관계를 유지하는 방법으로 폭력을 사용해 왔다.[13] 남편에게 폭력은 관계의 접착제인 셈이다. 그들이 통제를 통해 느끼는 '소속감'은 자신이 아내를 소유하고 있다는 감정인 동시에 아내와 남편을 아내와 남편이게 하는 것이다. 통제는 두 사람을 부부 관계라고 정의할 수 있도록 하는 부부 관계의 근본 성격이 된다.

남편은 폭력을 통해서 아내와 관계를 유지하지만, 그렇다고 아내가 자신과 '똑같이 나와서'는 안 된다. 남편과 아내는 부부 간 의사 소통과 감정 표출을 각기 다른 방식으로 수행해야 하는데, 아내가 이를 수용하지 않을 시에는 폭력이 발생한다.

### 의사 소통의 성별 분업 : 남편의 폭력과 아내의 애교

아내의 말대꾸는 남편이 폭력을 행사하는 가장 큰 이유이다. 아내의 말대꾸는 남편의 폭력 행위 첫째 이유로서 56.5퍼센트(중복 응답)에 이른다. 두 번째 이유인 '살림을 못해서' 20.5퍼센트에 비해 큰 차이를 보인다.[14] 다른 조사에서도 말대꾸를 포함한 '순종하지 않음'이 첫 번째 원인(57.3퍼센트)이었다.[15] 부부 관계에서 남녀의 의사 소통 방식은 다르다. 아내는 남편에게 자신의 주장과 표현을 여성적인(feminine) 방법으로 우회적, 간접적으로 비위를 맞추어 가며 해야 하는데 그것이 애교이다. 애교는 여성들이 성애화(sexualized)된 방식으로 자신의 의사를 관철하는 성별적(gendered)인 의사 소통 방식이다. 남성은 애교를 부리지 않는다. 따라서 애교가 아닌 아내의 말대꾸는 남편과 아내 사이의 성별 질서와 결합 방식에 도전하는 것이고, '맞을 짓'이 된다.

남편 입장에서는 아내가 '수그러드는' 태도로 애교를 부려 안 맞기를 바라는데, 아내가 그것을 거부하므로 때릴 수밖에 없다. 폭력을 휘두르지 않는 남편들도 아내를 흔히 '곰'과 '여우'로 구분하면서 아내가 여성적인 방식으로 의사를 표현하기 바란다. 이러한 문화적 맥락에서 폭력 남편은 자신은 폭력을 쓰더라도, (폭력이 난무하는 공포와 긴장 상황에서도) 아내는 애교를 부려야 한다고 본다.

> 설령 내가 먼저 화를 냈다 해도 여자가 좀 자중해야 하는데, 내가 성질 나서 야! 하면 지는(아내는) 열을 해요.(남편이 한 마디 하면 부인은 열 마디 한다는 뜻) 여자가 수그러드는 맛이 있어야지! (매우 흥분하며) 내가 뭐라 하면 수화기 들고 112에 신고한대. 그러니 내가 분노를 참겠습니까! 참겠느냐 말이에요! 못 참지! (40세, 고졸, 무직, 폭력 남편)

> 남편 얘기는 '원인은 너다. 니가 말대꾸하고 답답하게 얘기했다. 니가 맞을 짓을 해놓고 때리게끔 하지 않았느냐. 너는 말을 살살 긁는다'는 겁니다. 식구들 얘기도 너도 잘못했고, 최 서방도 잘못했다. 양자가 다 문제래요. (35세, 주부, 고졸, 여성)

시집 식구들은 아내의 말대꾸와 남편의 폭력을 '양자가 똑같이 잘못한 것'으로 보고 있는데, 이는 아내의 말대꾸(의사 표현)가 남편의 폭력을 '불러왔기' 때문이다. 아내는 말을 한 것이 잘못이고, 남편은 때린 것이 잘못이다. 잘못의 내용이 아내와 남편에 따라 다른 것이다.

이런 시각에서는 폭력 상황의 통제력이 가해자인 남편에게 있지 않고 피해자인 아내에게 있게 된다. 아내의 행동 여하에 따라 남편은 가해자가 될 수도 안 될 수도 있기 때문에, 애교를 부리지 않는 아내는 남편을 가해자로 만드는 나쁜 여자가 된다. 말대꾸는 남편이 원한 아내 역할이 아니다. 말대꾸는 아내의 의사 표현, 자기 주장인데, 남편 입장에서 의사 표현이나 자기 주장은 남편(남성)만 할 수 있는 것이기 때문이다.

**부인이 자기 표현을 적극적으로 하시는 편인가 봐요.**
네, 굉장히 명랑하고 말을 잘해요. 왜 말 많고 바른 소리 톡톡 하는 사람 있잖습니까.
**그게 신경에 걸렸나요?**
네에, 그럼요! (매우 강조하며) 아주 걸리죠. 누가 그러더라고요. 순간적으로 여자가 싫어질 때가 있다고요. 바로 그런 때죠. (35세, 중졸, 생산직, 폭력 남편)

뭐든지 내가 딱 두 마디만 하면 그때부터야(폭력 시작이야). 그러니 법이 무슨 소용이야. 그 전에(신고하기 전에) 나는 죽어. (51세, 중졸, 자영업, 여성)

(남편이 자녀를 구타하여 자녀가 가출한 데다가 1500만 원짜리 장롱을 파손한 후) 내가 죽을 힘도 없어 가지고 누워 있는데, '자냐?'고 묻더니 불을 켜는 거예요. '내가 누워 있는 게 당신하고 무슨 상관이냐'고 말했다가 순식간에 누운 상태에서 막 차이고 맞았어요. 눈이 부어 덮이고, 진물이 흘러서, 한 달이 넘어서야 글씨가 보였어요. 시어머니한테 얘기를 했더니, 앞으로는 절대 대꾸하지 말라면서 대꾸하면 죽는

다 그러면서 당신은 그렇게 평생 맞고도 한 번도 대꾸한 적이 없다는 거예요. (41세, 고졸, 자영업, 여성)

애교는 아내가 남편을 중심으로 한 의사 표현이고, 말대꾸는 자기 자신을 중심으로 한 의사 표현이다. 말대꾸가 폭력의 이유가 될 수 있는 것은, 남편이 아내를 독립적인 사람이자 개인성 (individuality)을 지닌 인간으로 생각하지 않기 때문이다. 아내는 남편이 원하는 태도를 취함으로써 일시적으로 폭력을 피할 수도 있기 때문에 폭력 발생 상황에서 중요한 역할을 담당하게 된다. 그러나 아내의 '지혜로운' 태도로 인해 폭력이 발생하지 않더라도, 이것은 성별화된 폭력의 또 다른 유형일 뿐 폭력과 비폭력을 구별할 수 있는 근본적인 차이는 아니다.

남편의 폭력 대 아내의 애교는 그것이 남녀에게 각기 다르게 할당된 성별적 의사 표현 방식이라는 점에서 같은 짝(pair)이라고 할 수 있다. 아내의 애교로 폭력이 발생하지 않았더라도 폭력 상황 대응에서 남편/아내 역할 규범의 성 차별성은 지속되므로 그것이 폭력을 막는 근본적인 대책이 되기는 어렵다. 폭력 발생 상황에서 이러한 아내의 '역할'을 폭력의 '책임'으로 만들 수 있는 것은, 남편은 언제든지 아내를 때릴 수 있다고 생각하는 데 있다.

### 감정 관리의 성별 분업 : 남편의 발산과 아내의 수용

'아내 폭력' 현상 자체는 시대를 초월하여 발생하고 있지만 근대에 이르러 가족과 공적 사회의 이데올로기적 분리, 핵가족 제도의 탄생, 가족 임금제로 인한 결혼율 증가6)(유럽의 경우 산업화 시기 이전에는 전체 인구의 20퍼센트가 결혼하지 않았다)는 현대 자본주의 사회에서 '아내 폭력'이 더욱 빈발할 수 있는 조건을 마련해주었다. 오늘날 친밀성을 둘러싼 남녀 간의 갈등과 각기 다른 감정 표현 방식은 가정과 사회의 분리에서 비롯된 것이다. 친밀성, 감정적인 것, 가족, 사랑, 배려라는 '여성적인' 영역은 비즈니스와 자기 주장, 합리성이라는 '남성적인' 영역으로부터 분리되었다. 남성과 여성의 일상생활과 이상적인 인성(personality)은 양극화되었고 가족과 사회의 차이가 과장되기 시작했다.

가사 노동뿐만 아니라 가족 내 인간 관계를 조화롭게 유지하고 부부 관계에서 일어나는 모든 문제를 관리하는 것은 아내들의 책임이 되었다. 일반적으로 남성은 이성적이고 여성은 감성(정)적이라고 간주되지만, 실제로 그러한 특성이 표현되는 것은 상황에 따라 다르다. 스포츠 분야에서 남성들은 감정적이 되도록 격려받는다.17) 남성들은 사적 영역이라고 여겨지는 가정에서는 별로 이성적이지 않다. 가정이 휴식처라는 언설은, 실제 가정이 그렇다기보다는 남성들이 희망하는 것이다. 남성들은 가정이 휴식처이므로 마음대로 자기 감정—주로 분노—을 발산할 수 있고, 아내는 그것을 조건 없이 수용해야 한다고 믿는다. 아내는 어떤 상황에서도 남편의 감정을 맞춰주어야 하는 사람이기 때문에 남편의 기분을 배려하지 않은 아내의 자기 감정 표현은 폭력의 충분한 이유가 된다.

**폭력 남편 c**_그날 기분 좋게 술을 많이 먹었어요. 전혀 문제가 없었어요. 우리 집에 몰티즈와 푸들 있어요. 몰티즈는 숫놈이고 크고, 푸들은 암놈이고 조만해서 집사람이 데리고 자요. 집에 들어가는데 매일 내가 밥 주고 안고 자는 놈(몰티즈)이 막 짖고 달려드는 거예요. 내가 '쟤 미쳤냐, 왜 저러냐' 그랬어요. 신발을 던져도 하도 빠르니까 안 맞아요. 그래서 옆에 개집이 있어서 그걸 던져서 벽에 맞췄는데! 그 안에 작은 놈이 들어갔던 거예요. 그 자리에서 죽어버렸네. 개는 이쪽으로 가고 개집은 저쪽으로 가고. 바로 죽어버린 거예요. 내가 좋아하던 개가 죽으니까 나도 황당하죠. 근데 우리 집사람이 '왜 던져서 개를 죽였느냐' 이렇게 주고받고 하다가 여기 오게 된 거예요. 그게 전부예요. 그게 다예요.

**폭력 남편 d**_개가 짖은 게 문제네요. 안 짖었으면 안 그랬을(폭력을 안 썼을) 텐데.

**폭력 남편 c**_그렇죠! 아내가 막 울면서 죽였느냐고 그래요. 집사람도 개가 죽은 걸 보고 화가 난 거예요. 나도 가책이 많이 됐고 울고 그랬거든. 내가 죽이고 싶어 죽인 것도 아니고. 나도 슬퍼 죽겠는데 화가 났어요. 아주 배신감에, 상실감에…….

**교육자**_왜 갑자기 슬픈 감정이 분노가 되었죠?

**폭력 남편 c**_아내가 가만히 있었으면 좋았죠. 내게 싫은 소리를 했다니까.

**교육자**_그럼 그때 부인이 ○○○ 씨를 위로해주어야 했나요?

**폭력 남편 c**_(반갑다는 듯 눈을 크게 뜨고 박수 치며) 그렇죠! 바로 그거죠! 그랬으면 아무 문제가 없었죠. 내가 굉장히 슬펐는데 아내가 거기다가 불을 지른 거고……. 나도 슬퍼서 막 인공 호흡시키고 그랬으니까.

일단 폭력 남편 사례 C의 진술은 "개가 숨지자, 피해자(아내)가 불쌍하다며 울었다는 이유로, '내가 개보다 못하냐'며 소리치고 발로 피해자의 몸통 부위를 수회 걸어차고 손으로 전화기를 잡고 머리를 수회 때려 약 14일간의 치료를 요하는 안면부 피하 혈종 및 심부 좌상을 가한 것이다"라는 서울 지방 법원에서 발급한 범죄 사실서와 큰 차이가 난다. 그는 부인이 신고하지 않았다는 것을 매우 강조했는데, 신고했다는 것은 아내가 자기 통제 하에 있지 않다는 것을 의미하기 때문이다.

남편이 폭력을 행사한 결정적인 이유는 부인이 자신을 위로해주지 않았기 때문이다. 그의 입장에서 부인은 개의 죽음을 슬퍼하기보다는 개를 죽인 남편을 먼저 돌보았어야 했다. 이는 '개한테 재산을 물려주고 싶을 정도로' 사랑했던 개를 죽였다는 죄책감에 그렇지 않아도 허약해져 있는 남편의 권위를 부인이 '공격'한 것과 같다. 아내의 태도로 인해 그의 슬픔은 갑자기 분노가 되었다. 집안에서 이 남편은 굉장히 권위적인데, 그 권위는 부인의 태도에 의해서만 확보되므로 매우 취약하고 불안한 것이다. 몰티즈는 남편이, 죽은 푸들은 부인이 데리고 잤으므로 부인은 밤늦게 술 먹고 들어와 자기 개를 죽인 남편이 미울 수밖에 없었을 것이다. 오히려 이 상황에서 남편을 위로하는 것이 비상식적인 행동이다.

그러나 남편은 언제나 즉시 자기 감정을 표현할 수 있는 주체로서 권리가 있지만 아내는 남편을 먼저 배려한 후에야 자기 감정을 표현할 수 있는 자격이 주어진다. 아내가 감정을 표현할 수 있는 권리는 그녀가 인간이기 때문에 자연스럽게 확보되는 것이 아니다. 여성은 인간이 아니므로 인간으로서 권리를 행사하려면 먼저 '인간'으로서 자격(아내로서 의무를 다하는 것)을 갖춰야 한다.

시어머니가 평생을 시아버지한테 맞았다고 해요. 근데 원래부터 그 집안 사람들이 어머니를 싫어했어요. 남편은 자기 어머니가 지극히 아들만을 위했고 늙어서도 아버지에게 질질 끌려다니며 맞으니까 불쌍하다고 생각했지만, 그게 되레 부담감, 죄의식 그런 거 있잖아요. 돌아가시니까 그게 폭발해서, '우리 엄마가 돌아가신 건 다 너 때문이야!' 남편이 막 울면서 집 안에 깨지게 생긴 것은 다 깼어요. 시어머니 돌아가시고 자기가 (불효한 것이) 한이 맺혔는지 제 정신이 아니데요. 그게 다 내 탓이라며 내가 신고한 게 충격이었는지 분하다고 경찰서에서도 내내 우는 거예요. (37세, 대학원졸, 전문직, 여성)

남편은 아내와 있을 때만 감정적이다. 그는 자신의 폭력 행위가 잠시 이성을 잃었기 때문이라고 주장했으나, 아내의 신고로 경찰이 집에 들이닥치자 갑자기 이성을 회복하고 '미란다 원칙(연행 시 용의자 인권 보호 지침)' 운운하며 연행을 거부했다. 시어머니는 신부전으로 죽어 가면서도 며느리에게 자신을 구타한 남편(시아버지)의 끼니수발을 부탁하며 눈을 감지 못했다. 며느리는 평소 '잘난 아들 유세' 하며 자신을 학대한 시어머니의 유언을 거절했는데, 그 사건이 며느리가 시어머니를 '돌아가시게 한' 이유가 되었다. 남편은 자기

아버지가 어머니가 죽은 뒤 새장가 갈 생각으로 어머니 병원비를 내놓지 않자 아버지에게 더욱 분노하였고, 그럴수록 어머니에 대한 죄책감이 커졌을 것이다.

그는 부모에 대한 자신의 복잡한 심리적 갈등을 모두 아내에게 전가함으로써 자신의 고통을 해결하고자 한다. 시어머니의 죽음은 그 누구의 탓도 아니지만 폭력 남편들은 언제나 문제 상황의 근원을 규명하려는 의지가 강해서 사건의 시비(是非)를 따지려는 경향이 있다. 그래서 그들은 타인(타인은 대개 그의 아내이다)의 잘못을 적발하는 데 매우 유능하다. 이때 자신의 갈등을 폭력으로 표출하는 것은, 외부의 자극('아내의 유발')에 의한 사건이 아니라 남편이 자신을 보호하기 위한 스스로의 심리 작용이다. 아내는 어린애 같은 남편을 받아주고 그의 '고통'에 공감해야 했으나, 이 여성은 남편과 시집 식구들의 감정 상태에 거의 개입하지 않았다. 그것이 폭력의 이유이다. 이처럼 남성 폭력은 남성 심리 자체의 문제지만, 이 문제는 언제나 아내의 심리에 내재한 문제가 된다.

이제까지 '맞을 짓'의 성격이 남편/아내의 역할 규범과 어떤 관계가 있는지 알아보았다. 남편의 성 역할은 아내의 '맞을 짓'을 만들 수 있는 권력을 갖는다. 폭력 발생 상황이 남편에 의해 구성되고 선택된다는 점에서 기존의 연구에서처럼 '아내 폭력'을 경미한 폭력과 심각한 폭력,[18] 표현적(expressive) 폭력과 도구적(instrumental) 폭력,[19] 일상적인 부부 간의 폭력(common couple violence)과 가부장적 테러리즘,[20] 적대적(hostile) 폭력과 도구적(instrumental) 폭력,[21] 통상적인(normal) 폭력과 학대적(abusive) 폭력[22]으로 구분하는 것은 별 의미가 없다. 모두 폭력의 고의성 여부와 심각성 정도로 정의한 것인데 이는 '아내 폭력'의 성격을 판단할 수 있는 기준이 아니다. 위에서 살펴본 바와 같이 '아내 폭력'의 기본 성격과 작동 기제는 가정에서 남편과 아내의 역할 구분이다.

성 역할 구분은 '사소한' 폭력에서 범죄로 명명될 수 있는 극단적인 폭력에까지 모두 작동한다. '부부 싸움'이나 가부장적 테러리즘은 결국 같은 사회 구조와 논리에 그 원인이 있는 것이다. 이는 '아내 폭력'이 부부 관계의 극단적, 예외적, 일탈적 사건이 아니라 부부 관계를 유지하는 일상적인 '정상' 규범임을 말해준다. '맞을 짓'이란 분명히 있었다. 그러나 그것은 여성과 남성이 가족 제도를 통해아내와 남편이 되었을 때만 발효된다. 현재의 가족 제도에서 '맞을 짓'은 남녀의 역할 규범 그 자체에서 발생한다.

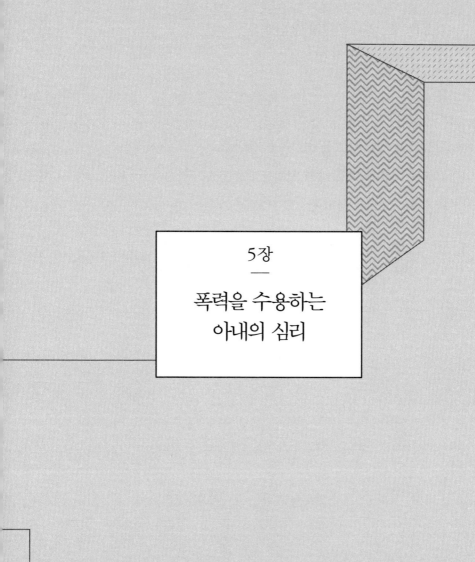

# 5장
—
## 폭력을 수용하는
## 아내의 심리

가정은 사랑의 공간이기 때문에

그런 일이 일어날 리 없다는 인식은

폭력을 은폐하고,

반대로 폭력 가정에 사랑은 없고

갈등과 증오만이 있을 것이라는 생각은

그곳에 머물고 있는 피해 여성을

이해하기 어렵게 한다.

가부장제 사회는 여성에게 가해지는 폭력을 폭력 그 자체로 인식하지 않게 하는 다양한 문화적 구조들을 생산해 왔다. 여성에 대한 폭력은 종교 의례, 민족 문화, 전통, 놀이 따위로 정상화, 합리화, 일상 문화화되었다. 이는 여성 폭력을 은폐하고 해결을 지체시켜 온 사회 구조로 작용해 왔고 특히 '아내 폭력'은 가족 내에서 발생한다는 점 때문에 수천 년 동안 폭력으로 간주되지 않았다.

여기서는 피해 여성의 폭력 해석, 수용 방식을 통해 폭력의 발생과 지속 구조를 알아보고자 한다. 아내가 특정한 방식으로 폭력을 해석하는 사회 문화적 맥락을 가족 구조와 가족 내 남성과 여성의 관계 방식을 중심으로 살펴본다. 폭력을 해결할 수 있는 대안이 없다면, 폭력당하는 현실이 부정의하다고 생각하기 힘들다. 폭력을 남성의 정당한 자원으로 인정하는 한국 사회에서 피해 여성들은 남편을 제재하는 사람이 아무도 없으므로 폭력을 견딜 수밖에 없다고 생각하거나, 자신의 몸이 경험하는 육체적 고통을 상대화하고 다른 종류의 문제로 치환하면서 폭력을 수용한다.

## 남편의 착취에 맞서지 못하는 이유

남편의 폭력은 아내를 훈육하려는 폭력에 그치지 않는다. 실제의 많은 폭력은 이보다 훨씬 더 도구적이다. 남편은 폭력을 통해 자기 이해(利害)를 실현한다. '맞을 짓'에 대한 성별적 적용은 오랜 세월이 지남에 따라 남편이 '맞을 짓'을 해도 아내가 맞게 된다. 어떤 남편들에게 폭력은 생활 방편이다. 가정만 유지한다면 아내의 경제력으로 평생 먹고살 수 있다. 폭력은 남편이 '노상(언제나) 하는 일'로서 직업이자 노동이 된다. 이때 아내는 가족을 벗어나길 바라지만, 남편은 가족 없이 살아가지 못한다. 결혼 관계에서 폭력은 남편이 관계의 유지를 위해서건 청산을 위해서건, 자신의 요구를 관철하기 위해 가장 손쉽게 동원할 수 있는 자원이다. 두 사람 간의 이해 갈등 상황에서 남편은 아내보다 훨씬 쉽게 폭력을 선택할 수 있다는 점에서 폭력은 남성적인 자원이다. 가정 외 폭력에서도 폭력 행위 주체가 대부분 남성이라는 점에서 폭력은 성별화된 사회 현상이다.

'아내 폭력' 원인에 대한 설명 중 교환 이론(exchange view)은 남성이 폭력을 통해 얻는 것이 있다고 보는 점에서 여성주의 관점과 비슷하다.[1] 하지만 왜 여성은 폭력을 사용하지 않는가 하는 점에서 교환 이론은 성 중립적이라는 비판을 받아 왔다. 남성들은 단지 '그렇게 할 수 있기 때문에' 폭력을 사용한다.[2] 결국 폭력은 남성에게만 교환 수단이 된다. 원래 교환은 평등하고 상호적인 상태에서 이루어지는 것이므로, 강제적 통제인 폭력은 착취 수단이지 교환 수단이라고 볼 수 없다. 그러나 아내가 남편에게 복종하고 희생해야 한다는 윤리에서는 남편이 폭력을 사용하여 아내의 돈을 뺏는다 해도, 그것을 수용하는 것은 아내의 도리이거나 가족 구성원들끼리의 '불화'이지 착취가 아니게 된다.

남편(58세)과 아들(32세)은 한 번도 직장을 가진 적이 없어요. 평생 내가 빨래해서(30여 년간 파출부로 근무함) 애들 넷을 키웠어요. 그러면서도 계속 맞았지요. 지금 문제는, 딸 셋은 잘 컸는데 아들이 저 모양이니 벌써 몇 여자 잡았어요(사기를 쳤다는 뜻). …… 부자(父子)가 내 적금 내놓으라고 딱 방바닥에 칼 갖다 놓고 자기들끼리 밤낮 싸우고 있어요. 남편은 그 돈 내놓으라고 허구한 날 나를 패고 아들은 자기 달라고 하고 딸들은 절대 아무도 주지 말래요. (60세, 국졸, 주부, 여성)

남편은 그냥 마음대로 살다가 지금은 내 경제력에 의존해서 살고, 아이(딸)가 크면 아이 뒷바라지 받아서 살려고 하니까 이혼은 절대로 안 해주지요. (32세, 사무직, 대졸, 여성)

솔직히 남편은 거지나 마찬가지였어요. 정말 10원 한 푼 없이 나한테 왔어요. 처음에는 너무 매너가 좋아 여자들이 돈을 쓰게 만들더라고요. 유부남인 줄 모르고 만나다가 부인 있는 거 알고 내가 헤어지자고 하니까 나를 납치하고 감금해서 구타했어요. 맥주병 깨서 목에 들이대고, 너무 무서웠어요. 그래서 못 헤어지고 내가 위자료 줘서 부인하고 이혼시켜줬어요. 지금도 절대로 헤어지자는 소리를 못 해요. 때리니까. 내가 없으면 어떤 위태로움을 느끼나 봐요. 눈앞에 안 보이면 거의 이성을 잃고 날뛰면서 나를 찾아요. 남편도 나를 안 만났으면 자기가 어떻게 됐을지 끔찍하대요. 남편은 세상 편해요. 한 달에 몇백씩 카드 값, 차, 생활비, 세금 다 내가 해결하니까. 생각해보면 부인하고도 뭐 그 여자가 딱히 싫어서라기보다 그냥 일하기 싫고 부양하기 부담되니까 놀러 다니다가 나를 만난 거예요. (33세, 대학원졸, 전문직, 여성)

사례의 폭력 남편들은 자신의 남자다움을 위해 사회적으로 성공하거나 돈을 벌 필요를 느끼지 않는다. 본 연구의 50사례 49명[3]의 남편 중 약 40퍼센트인 19사례가 무직이었다. 직업이 있다 해도 부인과 함께 자영업을 하는 경우는 대부분 아내 혼자 일했다. 이 문제로 아내가 불만스러워하거나 항의하면 남편은 폭력으로 대응한다. 이는 현대 가부장적 자본주의 사회를 유지하는 근본 원리인 성별 '분업' 논리가 실제로는 분업이 아니라 협박과 강제 속에서 여성의 이중 노동에 의해 유지된다는 것을 보여준다.[4](실제로 여성은 세계 공식 노동력의 3분의 1, 비공식 노동력의 5분의 4를 담당하면서, 전 세계 수입의 10퍼센트만을 받으며 세계 재산의 1퍼센트만을 소유한다.)

때리면 내가 순종하고 돈도 달라는 대로 주거든요. 외도해서 나가버리면 편할 것 같은데. 몇십 년을 그렇게 살았어요. 애 아빠가 에미를 패니까 막내가 아빠를 밀었는데, 남편이 애 학교에 찾아가 교수한테 애들 교육을 어떻게 시켰냐면서 교육 잘 시키라고 호통을 쳤답니다. 그 뒤로는 애가 위험해질 것 같아 따로 방을 얻어 내보내니, 이제는 내가 무서워서 못 살겠어요. (60세, 중졸, 서비스업, 여성)

이혼 후에도 아빠가 엄마 뒷조사를 해요. 엄마 핸드폰 알려 달라 그
래요. 감시하겠다는 거죠. 엄마가 매달 아빠한테 100만 원씩 보내줘요.
아빠가 경찰서에 엄마가 비디오를 훔쳐 갔다고 신고했는데, 아빠는 그
거 취소하는 대가로 엄마한테 500만 원 보내라고 우리(9세, 15세, 19세
의 자녀)를 때리고 있어요. 아빠는 우리를 안 놓아주죠. 우리가 돈이니
까요. 특히 언니를 괴롭혀요. 남자 친구도 못 만나게 해요. 며칠 전 아
빠가 자기 그걸 보여주면서 언니 바지를 벗기고 거기를 만지려고 한
거예요. 언니가 울면서 생리 중이라고 해서 바지만 벗기고 말았는데 언
제 또 그런 일이 생길지 모르니까 언니가 나더러 어떻게 대처해야 할지
좀 알아보라고 해서 왔어요. 지금 아빠랑 아줌마(아빠와 동거하는 여
성)랑 같이 사는데 내가 청소, 빨래 다 해요. 학교가 끝나는 대로 곧장
집에 안 오면 때리고 학교에 전화해서 난리를 치거든요. 언니가 버는
돈으로 자기들(아빠와 아줌마) 카드 쓰는데도 우리더러 용돈 달라, 선
물 사 와라 그래요. 아빠는 엄마 가출, 너희들 이런 거 모두 불법이라
고 하니까, 엄마는 무서워서 계속 아빠한테 돈을 주고 있어요. (15세,
중학생, 여성)


　이 남성은 아내와 이혼한 후에도 아내의 가출과 자녀들이 자기
말을 듣지 않는 것을 '불법'이라고 주장하고 있다. 이혼했다고 해서
폭력으로부터 벗어나는 것은 아니다. 1999년 8월 '한국여성단체연
합' 소속 전국 25개 가정 폭력 상담소의 상담 사례 중 응답자의 10
퍼센트는 남편과 별거, 이혼 상태에서 구타당하고 있다.[5]
　남편은 폭력 가해자이기 이전에 '아버지', '가장'이기 때문에 그는

아들 대학에까지 찾아가 '애들 교육 잘 시키라'고 할 정도로 당당하다. 아내가 폭력 가장의 유일한 자원은 아니다. 가족 구성원으로서 남성은 남편, 아버지가 됨으로써 가족 구성원으로서 여성인 아내와 딸을 성적, 경제적으로 착취할 수 있다. 아내의 매춘으로 생계를 유지하면서 아내가 몸이 아파 매춘을 하지 않는다고 구타하는 사례도 있다.[6]

위 사례 학생의 아버지는 자신의 섹슈얼리티와 아내가 법에 무지하다는 것을 십분 이용하여 자원을 확보하고 있다. 이 남성의 성기는 강도가 상대를 위협하기 위해 사용하는 불법 무기와도 같다. 딸들에게 아버지의 성기는 폭력을 동원하지 않고도 그 자체로 위협이된다. 피해자들은 가해자가 '아버지'이고 그의 무기가 남성의 성기 때문에 법적 처벌이 어려울 것이라고 생각한다.

남편의 생계 수단인 폭력이 착취를 넘어 피해자의 생명을 위협할 정도가 되면 아내들은 도망친다. 그리고 그때서야 남편은 노동하기 시작한다. 그녀들은 '애들 말이 요즘 일 나간대요, 만날 내 밥 얻어 먹다가 자기가 배고프니깐. 그래서 사람이 되었으면 좋겠어요', '요즘은 돈 번대요'라고 말한다. 이러한 상황은 여성이 집을 나오지 않으면 불가능한 변화라고 할 수 있다. 그동안 페미니스트들은 '생계 부양자 남성', '의존자 여성'은 통념일 뿐 실제로 가족을 부양하는 남성들은 매우 극소수라고 지적해 왔다. 여성이 경제력이 없기 때문에 폭력 가정을 벗어나지 못하고 그로 인해 폭력이 지속된다는 논의는 (위 사례에서처럼 사실이 아닐 뿐만 아니라) 사실 여부를 떠나, 여전히 폭력의 원인과 책임을 아내에게 맞추는 것이다.

위 사례의 아내들은 경제력이 없어서 폭력에서 벗어나지 못하는 것이 아니라, 반대로 자신의 경제력 때문에 남편에게 잡혀 있다. 이들은 '가족 유지를 통한 여성 보호'라는 담론 아래 폭력과 착취 상태에 방치되어 있다. 이 상황에서 여성들은 공포를 호소하면서 무법천지에 살고 있는 남편을 누군가가 '처리'해주기를 바란다. 아내의 인식 구조에서는 남편의 폭력이 불가항력이기 때문에 어떻게 출구를 찾아야 할지 모른다. 대다수의 피해 여성들은 법이 제정되어도 도움을 받지 못하고, 참고 견디는 것만을 대책으로 알고 폭력 가정에 머물러 있다.

## 폭력을 사소한 문제로 만들기

남편은 폭력에 대해 비교적 일관되고 통일된 인식을 가지고 있는 데 반해, 아내의 폭력 인식은 매우 복잡한 문제였다. 각 사례마다 내용이 다양할 뿐만 아니라 하나의 사례에서도 상충되는 인식이 많았다. 무엇이 폭력이고 어디까지가 폭력인가라는 '아내 폭력'의 규정과 척도(scale)는 어려운 문제이며, 이제까지 이 분야를 연구하는 데 중요한 이슈였다. 어떤 행위가 폭력이고 비폭력 행위인지를 규정하기 어려운 것은 특정 행위의 수용 가능성이 그 사회의 문화적 규범에 따라 다른 데다가, '아내 폭력'은 이러한 문화적 규범이 성 차별적인 관점에 의해 다시 한 번 굴절되기 때문이다.

한국 사회처럼 모든 법, 제도, 정책이 사회의 기본 단위를 개인이 아니라 가족으로 상정하는 사회에서 가족의 중요성은 더욱 강조된다. 가족 유지와 구성원 간의 단결은 다른 어떤 가치보다도 우선시된다. 그간 한국 사회에서 가족은 전통과 민족 문화의 정수(精髓)로 간주되어 왔다. 한국이 막대한 군사비를 지출하면서도 '압축적 성장'이 가능했던 것은 국가가 사회 복지 비용을 최소화하고 그 짐을 가족 내 여성 노동으로 떠넘겼기 때문이다. 한국 가족 정책의 특징은 '가족을 통한' 복지 제도이고, 더 직접적으로 말하면 이는 여성 노동에 의존한 복지 제도이다.[7]

또한 조선 시대부터 내려온 유난한 내외(內外) 구별 관념은 현대 사회에 이르러 공/사 영역 분리를 더욱 강화하였다. 이 때문에 여성의 임금 노동 시장 진입은 곧 이중 노동을 의미했고, 노동 시장 진출에도 불구하고 아내로서 여성의 정체성은 더욱 강조되었다. 이처럼 한국 사회에서 가족은 하나의 사적(私的) 복지 제도로서 여성들에게는 거의 유일무이한 삶의 근거지로 간주되어 왔다.

이러한 문화적 맥락에서 가족 내 갈등이나 폭력이 외부로 표출되거나 그로 인해 여성이 가족을 벗어난다는 것은 상상하기 어려웠다. 가족으로부터 벗어나려는 여성에 대한 문화적 처벌과 금기, 정체성과 경제 사회적 권리의 박탈은 여성들에게 폭력을 당하더라도 가족을 떠나서는 안 된다는 규범을 강요하였다. 이 같은 상황에서 폭력당하는 아내가 가족을 떠나지 않으면서 생명을 위협할 정도의 폭력을 견뎌내려면 자신이 당하는 폭력을 남들과 비교해서 끊임없이 상대화, 사소화(trivialization)해야 한다.

나는 맞으면서도 '네가 나를 무시하고 공 갖고 놀 듯하는 거 다 안다. 내가 부모 형제 없고 힘이 없으니까 손바닥에 올려 놓고 맘대로 하는 거 다 안다. 하지만 나는 바보가 아니다. 또라이가 아니다.' 항시 그렇게 생각했지요. (42세, 고졸, 생산직, 여성)

결혼 처음부터 숨을 쉴 수가 없었어요. 처음에는 사랑, 관심인 줄 알았는데 정말 감시라는 것을 알았죠. 그래도 나는 과거가 있으니까 그게 콤플렉스, 나한테는 마이너스(핸디캡)니까 내가 남편을 이해해야 된다, 그러면서 참았지요. (31세, 대학원졸, 전문직, 여성)

피해 여성들은 남편의 폭력이 자신에게 위해(危害)를 가하려는 의도적인 행위인 줄 알지만, 그러한 인식이 탈출 모색으로 이어지지는 못한다. 그러나 아내가 폭력의 고의성 여부를 인지하는 것은 당장 변화를 모색하지는 못하더라도 이후 문제 해결에 실마리가 될 가능성이 크다. 폭력은 폭력이되, 아내로서는 참아야 하는 폭력인 것이다. 이미 견디기로 마음 먹은 이상, 아내는 폭력 가정에 머물러 있는 상황을 스스로 설득한다. 아내는 남편이 언젠가는 나아지리라는 학습된 희망(learned hopefulness)[8]으로 폭력 상황을 견딘다.

(사례 중 폭력이 가장 심한 경우였음) 쉼터의 다른 여자들을 보니까 많이 위로가 되었어요. 나보다 비참한 사람이 이렇게 많구나. 그래도 우리 아저씨(남편)는 그렇게 모질지는 않았구나……. (42세, 고졸, 생산직, 여성)

친정에서 이 언니가 젤로(제일) 불쌍한데 형부가 정신병자, 알코올 중독이고 돈도 못 벌면서 언니를 때려요. 아주 연장으로 찍어 죽여요. 그렇게 작살나게 패요. 그래도 언니는 형부가 불쌍하다며 자기가 돈 벌어서 먹여 살려요. 하루는 형부가 집에 여자를 데리고 와서 정사를 벌였는데, 그걸 언니가 봤어요. 그렇게 개판으로 우리 언니에게 엄청난 짓, 별짓을 다 해요. 우리(남편)는 그 정도는 아녜요. (43세, 중졸, 생산직, 여성)

그때는 경미한 거였기 때문에 그냥 넘어갔어요.
**어떻게 했는데요?**
뭐, 머리채 잡고 빙빙 돌리고. 그런 것까지 뭐라 그러면 (싸우는 것이) 한이 없죠. (33세, 대졸, 사무직, 여성)

심각한 폭력의 존재는 '가벼운' 폭력을 정당화하고 이는 결국 가벼운 폭력이 심각한 폭력으로 발전할 수 있게 한다. 여성들은 폭력 자체를 문제화하기보다는 '덜 당한' 사실에 안도하고 남편에게 고마워한다. 워낙 부부 관계에 폭력이 만연해 있기 때문에 아내가 폭력을 절대로 용납할 수 없다면 관계를 지속하기 힘들다. 여성들은 스스로 허용 기준치를 만들 수밖에 없다. 자신들이 당하는 폭력이 (폭력이긴 하지만) 결혼 생활을 포기할 만큼은 아닌, 부부 관계의 일부로 생각하는 것이다.

이런 거랑 똑같애. 나도 똑같이 돈을 번다, 그래도 설거지는 여자가 하게 돼 있잖아? 남편의 폭력이 잘한 것은 아니지만, 그렇다고 큰일도 아니라는 거지. 내가 잘못한 건 없지만 때릴 수 있고 맞을 수 있으니까. 워낙 주변에 흔한 일이고 많이 봐 왔기 때문에. 그런 걸로(폭력으로) 누가 이혼하냐? 일상적이잖아. (42세, 고졸, 자영업, 여성)

폭력은 취업 주부가 설거지도 해야 하는 것처럼, 불평등하지만 일상적인 규범이다. 이 여성의 말대로 일상적인 것이 심각해서는 인간이 살 수 없다. 그러나 사소화는 상대적인 판단이기 때문에 참을 만한 폭력의 수준은 각자 다르며, 제3자의 입장에서는 (어떻게 그런 잔인한 폭력을 참을 수 있는지) 이해하기 어렵다.

남편이 원래 그런 사람(상습 구타자)도 아니고 15년 동안 한 번도 그런 적이 없었기 때문에, 지금 제가 이 상황을 믿을 수가 없다는 게 제일 문제고, 도대체가 판단을 할 수 없다는 거예요. 그때 그 사람이 제정신으로 그랬을까? 자기 식구들을 진심으로 그렇게 할 수 있었나? 그게 계속 의문이고. 근데 이러다가 또 당하는 게 아닌가 그걸 결정할 수가 없어요. (41세, 고졸, 자영업, 여성)

'아내 폭력'의 사소화는 근본적으로 남녀 관계를 사적(私的)인 것, 비정치적으로 간주하는 인식과 관련이 있다. 통념적으로는 '아내 폭력'이 다른 폭력과 다르게 친밀한 관계에서 발생하므로 피해자의 고통이 더욱 크다고 보지만, 이러한 관점은 가족/부부 관계는 당연히 친밀하다는 것을 전제함으로써 가족의 비정치화를 강화한다. 그러나 실제에서는 피해 여성이 부부 관계는 원래 친밀하므로 폭력이 발생하더라도 금세 관계가 복원될 것이라고 믿기 때문에 문제를 덜 심각하게 받아들인다. 모르는 남자에게 강간당하는 것과 남편에게 당하는 것은 같은 수준의 충격이 아니다. 친밀도가 높은 관계일수록 폭력으로 인지하는 비율이 낮고, 친밀도가 낮을수록 폭력으로 인지하는 비율이 높다.[9)]

아내는 자신이 당한 폭력을 참아야 하는 → 참을 수밖에 없는 → 참을 만한 폭력으로 인식한다. 가족을 유지하기 위해서는 자신이 직면한 현실을 일시적, 우연적인 것으로 만들어 폭력 사건을 특수한 경험으로 축소해야 한다. 특히 남편의 폭력이 10년 정도 '밖에' 되지 않은 아내들이 나에게 가장 많이 했던 질문은 '보시기에 몇 퍼센트나 고쳐지나요? 우리 남편이 고쳐질 타입인가요? 그것을 어떻게 하면 알 수 있나요? 시간이 흐르면 나아지겠지요? 이렇게까지 했는데 설마 또 때리지는 않겠지요?' 등이다. 아내는 자신이 당한 폭력을 그 자체로 인식하지 않는다. 폭력을 '있는 그대로' 해석할 수 있는 언어도 없지만, 있는 그대로 해석한다면 남편/가족을 떠나야 하는 더 큰 문제와 마주해야 하기 때문이다. 이러한 상황은 그들을 분열과 혼란, 끝없는 고민과 질문 속으로 밀어 넣는다.

## 폭력, 사랑이거나 질병이거나 수치

### 격렬한 로맨스

폭력 가정에서 사랑과 폭력이 공존하지 않을 것이라는 통념은

'아내 폭력' 현상을 이해하는 데 가장 장애가 되는 요소이다. 가정은 사랑의 공간이기 때문에 그런 일이 일어날 리 없다는 인식은 폭력을 은폐하고, 반대로 폭력 가정에 사랑은 없고 갈등과 증오만이 있을 것이라는 생각은 그곳에 머물고 있는 피해 여성을 이해하기 어렵게 한다. 가부장제 사회에서 이성 간의 사랑과 폭력은 단절적, 배타적인 개념이라기보다는 남녀 관계의 연속선상의 양끝에 있다. 남녀 간의 사랑에는 폭력이 포함되며 남녀 간의 폭력에는 사랑의 요소가 있다. 어떤 의미에서 남녀 간의 사랑은 폭력을 통해 더욱 극적이게 되는데, 이것은 사랑의 이름으로 폭력을 정당화하기 위한 것이 아니라 남녀 간의 힘이 불균등한 상태에서는 사랑과 폭력의 경계가 모호하다는 의미이다.

원래 엄마하고 사이가 안 좋아서 도망치다시피 결혼했고 직장에서도 상사랑 문제가 많았어요. 사춘기 때부터 불안하고 늘 우울증이 있어서 자신감이 없고 자꾸 다운(down)되고, 그때 사무실 갈등 때문에 직장을 그만둘까 굉장히 고민했었는데, 남편이 많이 힘이 됐어요. 남편은 '너 그러다가 직장 그만두면 진짜 폐인 된다'고 했는데 내가 계속 자신 없다고 우니까 남편이 나를 달래다가 갑자기 따귀를 때린 거예요. 정말 별이 번쩍 보였어요. 얼마나 세게 때렸던지 얼굴에 손바닥 자국이 확 나면서 얼굴이 붓더라구요. 다음 날 출근을 못 했죠. 그때서야 정말 열심히 살아야겠다는 생각이 들었어요. 남편의 사랑을 느꼈죠. 내 문제를 고쳐주려고 저렇게 노력하는구나. 왜 영화 같은 데 주인공이 여자가 나약한 소리하면 속상해서 한 대 때리잖아요? 너무 사랑

해서 때리는 거 그런 거요. (36세, 대학원졸, 전문직, 여성)

이 여성의 폭력 인식은 남성의 권력이 사랑, 가족, 결혼 제도를 통해 완전히 다른 성격으로 배열된 결과라고 볼 수 있다. 특히 위 사례처럼 여성 스스로 심리적인 문제가 있다고 생각하는 경우, 남편의 폭력은 폭력이 아니라 아내에 대한 사랑을 간절하고 안타깝게 표현한 것이 된다. 남성들 간의 폭력은 정치적 갈등이지만, 남녀 간의 폭력은 놀이나 연애 혹은 '칼로 물 베기'라는 말처럼 아무것도 아닌 일이 된다. '경미한 아내 폭력'은 폭력이 아니라 다소 격렬한 로맨스일 뿐이다.

물론 처음에는 너무 사랑해서 때린다고 생각했죠. (37세, 고졸, 주부, 여성)

결혼 전 친구랑 나이트 가서 새벽 5시까지 놀았는데, '밤에 어디 갔냐'고 해서 나이트 갔다, 그 말 떨어지자마자 손목을 붙들고 길거리에서 여관으로 끌고 가 옷 벗기고 따귀를 내려쳤어요. 완전히 군대식으로 '일어나, 앉아! 일어나, 앉아!'를 반복하고 뺨을 수도 없이 때렸어요. 너무 무서웠어요. 어떻게 할까 고민하다 집에 안 들어가고 피해 다녔는데, 남편이 집으로 쳐들어와서 유리를 모두 부순 거예요. 쓰레기통에 유리가 가득했어요. 소름이 쫙 끼쳤어요. 근데, 남편이 싱크대에 편지를 두고 갔더라고요. 그걸 보고 정말 감동했어요. 남편이 정말 미안하다고, 유리를 못 치워서 미안하다고. 너를 사랑하는 마음에 그랬다고. 구타 후 관계를 정리하려고 했는데 그 편지를 받고 보니 사람이 화가 나면 무슨 짓을 못 하겠나, 이해가 되고 내가 그 사람 마음을 너무 몰랐구나, 이 사람이 정말 나를 사랑하는구나. (33세, 대졸, 사무직, 여성)

남편이 깬 유리 조각을 보고 '소름이 쫙 끼쳤다가' 싱크대의 편지를 보고 '정말 감동'하는 이 여성의 경험은 여성의 사랑이 어떻게 구성되는지 보여준다. 그녀가 남편을 다시 선택하는 기준은 '내가 남편을 얼마나 사랑하느냐'가 아니라 '남편이 나를 얼마나 원하느냐'이다. 여기서 폭력의 심각성 정도는 남편이 그녀를 원하는 척도가 된다. 폭력이 심할수록 그녀를 사랑하는 것이다.

남성 중심 사회에서 여성이 권력에 접근할 수 있는 방법은 남성에게 절실히 필요한 존재가 됨으로써 그가 가진 권력을 공유하는 것이다. 여성은 남성이 자신을 원할수록 권력을 느끼는데, 이때 여성의 욕망은 자신을 필요로 하는 사람을 위해 소진되는 것이다. 그래서 부부 관계에서 여성의 행동은 남편을 중심으로 구성된다. 그녀는 남편이 자기 없이 살아갈 수 없다는 사실을 확인하는 것이, 자신의 안전보다 소중하다고 생각한다. 그러나 남편이 사죄하고 아내가 이를 받아들이고 다시 시작하는 관계는, 그 시작부터가 남성의 '인내'를 전제로 하기 때문에 남편의 분노는 계속해서 축적되고 다시 폭력 배출극이 시작된다.[10] 이 사건 이후 두 사람의 결속이 강화되자 남편은 아내에게 친구, 친정과의 단절을 강요하고 아내를 고립 상태에 묶어 둠으로써 그녀는 완전히 무권력 상태에 빠졌다.(이에 대해 급진적 여성주의자 티 그레이스 앳킨슨은 '사랑은 억압자와 피억압자를 짝지워서 피억압자가 어떤 종류의 정치적 도움도 받을 수 없게 하는 1:1의 정치적 단위'라고 지적한다.)

현재의 남녀 관계, 부부 관계에서 사랑과 폭력의 혼돈은 매우 흔한 것이다. 이것은 여성뿐만 아니라 남성도 마찬가지이다. 이 사례에서 남편의 사랑 고백은 자신의 폭력 행위를 합리화하기 위해 동원된 것(물론 그런 남편도 많다)이 아니라 그가 얼마나 그녀를 사랑하는가를 절실하게 표현한 것이다. 다만 그 방법이 폭력이었을 뿐이다. 남편과 아내의 사랑이 서로 다른 표현 방법('폭력을 가하고', '폭력을 수용하고')과 목적을 가지고 있는 상황에서 사랑과 폭력의 공존은 불가피하다.

### 질병

남편의 폭력을 질병으로 보는 관점은 상당히 일반화되어 있다. 사회는 가정에서 일어난 폭력을 '비정상적인' 현상으로 간주함으로써 가족 자체가 문제화되는 것을 꺼린다. '아내 폭력'의 원인을 남편의 강박적 신경증, 편집증(paranoid)을 넘어 뇌의 질병으로 보는 학자들도 많았다. 지금도 일부 신경학자들은 뇌 질환과 폭력의 관계를 연구하고 있다. 대부분의 사람들은 남편의 '아내 폭력'을 범죄로서 처벌해야 한다기보다는, 병으로서 치료해야 한다고 생각한다. 현행 가정폭력방지법의 내용에도 치료적 관점이 상당 부분 반영되어 있다.[11]

폭력당하는 아내는 남편의 폭력을 질병으로 간주함으로써 폭력을 견디는 근거를 만든다. 혹은 남편이 너무 '희한하고 변태적인' 폭력을 휘두르기 때문에 인간의 이성으로는 이해의 범위를 넘는다는 측면, 즉 상식적인 가족 관계에서는 그런 일이 일어날 수 없다는 의미에서 병이라고 생각한다. 전자는 폭력을 권력의 문제가 아니라 의료의 문제로 간주함으로써 '병은 고칠 수 있으므로 낫기를 기대'하는 것이고, 후자의 병의 의미는 신체 활동으로서 '자연적' 현상이기 때문에 인간의 힘(아내의 노력)으로는 통제 불가능하다는 좌절에서 나온 것으로 보인다. 어느 쪽이건 아내들이 생각하는 남편의 질병은 대개 '미쳤다'는 의미에서 '정신병'이다.

완전히 환자예요. 미쳤어요. 식구들 잠을 못 자게 해요. 애 셋(유아)을 새벽 2시에 깨워요. 벌써 잔다고. 한밤중에 개미 약 뿌리고 별짓 다 해요. 밤에 때리고 잠을 안 재워요. 새벽까지 한이 없어요. 무서우니까 대꾸를 해주게 되고, 끝도 없고 대답도 알 수 없는 싸움이어요. 그 시간이 지나야 잘 수 있어요. (35세, 대졸, 주부, 여성)

**남편은 아픈 것이 아니라 범죄자일 뿐이에요**

아냐! (단호하게) 돌았다니까! 돌았으니까 그 지랄하지. 제정신 박힌 놈이 그러나? 보기에는 멀쩡한데 제정신이 아니야. 가게 손님들 앞에서 '큰아들 자지가 크잖아? 그놈하고 씹해! 이년아'[12], 집에서 구역 예배 보는데 '씹이 근질거리는 년들은 카바레나 가지 왜 남의 집에 왔냐' 그래서 내가 (목사) 사모님도 계신데 왜 그런 말을 하냐고 했더니 '사모년은 씹질 안 하냐, 이 개좆 같은 년아', 이게 평소에 하는 말이야. 나를 막 패면 사람들이 말릴 것 아니야? 그러면 말리는 사람들 데 꼬(데리고) 가서 자기가 술 한잔 사는 거야. 그러고는 히히 웃으며 '예, 저는 그럼 올라가겠습니다.' 아주 뭐 깍듯이 인사하고는 이층으로 올 라와서 나를 죽도록 패는 거야. 내가 서방질하는 현장을 잡아도 그렇 게는 못 팰 거야. 장 파열 돼서 죽는 줄 알았다니까. (55세, 국졸, 자영 업, 여성)

제가 어려서부터 봐 온 아버지는 한마디로 정상이 아닙니다. 잦은 외도와 가족에 대한 폭력은 이제 더 이상 방치해서는 안 되겠습니다. 더 이상 아버지의 행동을 참기 어려워 이렇게 의사 선생님께 아버지의 정신적 치료를 부탁드립니다. 정말 이런 식으로 나간다면 어머니와 저 희들은 아버지한테 맞아 죽을지도 모릅니다. …… 저희 아버지에게는 치료가 우선입니다. 정말로 정신병자인 것 같습니다. 정신병도 이런 정 신병은 없을 것입니다. (위 사례 여성의 자녀들이 연구자에게 아버지의 입원을 의뢰하며 쓴 편지 중에서)

이들에게 남편은 완전히 광인이다. 그러나 남편은 가정에서 아내 에게만 '정신병'적 행동을 한다.

교회 봉사 다니던 청년이 그럴 줄은 꿈에도 몰랐죠. 신앙인, 그거 하 나 믿고 결혼한 거예요. 아주 성실해서 건축 쪽에서도 돈을 많이 벌었 어요. (35세, 고졸, 주부, 여성)

(남편에 대한) 평판이 너무 좋지. 여편네한테만 그 지랄이야. 동네 봉사도 많이 하고. 동네 사람들이 구 의원 출마하라고 그래. 인사 잘 해, 싹싹해, 예의 바르고, 부지런하고, 깨끗하고, 성냥개비 하나라도 서울 것만 쓰는 양반이야. (55세, 국졸, 자영업, 여성)

동네에서 구 의원에 출마하라고 할 정도로 남편은 '정상'적인 사회인이다. 하지만 그녀는 남편을 정신병자로 생각하지 않는 한, 자신의 경험을 해석할 수 없다. 고통당하는 사람들은 살아가기 위해서 고통에 적응하는 다양한 전략을 발달시킨다. 아내가 남편의 폭력을 의도적인 행위로 생각하고 있더라도 그것을 있는 그대로 받아들이는 것은 힘든 일이다. 자신보다 힘이 없는 자녀를 생각하면 더욱 그렇다. 남편이 권력과 통제를 목적으로 삼아 자신과 자녀를 학대한다고 생각하는 것은 이들에게 세상에 버려진 것 같은 큰 상처가 된다. 남편에 대한 기대와 행복한 가정에 대한 희망을 보존하는 방법은 남편의 폭력을 병으로 인지하는 것이다.

딸한테는 '아빠가 아파서 그런 거다. 저건 술 먹으면 생기는 병이다.' 아이한테 그렇게 안정을 시켜요. (34세, 대학원졸, 전문직, 여성)

아이들이 너무 충격을 받으니까 '지금 아빠는 깊은 병에 걸렸단다. 우리가 아빠를 도와서 어서 낫게 해 드려야 돼, 너희들은 아빠를 미워하면 안 돼.' (41세, 고졸, 자영업, 여성)

두 여성 모두 남편의 행위를 폭력으로 인식하고 있었고 경찰에 신고도 했으나, 결혼 관계를 유지하겠다고 생각한 이상 계속해서 혼란을 겪는다. 남편을 미워했다가, 분노했다가, 불쌍해하다가, 폭력을 '술 먹으면 생기는 깊은 병'으로 생각한다. 가족 관계를 지속하려면 자녀와 남편 사이가 나빠져서는 안 되기 때문에, '아빠를 미워하지 말라'고 자녀에게 부탁한다. 폭력 남편도 자신의 폭력을 질병으로 해석하는 경우가 있는데, 이는 처벌을 피하기 위해서다. 다른 남자를 시켜 아내를 수차례 성폭행한 남편은 정신병원에 가겠다고 함으로써 처벌을 피한다.

그 후 남편 스스로 정신과에 가겠다고 했어요. 자기가 입원하겠대요. 입원했다는 말을 들었어요. 그러나 감금 상태가 아니기 때문에 만나면 죽일 거예요. (30세, 고졸, 주부, 여성)

물론 대부분의 가해 남편들은 자신을 환자 취급하는 것을 완강하게 거부한다.

치료라니? 그럼 내가 환자라는 말입니까? 우리는 멀쩡해요. 부부 싸움 좀 했다고 환자라니, 이거 아주 기분 나빠요. 난 병든 사람이 아니에요. (48세, 대졸, 무직, 폭력 남편)

당신(의) 구타는 병이다. 그러니 병원에 가보자. 내가 의사를 알아보겠다. 여러 차례 애원해봤지요. 근데 소용이 없어요. 아주 불같이 화를 내면서 '뭐라고 이년아? 내가 아프다는 거냐? 진짜 아픈 년은, 옛날부터 내가 말은 안 했는데, 솔직히 진짜 아픈 년은 너야. 병원은 네가 가야 해'라고 하는 거예요. (28세, 고졸, 영업직, 여성)

남편의 폭력을 질병으로 여겨 폭력의 성격을 제대로 파악하지 못한 아내는 거꾸로 남편에 의해 쉽게 정신병자가 된다.

시어머니랑 남편이 내가 미쳤다고 정신병원에 가둔 적이 있어요. 너무 답답해서 말 잘 들을 테니 빼 달라고 남편한테 사정사정해서 겨우 나왔어요. (38세, 대졸, 주부, 여성)

위 사례 여성은 남편의 폭력으로 머리카락이 많이 빠진 데다가 입술에 피가 엉겨 붙어 있었으며 한쪽 귀가 들리지 않는 상태였다. 신경정신과 의사로부터 정신 분열증과 우울증 진단을 받고 약을 복용하고 있었다. 폭력으로 오랫동안 고립 상태에 있는 아내, 정신적으로 상처가 큰 아내, '때리지 않았다'는 남편의 주장과 분명히 맞은 자기 기억 사이에서 분열을 일으키는 아내, 아내더러 참으라고 충고하는 주변 사람들 때문에 뭐가 옳은지 누가 옳은지 혼란 상태에 빠진 아내…… 이들은 남편에 의해 정신병원에 수용되기도 한다. '아내 폭력', 근친 강간 같은 가정 내 여성 폭력에서 피해 여성들이 자신의 경험을 얘기하면, 가해 남성들은 흔히 '정신병에 걸린 그녀의 상상'이라고 주장한다.

가해 남편과 피해 아내가 똑같이 '정신병자'가 되더라도 그 의미는 다르다. 남편이 아내에게 '미쳤다'고 하는 것은 아내를 고립시키고 자신의 폭력이 불가피함을 주장하기 위한 전략이지만, 아내가 남편을 '미쳤다'고 하는 것은 자신이 폭력당하는 현실을 회피하고 어떻게 해서든지 남편을 이해하기 위해서이다.

### 남편과 가족의 수치

오랫동안 여성에 대한 폭력은 여성에 대한 범죄가 아니라 남성들 간의 범죄로 간주되어 왔다. 여성에게 폭력을 가하는 행위는 그 여성이 소속(소유)된 남성이나 가족, 공동체, 국가에 대한 공격으로서 남성의 '재산권' 침해를 의미했다. 아내가 다른 남성과 간통했거나 강간당한 것은 남편의 명예를 훼손한 것이기 때문에 남편이 아내를 살해하는 것은 명예를 지키는 것(defence of honor)으로 여겨졌다.[13] 여성 폭력에 대한 이러한 관점은 현재에도 온존해 있으며 이는 여성이 가족, 국가, 민족과 맺는 관계에 논쟁적인 이슈를 제공한다.

여성 폭력은 그 사회의 도덕관과 연결되어 있는데, 여성에 대한 폭력을 명예나 도덕에 대한 범죄로 인식하게 되면 여성은 피해 사실에 분노하기보다 수치심을 느끼게 되고 피해 여성은 자신이 속한 집단의 명예를 '더럽힌' 존재가 된다.[14] 자신이 당한 폭력을 거론하는 여성은 내부의 치부를 폭로한 '배신자'로 간주된다. 그러므로 폭력당하는 아내에게 피해 사실은 나의 피해, 나의 고통 이전에 집안의 비밀이다. 가해 남편이 아내에게 비밀 유지를 강요하는 경우도 많지만 가족/남편의 명예가 자신의 행동에 달려 있다고 생각하는 아내는 피해 사실을 숨긴다.

그래도 신고까지는 창피스럽네요. 그거는 남편 얼굴에 기스(흠)내는 일이고. (50세, 국졸, 상업, 여성)

남편이 통장이라 그 파출소는 거의 아는 사람들이에요. 내가 신고 해서 그 사람들이 (우리 집을) 들여다보면 다 아는 사람들인데, 애 아빠가 창피해지잖아요. 남편 얼굴에 먹칠이죠. 아는 사람이 왔다 가면…… 그래서 신고 못 했어요. (40세, 고졸, 주부, 여성)

**어떻게 28년을 참으셨나요?**
창피하지. 친척들도 몰라요. 내가 아무한테도 얘기 안 했어. 나만 가만 있으면 괜찮으니까 참은 거지. 다들 우리 집은 아무 문제 없이 행복하게 잘산다고 알고 있는데, 그거는 집안의 망신이고 창피한 거지. (50세, 중졸, 자영업, 여성)

위 사례 여성은 자신을 도와주어야 할 경찰이 완전히 남편의 네트워크로 이루어져 있기 때문에 신고해도 소용없다는 것을 알고 있는 데다가, 그럴 경우 남편의 체면이 손상될 것을 더 걱정하고 있다. 이들은 남편으로부터 학대당했다는 사실을 자신의 고통이 아니라 '남편의 수치, 행복한 가정을 이루는 데 실패한 것'이라고 생각한다. 이들에게 '아내 폭력'은 아내에 대한 폭력이 아니라 행복한 가정에 대한 폭력이다. 그래서 이들이 떠나지 못하는 것은 남편이 아니라 집이다. 자신의 침묵으로 행복한 가정을 지킬 수 있다고 생각하는 것은 여성이 가정을 대표한다고 믿기 때문이다. 아내는 집을 지키는 사람이 아니라 집 그 자체가 된다.

> 부부 사이에 (구타) 증거물이나 찾고…… 이거 정말 창피한 일 아닙
> 니까? 남들이 보면 저 집은…… 사람들이 뭐라 하겠습니까? (35세, 고
> 졸, 주부, 여성)

폭력당했다는 것을 외부에 알릴 때 그녀가 가장 먼저 고려해야
할 것은 피해자인 자신이 아니라 그로 인해 영향받을 가해자와 가
족들이다. 피해 여성 중 몇 명은 면접 상담 카드에 남편의 이름이나
직장을 적지 않았는데, 내가 그 이유를 물으면 '남편에게 피해가 갈
까 봐'라고 대답하였다. 이것은 타인에게 상처나 고통을 주는 것보
다는 차라리 자신이 받는 것이 익숙한 피해 아내의 심리 상태를 반
영한다. 폭력당하는 아내들은 이혼을 결심하기 전은 물론 이혼을
결심하더라도 자기 외의 다른 사람들이 남편을 비난하면 상처를 받
거나 불쾌해한다. 이는 남편을 사랑하고 배려해서라기보다 남편과
동일시하는 심리 때문인데 남편에 대한 비난을 곧 자신에 대한 비
난으로 받아들이기 때문이다. 가부장제 사회에서 남녀는 부부가 되
어 일심동체로서 남편과 아내가 '하나'가 될 때 완전한 인간상이 구
현된다고 여겨진다. 피해 여성들은 가해자와 자신이 가족 유지를
위해서 같은 이해를 공유하고 있다는 착각 상태('스톡홀름 증후군')
에 빠져 있다. 아내는 끊임없이 실망하면서도 남편에 대한 기대와
희망을 포기하지 못한다.
　아내가 당한 피해를 가족의 피해로 환원함으로써 '아내 폭력'을

'집안 망신'으로 생각하는 것은 피해자뿐만 아니라 식구들, 경찰을 포함한 사회 일반의 인식이며 이는 한국 사회의 '체면 문화'와도 관련이 있다.

6개월 만에 나를 찾았으니 눈에 살기가 번득였어요. 나를 보자마자 '네 이년' 하고 달려들더니 한 시간을 죽도록 팼어요. 엄마가 경찰에 신고해봤자 동네 우셋거리(비웃음거리)밖에 더 되겠냐고 신고를 못 하게 했어요. (30세, 고졸, 주부, 여성)

여성 폭력 피해자가 가해자를 고소하려 할 때는 사회적 압력을 받게 된다. 경찰은 합의하라고 종용하고, 주변 사람들은 '사소한 일 가지고 사내 앞길 가로막는다'고 비난한다. 이는 피해 여성의 고통보다 가해 남성의 명예가 더 존중받아야 한다는 언설인데, '아내 폭력'의 경우 가해자가 모르는 사람도 아닌 남편이기 때문에 그러한 비난은 더욱 심하다. 아내가 남편을 신고할 경우 범죄 신고를 장려해야 할 경찰은 '남편 인생에 빨간 줄 긋고 아들을 전과자 자식으로 만드는 여자'라고 피해 여성을 비난한다.

### '맞을 짓'의 결과

피해 여성들이 '내 잘못으로 인해 맞았다'고 생각하는 것은 고통을 견딜 만한 가장 합당한 이유가 된다. 폭력의 원인이 자신에게 있다고 믿으면 원인 제거도 자신이 할 수 있기 때문에, 피해 아내는 남편의 폭력을 자신이 통제할 수 있다고 생각한다. 이러한 사고방식은 가부장제 사회에서 여성들이 갈등 상황에 직면했을 때 대응하는 익숙한 방식이기도 하다. 남성은 문제의 원인을 남의 탓으로 돌리는 경향이 있지만(투사投射) 여성은 자기 탓으로 돌리는 경향이 크다(내사內射). 투사로 인한 분노가 남성의 질병이라면, 내사(introjection)[15] 심리는 여성적 질병인 우울증의 가장 큰 원인이다.

아내는 남편의 규범을 자신의 인격 내부로 받아들임으로써 남편에 대한 적의를 자신의 문제로 만든다. 아내가 '맞을 짓'을 해서 폭력이 발생했다는 논리는 남편만의 주장이 아니라 아내 자신도 그렇게 생각하는데, 이는 허위 의식이 아니라 성별 관계에 의해 폭력이 정당해진다는 진리 체계가 작동한 결과이다. 투사나 내사는 같은 문제에 대한 성별화된 심리 현상이다. 모두 타인과 자신을 분리하지 못해 나타나는 것으로 아내의 주체성과 개별성에는 혼란이 올 수밖에 없다.

남편이 제일 싫어하는 일(아내가 다른 남자를 만남)을 했기 때문에 언제까지 이렇게 살아야 할지 모르겠어요. 제일 걱정은 이게(자신이 남자 친구에게 보낸 편지) 법적으로 문제가 있는지, (위자료나 양육권 없이) 내가 그냥 이혼당하는 것은 아닌지 그거하고, 남편이 옆에 오지도 않고 잠자리도 안 하려고 하고 죽을 때까지 용서 못 한다면서 자기는 즐길 것 다 즐기면서, 나더러는 '너는 나와 살려면 식모같이 살든지' 별거를 하재요. 남편이 돌아올는지 그게 제일 걱정이에요. (36세, 고졸, 생산직, 여성)

현재 그녀의 결혼 생활을 위협하는 것은 폭력이 아니라 남편의 사랑이 멀어지는 것이다. 가해 남편과 피해 아내 모두 아내의 '외도'가 폭력의 이유라고 생각하므로 폭력 사건 이후에도 문제를 고쳐야 할 사람은 남편이 아니라 아내이다. 남편은 아내가 '외도'했다고 주장하면서 이번 기회에 더욱 부인을 통제("너는 나와 살려면 식모같이 살아라")하려고 하는데 아내는 자신의 잘못으로 폭력이 발생했다고 믿기 때문에 이러한 남편의 의도를 알아차리기도 어렵고 그에 적절하게 대처하기도 힘들다.

나는 왜 그렇게 단란한 가정 하나 못 만들고 세상을 힘들게 하나. 그 작은 거, 행복 하나, 이 작은 공간도 안 되나. 내 자신이 얼마나 바보면 이렇게 사나…… 그런 생각이 들어요. (30세, 고졸, 자영업, 여성)

남편이 폭력의 이유로 대는 아내의 역할을 다 수용할 수 없는 아내는 결국 이 모든 상황의 책임을 스스로 진다. 행복한 가정을 못 만드는 일은 남편과 나의 불행을 넘어, '세상에 폐를 끼치는 일'이다. 피해 여성이 자신에게 폭력의 이유가 있다고 생각하는 것은 남편의 논리를 수용한 것이지만, 자기 보호 전략으로 스스로 '맞을 짓'을 유발하거나 남편에게 '맞을 짓'을 만들어주는 경우도 있다. 폭력이 별다른 갈등 상황의 전개 없이 일방적으로 일어나는 경우(가해 남성의 17.8퍼센트, 피해 여성의 15.4퍼센트가 '특별한 이유 없이 때린다'고 대답하였다.)[16] 폭력당하는 아내의 입장에서 이는 너무나 어이없는 상황이다. 이렇게 되면 아내는 타인의 분풀이 대상, 즉 이유

없는 희생자가 된다. 내가 얼마나 하찮은 인간이기에 '이유도 없이' 맞았단 말인가? 차라리 '맞을 짓'을 해서 맞았다는 사실이 그냥 맞은 것보다는 아내의 자존감을 지켜줄 수 있다. 이러한 인식은 일방적인 희생자가 되지 않기 위한 아내의 전략이다. 이유 없는 희생자가 되기를 거부하는 아내는 남편의 폭력이 자신과의 '상호 작용'의 결과라고 생각한다.

> 마루에 앉아서 텔레비전을 보고 있는데 남편이 들어왔어요. 갑자기 뒤통수를 치고 내 어깨 위로 올라타더니 넘어뜨리고 때리기 시작했어요. 이유는 '마루 청소가 제대로 안 됐다, 우리 엄마는 이렇게 하지 않았다' 그래요. 나는 뭐가 안 됐냐, 이 정도면 됐지 그랬더니 남편은 이제 논리적으로 얘기하는 거예요. '그렇지 않다. 더 깨끗해야 한다, 깨끗한 게 좋지?' 물어요. '깨끗한 게 좋냐? 더러운 게 좋냐?' 이렇게 계속 묻는 거예요. 분명히 깨끗한 게 좋잖아요? 내 생각에도 그건 사실이고. 그래서 나도 깨끗한 게 좋다고는 했어요. 결국 그거 때문에 때린 거더라고요. (27세, 고졸, 주부, 여성)

'깨끗한 게 좋냐, 더러운 게 좋냐', '교회가 중요하냐, 남편이 중요하냐', '절약하는 게 좋냐, 낭비하는 게 좋냐'처럼 폭력 남편은 아내에게 O/X 형의 질문을 많이 한다. 어차피 여기서 답은 분명하므로 아내도 수긍하게 되는데, 남편은 그것을 아내가 폭력을 인정한 것으로 생각한다. 폭력 수긍, 아내가 자기 잘못을 인정한 것, 구타. 이 세 가지 사실 사이에는 아무런 개연성이 없지만 남편의 입장에서는 구타를 합리적인 것으로 만드는 과정이 된다. 일반적인 폭력의 피해자들은 폭력의 이유를 가해자에게서 찾지만 '아내 폭력'의 피해자들은 많은 수가 자신에게서 원인을 찾는다.

실제로 아내들은 일부러 '맞을 짓'을 하기도 한다. '맞을 짓'을 해서 빨리 맞음으로써 고통을 통제하려는 여성들의 전략을 레노어 워커[17]는 폭력 과정의 주기 이론(the cycle theory of violence)으로 분석하였다. 이는 제3자가 피해 여성의 행동을 이해하는 데 도움을 주었는데 워커에 의하면 '아내 폭력'은 긴장 형성 단계(the tension-building stage), 폭력 발생 단계(the acute battering incident), 화해 단계(kindness and contrite loving behavior)를 순환한다는 것이다. 물론 모든 사례에서 이러한 순환을 보이는 것은 아니다.(폭력 후 선물 공세를 하거나 회개의 눈물을 흘리는 남편도 있지만, 이 단계를 거치지 않고 부인을 강간해서 모욕을 주거나 당당해하는 남편들이 더 많다.) 그래서 아내들은 첫 단계의 신호가 오면 스스로 '맞을 짓'을 한다. 실질적인 상해를 당하는 단계는 두 번째지만 폭력에 대한 긴장과 공포는 첫 번째 단계에서 가장 견디기 어렵기 때문에 일부러 '맞을 짓'을 유발하여 세 번째 단계를 기다린다는 것이다.

남편의 폭력을 자신이 '맞을 짓'을 한 결과라고 보는 것은, 일시적으로 아내의 고통을 덜어주고 결혼 생활에 적응하게 한다. 그러나 폭력의 주체는 남편이기 때문에 폭력 행동은 남편만이 고칠 수 있다. 아내가 남편의 폭력 행위를 통제할 수 있다는 환상은, 남성 중심의 가족 구조에서 아내의 역할에 대한 극단적인 자기 해석이다.

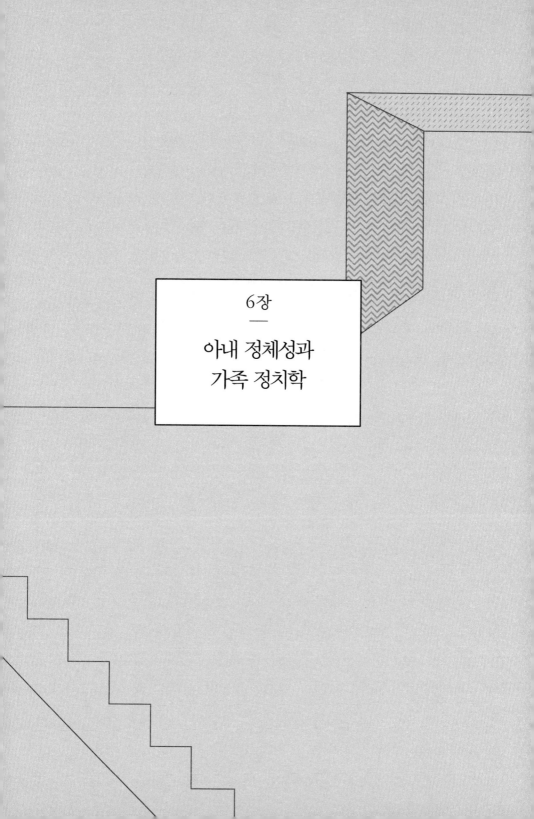

6장
—

# 아내 정체성과
# 가족 정치학

자신은 맞을지라도 자녀를 위해서

폭력을 견뎌야 하는 여성들의 이야기는,

한 '인간'으로서 여성과 '어머니'로서의 여성이

양립하기 어렵다는 것을 보여준다.

인간은 누구나 최소한

맞지 않고 살 권리가 있지만

여성이 '어머니'가 될 때

그 권리는 당연히 유보되고 포기된다.

## 아내 역할로 재생산되는 폭력의 구조

피해 여성들은 단순한 희생자가 아니라 사회적 주체로서 폭력이 지속하는 데 상당한 역할을 한다. 또 가족주의를 기반으로 하는 한국 사회의 성별 권력 관계는 이러한 아내의 역할을 폭력의 '책임'으로 전환한다. 이리하여 폭력의 피해자인 아내는 도리어 남편의 폭력을 해결할 것을 요구받게 된다. 그러나 피해 여성이 남편과 주변의 요구대로 아내 역할에 더욱 충실함으로써 폭력을 해결하려는 노력이 과연 효과가 있을까?

한편 피해 여성들이 폭력으로부터 탈출하려는 경우 그들의 탈출 의지는 언제나 아내, 어머니 역할과 충돌할 수밖에 없었다. 이 과정에서 여성들은 가족 구성원으로서의 정체성에 회귀함으로써 폭력에서 벗어나기 어려웠다. 즉 여성의 가족 내 성 역할 수행이 여성의 인권보다 우선시되면서 어머니, 아내로서의 '도리'는 인간의 기본권인 '맞지 않을 권리'를 유보하거나 사소화하였다. 또한 피해 여성들이 폭력 상황에서 느끼는 공포심, 자기 방어, 저항 행동은 한국 사회 전반의 성별 규범에 의해 인정되지 않았다.

결국 현재의 가족 제도 아래서는 남편의 폭력에 대한 아내의 순종과 저항 모두가 '아내 폭력'을 재생산한다. 여기에서는 이와 같은 피해 여성의 아내 정체성이 폭력 대응에 어떠한 영향을 끼치는지 알아본다. 아내가 가족 유지를 위해 폭력에 적응하려고 노력하는 과정 또는 폭력에 저항하는 과정을 통해 가족 구조가 '아내 폭력'을 어떻게 재생산하는지 살펴본다.

### 완벽한 아내 되기

대부분의 폭력당하는 아내들에게 남편의 폭력은 여성들이 꿈꾸어 왔던 행복한 결혼 생활의 이상을 생각하면 전혀 예기치 못한 사건이다. 결혼 생활에서 남편의 폭력은 혼수 정보나 첫날밤 치르는 법처럼 결혼 전에 미리 알아 두어야 할 사항이 아니다. 폭력당한 여성 중 매우 극소수만이 사회의 개입을 요청한다. 대부분은 어떻게 대응해야 할지 모르는 상태에서 일단 남편의 요구에 부응하게 된다. 그들은 폭력의 원인을 남편의 입장에서 생각함으로써, 이미 결혼 관계에 들어선 자신을 보호하려고 한다. '이미 결혼했고⋯⋯'는 폭력당하는 여성들의 진술에서 가장 흔히 등장하는 폭력을 참는 이유이다. 불행한 아내가 이혼하지 못하는 이유는 이들이 결혼했다는 것 자체에 있다.[1]

'아내 폭력'이 지속된다는 것은 결국 아내의 노력과 상관없이 남편은 폭력을 행사한다는 것인데, 남편은 이유를 반복해서 댈 수 없으므로 늘 새로운 폭력 이유를 찾게 된다. 물론 이 과정에서 남편 스스로 자기 모순을 보이는 것은 불가피하다.

피해 여성들은 '남편의 비위를 맞추려고 해도 종잡을 수가 없다'고 호소한다. 이를테면 남편의 질문에 대답하면 '말대꾸한다'고 때리고, 질문에 대답을 안 하면 '남편 말을 무시한다'고 때린다는 것이다. 내가 면접한 어떤 폭력 남편은 대학 시절에 아내에게 좋은 담배를 구해다 줄 정도였으나 결혼 후에는 '여자가 담배 핀다'고 구타하고 있었다. 또 어떤 남편은 '여자가 돈도 안 벌고 집에 퍼질러 앉았다'(한심한 아줌마가 되었다)고 구타하면서도 아내가 주부 노릇을 제대로 못한다고 폭력을 행사한다. 아내의 입장에서 이처럼 매번 바뀌는 폭력의 이유는 결혼 생활이 계속되는 한 항상 새롭게 해결해야 할 과제가 된다.[2] 남편의 요구대로 자신의 모든 행동을 유보하거나 제거하는 것이다. 과제를 충실하게 수행하지만 폭력은 지속된다.

남편이 원하는 대로 다 했어요. 내가 맞춰야 한다. 그러면 된다. 반찬 하나를 해도 예쁘게, 맛있게 딱 시간 맞춰서 뜨거운 거는 뜨겁게, 찬 거는 차갑게. 퇴근 시간 맞춰 금방 냉장고에서 꺼내서 대령하고, 샤워할 때 수건 들고 목욕탕 앞에 서 있고…… 그렇게 하고 싶었는데 남편 반대로 직장도 그만뒀지, 워낙 시간 체크가 심하고, 뭘 지속적으로 못 하게 하니까요. 테니스, 사진, 어느 정도 할 만하면 못 하게 해서 다 그만두고 내가 뭘 하든 간에 항상 남편이 싫어하지 않을까를 염두에 두고 살았지요. (35세, 고졸, 주부, 여성)

13년 동안 한 번도 밖에 나간 적이 없어요. 결혼한 후로 이제까지. 남편이 의처증이 심해서 없는 사실을 지어내니까, 내가 원인 제공을 해서는 안 되겠다 싶어서. 그리고 남편이 워낙 가정적인 사람이니까 내가 비위를 맞추고 살았어요. 그 사람이 원하는 대로 얼마나 비위를 맞췄는가 몰라요. (36세, 중졸, 주부, 여성)

남편은 친아들이 아니라고 애가 있으면 통닭도 안 시켜요. 근데 나는 안 그랬어요. 전처 애들에게도 똑같이 잘했어요. 9년을 내가 다 뒷바라지하고 키웠어요. 동네 사람들이 다 저런 여자 없다고 했어요. (42세, 고졸, 주부, 여성)

완벽한 아내 역할에 대한 집착은 폭력당하는 아내들의 공통적인 특성이자 아내가 남편의 폭력 지속에 '기여'하는 가장 큰 역할이다. 구타당하는 아내들은 사회적으로 부과받았다고 느끼는 완벽주의(socially prescribed perfectionism)적 경향이 있다.[3] 이는 폭력으로 인해 고립된 아내들에게 거의 유일하게 의미 있는 타인인 남편이 부과하는 기대와 기준을 충족시키고자 하는 욕구이다. 이러한 완벽주의는 성취 동기가 강한 남성들이 갖는 자기 지향적인 완벽주의와는 달리 남편만을 위한 타인 지향적인 완벽주의이다. 처음에 이들은 '내가 이렇게까지 노력하는데도 때릴까?' 하고 생각한다. 그러나 아내가 아무리 '나는 당신이 원하는 대로 했다'고 생각한들 남편이 인정하지 않으면 소용없는 일이다.

결혼한 지 딱 3일 만에 '반찬이 이게 뭐야' 하면서 상을 엎어서 처음에는 (폭력이라는 것을) 모르고 엄청 반찬에 신경을 썼지요. (40세, 국졸, 자영업, 여성)

애가 있으면 괜찮아질 줄 알았지요. 친정 엄마가 애 낳으면 나아질 거라고 해서 애부터 낳았죠. 처음은 아이가 없어서 때렸고, 나중에는 아들을 못 낳아 때린대요. 아들 낳은 친구가 부럽다고 해서 아들 낳기 위해 애를 많이 썼어요. (46세, 고졸, 서비스직, 여성)

한국 사회에서 원하는 성별의 자녀를 제때 낳는 것은 여성에게 부과된 중요한 성 역할 중 하나다. 아이(아들)가 있는 '정상적인 가족'을 이루면 '남편이 마음을 잡는다'는 것은 수많은 피해당하는 여성들을 사로잡고 있는 신화이다. 심지어는 혼전부터 폭력이 있었는데도 결혼 전에 아이를 낳아 더욱 폭력에서 벗어나지 못하는 경우도 있었다. 안 맞기 위해 아이를 낳은 위 사례 여성은 그녀의 의도와는 반대로 결국 자녀들에 대한 책임 때문에 집을 나올 수 없었다. 아내가 이 같은 피나는 노력을 한 것은 현재의 가족 구조 안에서 폭력이 해결 가능하다고 믿기 때문이다. 그러나 남편의 요구대로 완벽해지는 데에는 한계가 있다. 어차피 그것은 폭력을 행사하는 사람이 정하므로 아내로서는 도저히 도달할 수 없는 기준이다.

가족 내 여성의 역할과 남성의 역할은 개인의 의지로 쉽게 상호 교환되거나 대치될 수 없다는 점에서 호혜적인 것이 아니며 따라서 불평등하다. 피해 여성이 아내 역할을 충실히 수행하면 할수록 자신의 자원이 남편에게 일방적으로 이동하기 때문에, 아내가 힘을 잃는 만큼 남편은 힘을 얻는다. 그것은 근본적으로 제로섬(zero-sum) 게임이다. 아내가 완벽하게 자기 역할을 다하지 못했다는 죄책감은 이후 남편이 아내에게 더 쉽게 권력을 행사할 가능성을 제공한다.

### 남편 변화의 책임자 : 피해자가 해결사로

폭력당하는 아내들은 남편의 폭력을 고쳐보고자 온갖 노력을 다 해보다가 정작 자신의 건강과 자신감과 지지망을 다 잃은 후에야 여성 단체 등에 사회적 개입을 요청한다. 이렇게 되기까지의 과정은 아내가 가정 생활의 책임자로서 폭력을 포함하여 가정에서 일어나는 모든 사건을 해결할 책임이 자신에게 있다고 믿기 때문이다.

'남편은 아내 하기 나름', 혹은 '세계를 지배하는 사람은 남자이고 그 남자를 지배하는 사람은 여자' 따위의 사회적 언설은, '여자의 할 일은 남자를 만드는 것'이라는 메시지를 전달한다. 남성(성)의 형성은 상대 성(性)인 여성의 복종과 배려에 의해서만 가능하다. 여성은 아이에게 젖을 주듯 남성에게 자아를 키워주고 그들의 상처와 분노를 어루만져주어야(feeding egos and tending wounds) 한다.[4] 이렇게 여성이 남성을 만드는 과정이 감정 노동, 보살핌 노동이다. 여성은 비난의 말, 자존심 상하게 하는 말, 무관심 등으로 남성성을 거세할 수도 있고 반대로 남성을 강하게 만들 수도 있다. 그러므로 남녀 관계에서 발생하는 사건의 모든 책임은 여성에게 있다.

공적 영역에서 여성의 참여가 봉쇄되는 대신, 가정에서 여성의 책임과 역할은 극대화된다. 이른바 한국적 가부장제에 대한 많은 연구들은 한국 사회 가부장제의 특성을 공사(내외) 유별(有別) 의식에 기초한 사적 영역에서의 여성의 '지나친 권력'이라고 본다. 공적 영역에서 여성은 철저히 배제되었지만 사적 영역에서 아내, 어머니로서의 권력은 혹독한 가부장제를 견디게 하는 중요한 동인이었다는 것이다.[5] 문제는 사적 영역에서 여성의 권력이 지나치게 비대한 한국 사회에서 왜 그토록 아내 구타가 많은가이다. 이 질문은 언뜻 모순되는 것처럼 보이지만 사실은 일치한다. 사적 영역에서 여성의 권력은 사실 권력이라기보다 역할과 의무이다. 여성이 사적 영역의 '권력'을 가지고 있다고 해도 여성이 사적인 존재로 인식되는 한, 그리고 가정이 권력 작용이 일어나는 정치적 공간이 아니라 자연적 안식처라는 생각이 지배하는 한, 사회는 가정 폭력에 개입하지 않을 것이므로 '아내 폭력'은 지속될 것이다.

어쨌든 이러한 사회 구조에서 아내들은 자신의 노력으로 남편을 조종하거나 통제할 수 있고, 또 해야 한다고 생각한다. 조종은 상대방을 간접적으로 통제하는 것이다. 타인(남편)의 문제를 아내가 직접 해결할 수는 없으므로 남편이 문제를 '고치도록' 해야 한다. 여성에게만 강요되는 보살핌 노동의 본질은 자신이 나설 수 없는 일을 '남이 하게끔 하는 것'이다. 이것이 타인을 책임져야 하는 사람의 딜레마이다.

남편과 아내는 미분화된 하나의 자아로서 각자는 서로의 연장이라고 생각하기 때문에 남편의 잘못은 곧 아내의 잘못이 된다. 이러한 부부 관계의 공의존(co-dependency)적, 공생적 성격 때문에 사람들은 남편이 잘못하(되)면 아내를 비난한다. 그래서 다른 종류의 폭력과 다르게 '아내 폭력'에서는 피해자가 가해자의 폭력 의지를 조절하고 교정할 수 있다고 믿으며 심지어 아내는 남편이 폭력을 '쓸 수밖에 없는' 심정과 상황까지 이해해야 한다. 그러므로 이때 동정과 지원을 받아야 할 '불쌍한' 사람은 피해 여성이 아니라 가해 남편이다.

왜 저렇게 타락한 삶을 사나? 너무 인생이 불쌍합니다. 남편이 처량하고 불쌍해요. 예수 믿지 않는 자는 불쌍하다, 신앙이 그를 변화시킬 것이라 믿었어요. 죄가 미운 것이지 사람을 미워해서는 안 된다. 남편의 죄 사함을 위해 기도하고 또 기도했지요. 애랑 손잡고 교회 가자고 얼마나 매달렸는지 몰라요. (30세, 대학원졸, 전문직, 여성)

맞은 나보다 남편이 더 안되었다, 당하는 나보다 저 사람은 얼마나 힘들까? 밤샘 기도를 하면서 신앙에 매달렸어요. 적게는 하루 5시간씩 기도하면서 교회를 학교 가듯이 기도하면서, 남편을 고소한 게 마음에 걸려 취하하고. 이건(고소는) 하느님 뜻이 아니다. 남편에게는 더 큰 사랑이 필요하다. 신앙 때문에 스스로에게 '너 십자가 어떻게 했니?' 얼마나 묻고 또 묻고…… 내가 진정 남편을 사랑한다면 남편의 그늘까지 수용해야 된다……. (41세, 고졸, 자영업, 여성)

이혼하면 여자 없이 사는 남편이 불쌍해서 그래서 견딘 거지요. (54세, 고졸, 주부, 여성)

자신을 구타하는 남편을 불쌍하게 생각하는 심리는 폭력의 정도가 심한 경우일수록 자주 발견된다. 실제 남편과 폭력을 '주고받고' 싸우거나 갈등 과정을 거쳤을 때는 남편을 불쌍하게 생각하지 않는다. 반대로 남편이 폭력의 이유도 제대로 대지 못할 만큼 형편없이 나오거나 거의 무너지는 모습을 보일 때 아내는 남편이 망가졌고 불쌍하다고 느낀다.

이때 아내는 폭력 상황 '지금, 여기(here and now)'에 있는 존재가 아니다. 아내는 폭력 상황에서 최우선으로 배려받아야 할 사람으로서 자신을 잊고 상황을 초월한 사람이 된다. '배려의 화신'인 폭력당하는 아내는 정작 자신은 배려하는 대상에서 제외한다. 그래서 자신은 생명을 위협당하는 폭력에 시달리면서도 가해자에게 연민의 감정을 느낀다. 이들이 폭력에 적응하기 위해 선택한 극도의 자제, 자기 조절, 자기 비판, 자기 처벌의 심리는 남편을 위해 자신을 희생물로 삼은 것이다.

그러나 이들이 자신을 학대 상황에 방치함으로써 '행복'해지려는 심리는 가부장제를 내면화한 허위 의식이 아니라 그것을 진짜 자신의 역할이라고 생각하기 때문이다. 아내는 고통받을수록 도덕적으로 우월한 존재가 된다. 이것이 그녀의 역할이다. 이러한 역할 수행을 통해 그녀는 가부장제 사회에서 인정받고 그나마 '권력'을 가진다. 흔히 남성의 '이기적인 출세욕' 같은 권력 의지와 '권력 지향적이지 않은 순수한' 여성의 이타적인 헌신은 대립하는 것처럼 여겨진다. 하지만 이것은 가부장제 사회에서 성별에 따라 다른 권력 의지일 뿐이다. 물론 두 가지 권력 지향의 내용과 행위 결과는 다르게 평가되어야 하지만, 남녀가 각각 다른 방식으로 권력의 주체가 된다는 점에서 그것은 같다. 폭력당하는 여성들의 보살핌, 희생, 배려를 통한 남편 구원은 간접적인 방식의 타인에 대한 통제이다.

당하면서도 언제나 내가 잘못했다고 용서를 빌었어요. 저는 끊임없이 문제를 대화로 해결하려 하는데 남편은 대화 의지 자체가 없어요. 제가 며칠을 고민해서 힘들게 얘기를 꺼내면, '그래, 그래, 됐어, 알았어! 우리 악수, 너 사람 건드리면 죽는 꼴 당한다' 그래요. 집 나올 때도 청소 싹 해놓고 냉장고 음식 다 채워놓고 A4 앞뒤로 편지를 4장 썼어요. 나는 자기한테 너무 할 말이 많은 거예요. 내가 얼마나 살려고 몸부림치는지, 내가 얼마나 자기를 무서워하는지, 내 심정이 어떤지…… 내가 남편한테 우리 때리지 말자는 공증으로는 부족하다, 우리 안 싸우겠다는 맹세를 하자고 했더니 남편이 그때 가서 생각하재요. (34세, 대졸, 주부, 여성)

남편의 마음을 움직이기 위해서는 한없는 인내와 양보가 필요하다. 대화를 위해서는 일단 상대를 대화 테이블로 불러와야 하기 때문에, 그녀는 언제나 아내로서 역할에 최선을 다한다. '먼저 용서를' 빌고 구타당한 후 친정으로 가면서도 '청소 싹 해놓고 냉장고에 음식을 가득 채우고' 남편에게 절절한 장문의 편지를 쓴다.

남편은 폭력으로 문제를 해결하려고 하는데 아내는 끊임없이 대화를 시도한다. 정신의학자 에릭 번(Eric Berne)은 그의 교류 분석 이론에서 이와 같은 의사소통 방식을 부모/어른/아이의 방식으로 설명한다. 같은 수준(아이 대 아이, 어른 대 어른)에서 대화가 이루어져야 갈등이 없다는 것이다. 이미 상대방과의 관계는 힘의 원리에 좌우되고 있는데 아내들은 사랑의 원리로 문제를 해결하려 한다. 여성의 의도와는 반대로 관계는 더 나빠지고 여성은 더욱 상처받는다.

남편에게 집을 사줘서 사람을 한번 만들어보자. 그런 생각이 항상 있었지요. 마음잡게 하려면 남자 자존심, 기를 살려줘야 하니까. 집 사주고 차 사주고 사장님 만들어주고 그렇게까지 했는데 사람이 안 만들어지니 여기 왔죠. 지금도 진짜 궁극적인 마음은 (남편의 폭력을) 고치고 싶은 거죠. (33세, 대졸, 전문직, 여성)

아내는 일단 남자의 자존심과 기를 살려준 후 남편을 변화시키고자 하지만, 남편은 이러한 아내의 행동을 자신의 폭력을 아내가 수용한 것으로 생각하므로 별 효과가 없다. 양상은 다르지만 폭력 남편과 마찬가지로 폭력당하는 아내들도 자신과 타인의 경계가 없다. 그들은 대체로 자신의 노력으로 어디까지 가능한 일이고 어디까지 불가능한 일인가에 대해 알지 못한다. 가족 구성원의 문제를 가족 중 누군가 대신 해결할 수 있다고 믿는 것은, 성별 분업 사회의 아내의 일과 관련된다. 아내는 남편을 '건드리지 않으면서' 남편 문제를 대신 해결해주는 곡예를 벌여야 한다. 인간은 누구나 자신 외에 타인의 행동을 책임질 수 없지만 부부 관계에서는 그것이 가능하다고 생각한다.

## 성애화된 보살핌 노동을 통한 폭력 조절

가족 내 여성에 대한 남성의 지배는 친밀감, 사랑, 성애와 얽혀 있는데 폭력 가정에서 성과 사랑은 갈등 (폭력) 해결책으로 등장한다. 폭력 남편에게는 구타 후 아내를 강간하는 것은 '부부 싸움 후 화해'를 의미한다. 폭력 남편은 성(sexuality)을 이용하여 자신의 폭력을 폭력이 아닌 정상적인 부부 생활의 일부로 만든다. 아래 사례는 구타 후 '성관계'를 수용하는 아내와 남편의 서로 다른 이유를 보여준다.

남편은 '내가 너를 때린 것은 미워서가 아니다' 하면서 그걸(섹스)로 화해했다고 생각해요. 남편은 그 순간을 조용히 넘어가기 위해, 애들 앞에서 부부가 싸운 것이 아니라는 걸 보여주기 위해 강제로 그걸 해요. 나는 나대로 새끼들 앞에서 아빠가 엄마를 때릴 때는 내 생각에 '엄마가 얼마나 잘못했으면 맞을까' 아이들이 그렇게 생각할까 봐 (구타 후 강간을) 참지요. (40세, 국졸, 자영업, 여성)

남편이 자녀 면전에서 아내를 강간하는 것은 부부가 싸운 것이 아니라는 것을 보여주기 위해서이고, 아내가 남편의 강간을 거부하지 못하는 것은 자녀들에게 자신이 폭력당한 것이 아님을 보여주기 위해서이다.('엄마는 맞을 만큼 잘못한 게 없다.') 아내에 대한 성폭력임에도 불구하고 어떤 경우든 부부의 성은 화해와 부부 금슬을 상징하는 것이 된다.

사실 남편이 때리는데 가정 틀을 안 깨고 여자가 (저항)할 수 있는 일이 뭐가 있겠어요? 밥 안 해주는 거? 그것도 오래 못 가요. 불쌍하니까. 밥을 먹이죠. 그거(잠자리)밖에 없어요. (28세, 고졸, 판매직, 여성)

　　폭력당하는 아내들도 남편과의 협상 수단으로 성을 이용한다. 성관계 거부가 남편에 대한 저항이 될 수 있다는 것은 아내의 성으로 남편의 폭력을 어느 정도는 조절할 수 있다는 것을 의미한다. 폭력당하는 아내들은 남편의 폭력이 심해질 때 이를 피하거나 완화하는 방법으로 자신에게 부여된 여성성을 이용한다. 대개 이때는 남편이 극도로 폭력적이므로 아내의 섣부른 저항은 살인(아내가 죽든 남편이 죽든)과 같은 사고를 부를 수도 있다. 아내는 남편을 '달램으로써' 상황을 벗어나고자 하는데 간단한 애교로는 폭력을 모면할 수 없으므로 적극적으로 남편을 달래되 그 방식은 매우 성애화(sexualized)되어 있다.

　　식칼을 들고 허공에다 그으면서 식구들 다 죽인다고 날뛰면 너무 무서우니까 내가 침착하게 계속 달래요. 웃으면서 애기 달래듯이 재우려고 옷 벗기고 부부 관계를 유도하죠. (44세, 고졸, 자영업, 여성)

　　남편에게 야구 방망이로 맞고 부기가 빠져야 깁스를 하니까 병원에 보름 정도 입원했거든요. 근데 병원에 와서 이제 아주 (아내의 다리) 마저 분질러버린다고 난리를 치는 거예요. 나는 침대에 죽은 사람처럼 누워 어떻게 할 수 없는 상황인데 얼마나 무서웠던지 정말 죽는 줄 알았어요. 딸 때문에 살았어요. 열 살 먹은 딸이 '아빠, 제발 그러지 마세요, 제발 엄마를 살려주세요' 그러면서 아빠를 붙잡고 달래고 빌고 아빠 뺨에다 막 뽀뽀해서 겨우 남편을 재웠어요. (36세, 대졸, 주부, 여성)

위와 같은 폭력 상황에서 아내가 이 정도로 침착할 수 있는 것은 남편의 폭력에 어느 정도 체념을 하고 면역이 되고 단련이 되었을 때 가능하다. 그녀는 20년 넘게 남편의 폭력을 견뎌 왔는데 성관계는 그녀가 생존할 수 있었던 하나의 방법이었다.

딸은 엄마를 살리기 위해 애원과 '뽀뽀' 세례로 가해자를 진정시키는 데 성공한다. 여자 어린이들은 어렸을 때부터 (남자) 어른의 비위를 맞추고 애교 부리고 귀여움을 받으면서 여성다운 성적 태도를 학습한다. 이 사례는 1990년대 초 한국 사회를 떠들썩하게 했던 아버지의 어머니 구타와 의붓딸 성폭행 사건과 연장선상에 있다. 그 사건에서도 딸의 성적 서비스는 자신과 어머니를 아버지의 폭력으로부터 다소나마 보호할 수 있었던 중요한 기제였다. 애교와 모성성과 여성적인 섹슈얼리티의 혼재는 '성애화된 보살핌 노동'으로 나타난다. 이것은 어쩌면 폭력 남편이 가장 바라는 아내의 역할일지도 모른다.

평소에도 집에 들어올 때 자기 어머니처럼 '아이구 내 새끼!' 하면서 버선발로 뛰어나오길 원하는 사람이에요. 만날 마중을 나갔어요. 자기가 버스에서 내리는데 웃으면 그 뒤에 내리는 남자 보고 웃었다고 집에 와서 때렸어요. 버스에서 집에 올 때까지 내가 있어야 돼요. 술 먹고 길거리에 눕고 웃통을 벗어 던지고 옷을 버리고 그래요. 남편이 벗어 던진 옷을 하나하나 다 챙겨서 엄마가 애들 챙기듯 주워 오고 집으로 데려와서 재우고 그래야지 안 그러면 동네 시끄럽고 패니까……. (40세, 중졸, 주부, 여성)

남편은 한번 삐치면 일 주일, 열흘 가요. 5개월 동안을 말 안 한 적도 있어요. (갑자기 매우 분개하면서) 두 다리가 부러져도 안 굽히는 인간! 내가 안 맞춰주면 죽는 인간이에요. 최고 일류 대학 나왔고, 변호사고 박사고. 아주 그 프라이드가 하늘을 찔러요. 늘 남편이 잘못해도 내가 먼저 말 걸고 화해 신청을 해야 돼요. 안 그러면 계속 긴장 상태니까. (주로 어떤 방법으로 하세요?) 이불을 두 개 못 덮게 해요. 내가 뺏지요. 남편을 만지면서, '여보~ 하고 싶어. 우리 재미나게 살자' 갖은 애교를 다 부려요. 이번에도 그 와중(폭력 상황)에 애교 떨어서 '에어컨 사줄래?' 했어요. 섹스를 일 주일에 두세 번 해요. 우리 나이에는 많이 하는 편이에요. (55세, 고졸, 주부, 여성)

가부장제 사회에서 여성들이 수행하는 많은 노동 중에서, 성애화된 보살핌 노동은 모성과 섹슈얼리티의 결합이라는 가족 안에서의 아내 역할과 관련된 것이다. 아내는 긴장 상태를 해소하려고 적극적으로 성적 서비스를 한다. 폭력당한 아내는 성애화된 보살핌 노동을 함으로써 아주 심한 폭력은 어느 정도 피할 수 있다는 것을 경험한다. 자신의 행동 여하에 따라 남편의 폭력을 통제할 수 있다는 착각에 빠지는 것이다.

물론 아내가 성애화된 보살핌 노동을 한다고 해서, 남편의 폭력이 종식되지는 않는다. 여성의 그러한 노력은 자신을 끊임없이 아내로 단련하여 폭력을 참는 기간을 연장할 뿐이다. 이 과정을 통해 그녀의 아내 정체성은 재생산되고, 성별 관계로서 남편과의 권력 관계는 더욱 강화된다.

## 왜 폭력 속으로 다시 돌아가는가

### 인간의 권리가 어머니의 도리로

자녀 문제는 아내가 상황 변화를 모색하는 데 중요한 변수로 등장한다. 남편이 자녀를 함께 구타하는 경우도 있고, 자녀는 구타하지 않다가 아내가 집을 나갔을 때 자녀를 볼모로 삼아 폭력을 가함으로써 아내를 돌아오게 한다. 아내가 자녀와 함께 탈출에 성공했더라도 자녀가 학령기에 있을 경우 학교를 추적해서 남편이 찾아오기 때문에 당분간 학교 교육을 포기해야 하는 경우도 있다. 이 문제는 피해 아내들이 가장 개선을 바라는 부분 중 하나이다. 이 과정에서 동사무소 직원, 학교 관계자 등은 폭력 남편에게 매우 협조적이기 때문이다. 자녀의 학교 교육을 포기하면서까지 탈출을 시도하는 여성은 그리 많지 않다. 자녀가 어릴 경우 일차적인 양육자는 여성으로 간주되기 때문에 자녀를 두고 떠난다는 것은 불가능한 일로 여겨진다. 폭력적인 부부 관계에서 자녀가 두 사람의 메신저 역할을 하거나 자녀들끼리 부모의 대리전을 치르기도 한다.

이처럼 자녀 양육을 둘러싼 복잡한 상황은 여성들로 하여금 어쩔 수 없이 폭력 가정에 머물게 한다. 폭력당하는 아내들에게 이러한 모든 상황은 자신의 모성성을 시험하는 계기가 되고 극심한 갈등에 빠진다. 면접 도중 여성들이 가장 고통스러워하고 눈물을 많이 흘리는 대목은 자녀 문제를 언급할 때였다. 폭력당하는 아내들에게는 자신의 건강과 행복 추구 자체가 탈출 요인으로 작용하지 못한다. 그들은 자녀 때문에 견디고 자녀 때문에 폭력에서 벗어난다. 자녀로 인해 탈출하는 경우는 남편이 딸을 성적으로 학대할 때다.

　　아기(여아, 10개월)가 울면 안아야 되는데 그걸 못 하게 해요. 보행기 탄 상태에서 보행기를 발로 차고 밥상을 아기한테 집어 던져요. 아기를 멱살 잡아 던지고 기어오지 못하게 반복해요. 그걸 나더러 보고 있으래요. 또 애기를 눕혀 놓고 따귀를 반복해서 때려요. 나는 아기가 잘못될까 봐 무조건 남편에게 빌어요. 남편은 때릴 때 꼭 자기가 벗기는 것도 아니고 나더러 벗으라고 해요. 나는 무서우니까 벗지요. 나를 때릴 때 아기도 같이 때리는데 꼭 옷을 벗기라고 해요. 기저귀까지 벗기라고 해요. 아무리 친아빠지만 무섭더라고요. 그날 아기가 깨 벗고 엎어져 있는데, 남편이 아이 엉덩이에 손을 대고 머리는 엉덩이 밑에 박고 자더라고요. 순간 기분이 묘한 게, 내가 이래서는 안 되겠다, 애 큰일 나겠다 싶어 새벽 1시에 애를 업고 집을 나왔어요. 친정으로 가면 엄마가 쓰러지실까 봐 여관으로 갔어요. (25세, 대졸, 주부, 여성)

　　임신 8개월 때 나를 차서 첫애가 잘못됐고(사산). 하여간 무지막지하게 팼어요. 방이 하나인데 자기 사무실 아가씨 데려와서 자고 아침에 나더러 밥하라고 그래요. 원래 인삼, 영지를 고아 놓고 먹는 사람이에요. 말도 못 하게 성욕이 센데, 그 인간이…… 글쎄…… 애(9세 친딸)를 목욕시킨다면서 손가락으로…… 저는 몰랐는데 그동안 밤에도 그런 거예요. 정말 그건 못 참겠더라고요. 애가 크면 얼마나 더하겠어요? (42세, 무학, 자영업, 여성)

딸에 대한 성적 학대는 물리적 폭력과는 조금 다른 의미이다. 남편이 그냥 자녀를 때렸다면 이들은 집을 안 나왔을지도 모른다. 자녀를 때리는 것은 일반적으로 '정상적인' 가족에서도 얼마든지 있을 수 있는 일이지만, 성적 학대는 그렇지 않다. 이들에게 그것은 폭력이기도 하지만 '기분이 묘한', 도저히 있을 수 없는 상황(근친 간의 성)이다.

사촌 애들이 사춘기라 여자 애들 데리고 와서 자고 그러는데, 딸 아이(5세)를 건드릴까 싶어서 이러지도 저러지도 못 하고 있어요. (30세, 고졸, 주부, 여성)

딸이 성폭력당할 것에 대한 걱정도 아내의 결단을 막는다. 위 사례 여성은 세 자녀를 모두 데리고 나올 수 없는 상황이다. 그녀는 딸을 시집에 맡기고 자신은 남편을 피해 취업하고자 하나 결국 딸이 걱정되어 포기한다.

아내들은 아이들이 남편의 폭력을 보고 자라면 '교육상 좋지 않으므로' 혹은 '더 맞다가는 애들 키울 힘이 안 남을 것 같아서' 이혼을 결심하기도 한다. 이렇게 아내가 남편과 헤어지는 주요 요소는 자녀 교육이다. 한국 사회에서 모성의 내용은 대부분 자녀 교육과 관련된다. 모성의 성공은 자녀들을 좋은 대학에 보내는 것이다. 그것은 주부의 가장 큰 행복으로 간주되기 때문에 '매 맞는 아내'로서의 삶을 보상받고 남편의 폭력을 견딜 수 있는 희망이 된다.

애들, 특히 사내아이는 웬만한 대학은 보내야 하잖아요? 둘째 때문에 8학군으로 이사왔어요. 공부 못하는 것들, 그것들 어디다 씁니까? (자랑스럽게) 큰애가 지금 의대 다니거든요. 걔 뒷바라지를 마저 해야지요. (47세, 고졸, 주부, 여성)

'공부 못하는 것들 어디다 씁니까?'라는 이 여성의 목소리에는 방금 전 비참해하던 목소리는 간 데 없고 자부심과 자신감이 묻어 있다. 그들은 남편과 관계가 나쁠수록 자녀에게 집착하고 자녀에게 최선을 다한다. 일반적으로 자녀의 대학 입학은 여성들이 어머니로서 '도리를 다한' 최소한의 책임선으로 간주된다. 그래서 폭력당하는 아내들은 '그때까지만 버티자'고 다짐하고 자녀가 대학을 들어가면 남편과 헤어질 수도 있게 된다.

그때는 아이 때문에 못 나왔는데 이제는 다 컸으니 이만하면 됐다, 내 할 도리를 다 했으니, 이제 더 이상 그런 험한 꼴을 보고 싶지 않아요. (44세, 중졸, 생산직, 여성)

큰애가 아빠에게 맞고 멍이 들어 학교를 못 갔는데 저는 몰랐죠. 아이가 담임 선생님한테 맞았다고 거짓말을 한 거예요. 내가 볼 땐 그래요. 대학 갈 때까지 3년만 참으면 되는데 남들처럼 정상적인 환경을 만들어줘야 하는데……. (39세, 대졸, 주부, 여성)

위 여성은 자녀가 대학 가기 전까지는 '정상적인' 환경을 조성해 주어야 하기 때문에 이혼 여부를 놓고 3년을 버틸까 말까를 고민한다. 남편의 폭력이 이혼보다 더 비교육적일 것이라는 생각은 하지 못하고 있다. 비록 자신은 맞을지라도 자녀를 위해서 폭력을 견뎌야 하는 여성들의 이야기는, 한 '인간'으로서 여성과 '어머니'로서의 여성이 양립하기 어렵다는 것을 보여준다. 인간은 누구나 최소한 맞지 않고 살 권리가 있지만 여성이 '어머니'가 될 때 그 권리는 당연히 유보되고 포기된다. 그들에겐 '인간의 권리'보다 '어머니로서의 도리'가 더 중요한 가치이고, 또 그래야 하기 때문이다.

아이고, 몇 번이나 나오려고 했지요. 젊어서는 아이 셋을 두고 못 가겠더라고요. 한번은 밤에 결심하고 집을 나서는데, 어린 것 셋이 쪼란히 누워 자는 걸 보니 도저히 못 나오겠어서 참고. (울면서) 몇 번을 도망치려고 했는데 아들이 낯을 가려서…… 아이고, 내가 남의 자식을 키우느니…… 애들이 크기만을 기다렸지. 그 인간(남편)은 죽으면 손부터 썩을 거다, 이렇게 저주하면서……. (50세, 국졸, 자영업, 여성)

여성들은 언제나 결혼할 것으로 간주되기 때문에 위 사례 여성은 남편의 폭력을 피해 도망가더라도 다시 '남의 아이를 키우게 될 것'이라고 생각한다. 그녀에게 여성은 어딜 가도 결국 어머니이다. 어머니로서 정체성과 역할은 여성의 '본질'과도 같다. 여성이 어머니가 되지 않고 다른 삶과 사회적 역할을 한다는 것은 상상하기 어려운 것이다. 폭력 상황에서조차 모성을 여성의 본질적인 역할로 규정하는 것은 아내뿐만 아니라 주변 사람들, 학교에서 공식적으로 가르치는 내용이다.

이혼하려고 해도 아이를 어디에다 맡겨요? 이제 여섯 살인데, 저는 아이를 하루 종일 유치원에 맡겨서는 안 된다고 생각하거든요.

왜요?

그거는 위험하고 애 발달상 좋지 않다고 들었어요. (32세, 고졸, 주부, 여성)

형부가 이혼하는 거를 가장 싫어해요. '애들이 있는데 어떻게 이혼하냐? 두 사람 편하려고 애들 놔두고 이혼하냐?' 그래요. (29세, 대졸, 주부, 여성)

(학대를 견딘 것은) 칠팔십 프로는 딸 때문이죠. 비록 좋은 환경은 못 되지만, 두 부모 있는 게 편부모와 차이가 크니까. 유아 교육에서도 그게(양부모 가족이) 아이 교육에 중요하다고요. (30세, 대학원졸, 전문직, 여성)

때리고 맞는 관계라도 부모 밑에서 성장해야 정상이며, 그렇지 않은 가정을 '결손' 가정이라고 보는 것은 한국 사회에 널리 퍼져 있는 통념이다. 사람들은 폭력 가정이 결손 가정은 아니라고 생각하지만(비록 비정상이라고는 생각하더라도), 폭력을 거부한 독신모 가정(single parent household)은 결손 가정이라고 생각한다.

왜 이혼 동의 안 하셨어요?
아들 하나 있는 것 병신 만들 수 없어서. (49세, 대졸, 주부, 여성)

3~4년 전에도 이혼하려고 했지만, 아이들이 아직 내 손길을 필요로 하는 나이고 솔직히 누가 이혼한 집 자식들하고 결혼하려고 하겠어요? 아이들 장래를 생각해서 참았지요. (43세, 고졸, 주부, 여성)

부모의 이혼은 아들을 '병신' 만드는 것으로 이혼한 집의 자녀는 '장애인'과 같다. 실제로 우리 사회의 정상/비정상 논리에서 이혼한 집의 자녀는 사회적 장애인이다. '누가 이혼한 집 자식과 결혼하겠는가?'라는 그녀의 질문은 신념에 가깝다. 이처럼 아이들의 장래는 아내가 폭력 상황을 견디어야만 보장되는 것이다. 아이를 위해 폭력을 참겠다는 확실한 결심이 서지 못한 아래 사례는, 여성에게 강요되는 모성 이데올로기와 생존 문제에 직면한 실질적 이해(利害) 사이에서 분열하고 있는 여성의 갈등을 보여준다.

내가 짐승이라면 내가 받는 스트레스를 애가 거기서(시집) 받는 거잖아요. 어쩔 때는 아기 없이 자연스럽게 생활해서 내가 정신과 치료를 받아야 되나? 아기를 떼놓고도 살 수 있구나, 내가 짐승이구나. 나는 정신과로 가야 된다. 내가 믿어지지 않아요. (큰 소리로 울면서) 밤마다 울어요. 나는 핏덩이를 떼어놓고 나갔다, 나는 그런 엄마다……관상 보는 데서는 내가 아기랑 산다고 그래요. 아기를 안 데려와도 노력은 해야 되겠죠? 엄마로서 하는 데까지는 해야 하잖아요? (25세, 대졸, 주부, 여성)

그녀는 모성을 저버린 여성에 대한 사회적 처벌이 어떤 것인지 잘 알고 있기 때문에, 사회가 비난하기 전에 먼저 스스로를 단죄함으로써 자신을 방어한다. 사실 그녀의 결심은 분명했다. 남편과 이혼하고 취업하려면 당분간 아기를 시집에 맡겨야 한다는 것을 그녀는 잘 알고 있다. 그녀는 실제로 괴로워하고 있지만, 그녀의 괴로움은 모성에 대한 괴로움이라기보다는 모성 이데올로기로 인한 괴로움이다. 그녀에게는 괴로워해야 하는 것도 일종의 엄마 역할이다. 아이를 시집에 맡기고 이혼하려는 엄마의 마음이 편해서는 안 된다는 것이다. 그래서 그녀는 자신도 그 내용이 뭔지 모르지만 '엄마로서 하는 데까지는 하겠다'고 한다.

위 사례는 아이를 분리시켜야 하는 엄마의 고통을 보여주지만, 한국 사회에서 모성은 '어미와 자식 관계'의 문제가 아니다.

애들한테 만날 전화가 와요. 그 여자가 남편한테 결혼해 달라고 성화인 모양인데 그게 안 되니까 남편이랑 그 여자가 애들을 잡는 거예요. 내가 이혼을 안 해주니까 애들을 패서 '엄마더러 이혼하게 해 달라' 이렇게 시키는 거예요. (울면서) 낮에는 그 여자가 패고, 밤에는 남편이 패고 그런대요.

　　아니, 애들하고 살고 싶지 않으세요? 이혼하고 애들 데리고 와서 사시면 되겠네요.

　　아, 아니, 그게 아니고 저는 죽어도 이혼은 못 해요. 그러니 애들은 저러지…… 혹시 제가 이혼당하는 것은 아닌가 궁금해서 왔어요. (39세, 고졸, 자영업, 여성)


　　물론 이 상황에서 폭력의 책임은 전적으로 남편과 '그 여자'에게 있지만, 피해 여성은 자신의 이혼 여부에 따라 자녀들에 대한 학대가 멈출 수도 있으므로 폭력의 책임은 자신에게 있다고 생각하고 고통받고 있다. 그들이 자녀에게 고통을 줌으로써 이혼 요구를 관철할 수 있다고 믿는 것은, 본능이라고 간주되는 여성의 모성 때문이다. 하지만 사례 여성은 매일 자녀들이 울부짖는 목소리를 들으면서도 이혼녀가 될 수는 없다고 생각한다. 지금 그녀는 어머니로서 역할에 충실할 것인가, 아내의 지위를 붙잡을 것인가를 잔인한 방법으로 강요받고 있다. 그것은 이중의 덫이다. 남편의 이혼 요구를 거부함으로써 자녀의 고통을 외면하는 어머니가 되든, 이혼을 수용함으로써 자녀의 고통은 해결되되 사회적으로 천대받는 이혼녀가 되든 어차피 그녀는 비난받게 되어 있다.

　　한국 사회에서 이혼의 성립은 파탄주의가 아니라 유책주의를 따르고 있는데, 이것은 한국 사회의 강력한 가족 유지 정책을 반영한다. 지금 그녀의 가장 큰 고민은 자녀들이 구타당하는 현실이 아니라 자신이 이혼당할 것에 대한 두려움이다. 이미 부부는 경제적, 정서적, 정신적으로 실질적인 이혼 상태지만 그녀는 법적으로만은 이혼녀가 되고 싶지 않다.

한국 사회에서 여성의 어머니로서의 지위는 한 남자의 '온전한' 아내일 때만 의미 있는 것이다. 사회는 그런 어머니만 어머니로 인정한다. 미혼모에 대한 낙인과 차별은 이를 잘 말해준다. 여성의 모성은 가족 구조 안에서 제도화된 성별 분업의 일종으로, 어머니와 자녀의 관계를 설명하는 말이 아니라 가부장제 사회에서 여성이 어떤 식으로 남성과 관계 맺고 있는가를 보여주는 담론이다. 그녀가 자녀의 고통을 외면하면서까지 아내로서의 지위에 집착하는 이유가 여기에 있다. 모성을 여성의 본능으로 생각한다면 그녀의 행동은 해석되지 않는다. 폭력당하는 아내가 자신을 아내로서만 정의하지 않고 다양한 사회적 정체성을 선택할 수 있다면, 자녀 문제는 폭력 탈출에 심각한 걸림돌이 되지 않을 수도 있다. 물론 이러한 상황의 전제는 이들에 대한 생계, 주거, 교육, 의료 등 포괄적인 사회적 지원이다.

### 아내의 지위를 위협하는 남편의 외도

폭력당하는 아내의 고통이 남편의 폭력 단 한 가지일 경우는 거의 없다. 대부분 시집 갈등, 외도, 의처증, 알코올 중독, 경제적 무능력, 폭언, 도박 같은 문제가 겹쳐 있다. 여성 단체에는 폭력 때문이 아니라 외도 문제나 시집 갈등으로 왔다가 상담원이 '혹시 구타는 없습니까'라고 물으면 '그야 당연하지요'라고 대답하여 개입하게 되는 사례가 많다. 폭력도 괴로운 일이지만 아내들이 더욱 받아들이기 어려운 사건은 남편의 외도이다.[6] 아내들의 결심이 꼭 결행으로 이어지는 것은 아니지만, 폭력으로는 이혼을 결심하지 못하다가 외도로는 결심하기도 한다.

남편한테 많이 맞고 살았는데 그럭저럭 애들 생각해서 참고 살았지요. 근데 여자를 집으로 데리고 오는 것은 도저히 못 참겠더라고요. 그 여자하고 한 일 주일을 같이 살았어요. 내가 밥 해주면서. 안 되겠다 싶어 내가 집을 나왔어요. (39세, 고졸, 자영업, 여성)

남편 말이 '남자는 그럴 수 있다. 나도 병신이 아니고, 지금 여자랑 같이 있다'면서 전화로 여자 목소리를 들려주고는 '그냥 살 수 없다. 나도 풀어야 한다. 살림은 안 차렸다. 그런데 차릴 거다.'라며 노골적으로 자기가 외도를 하겠다는 거예요. 내 옆에 오지도 않아요. 집에 안 들어오겠대요. 별거를 하재요. 남편이 그렇게 나오니까 이제까지 그 매를 참은 게 아무 소용이 없어요. (36세, 고졸, 주부, 여성)

남편의 폭력은 아내가 참는 이상 가정을 깨는 사건이 아니지만 외도는 가정을 해체할 수 있다. 성별 분업 사회에서 남편의 외도는 아내의 생존권을 위협하는 사건이기 때문에, 아내는 폭력보다 외도에 더 큰 충격과 상처를 받는다. 외도는 남편의 사랑과 자원이, 그리고 가족 자체가 다른 여성에게로 이동함을 의미한다. 아내는 폭력을 당하면서도 '남편이 나를 사랑하고 필요로 한다'고 생각했는데, 이제 그 역할을 다른 여자가 하게 된 것이다. 이것은 아내로서 여성의 존재 가치가 없어지는 것이다.

폭력은 남편이 자기 역할을 하는 것이지만, 외도는 남편으로서 역할을 하지 않겠다는 것을 의미한다. 폭력은 두 사람 간의 결속을 강화하지만 외도는 그렇지 않다. 외도는 아내의 지위를 위협한다.

이 상태에서 외도보다 폭력이 더 큰 문제이므로 폭력으로부터 벗어나야 한다는 나의 생각은 이 여성에게 전혀 전달되지 않았다. 하지만 남편의 외도는 아내가 그간 참아 왔던 폭력을 다시 생각하는 계기로 작용한다. 남편의 마음을 붙잡기 위해 더 노력하는 경우도 있지만, 남편이 외도했을 때 아내가 폭력을 참아야 할 이유는 약해질 수밖에 없다. 사랑이 떠난 남편의 폭력은 참을 이유가 없는 것이다. 이들이 처음에는 외도 문제로 여성 단체를 찾아왔다 하더라도, 그 경험은 자신의 상황에 대해 새로운 정보와 환경을 접하는 계기가 될 수 있다. 아내는 남편의 사랑을 잃었을 때 비로소 자신이 남편에게 무슨 의미였는가, 왜 폭력을 참았는가를 스스로 질문하기 시작한다. 여성은 남자의 사랑을 잃었을 때 그에게 의존해 왔던 자신이 누구인지를 알게 된다.

### 아내라는 직업 : 경제적 주체의 거부와 박탈

성별 분업, 성 역할은 여성과 남성의 권력 관계를 중립적으로 표현한 것이다. 역할 개념은 기능주의의 영향이다. 역할과 분업이라는 말은 고정적이고 이분법적인 느낌뿐 아니라 동의적이고 평등한 이미지를 전달한다.[7] 결혼한 여성들은 생계 책임자로서, 아내로서, 어머니로서, 며느리로서 많은 노동을 하는데 아내가 그 일을 다 하지 않는 것이 폭력의 이유가 된다는 사실은, 여성에게 부여된 역할이 여성 자신을 위한 일이 아니라는 것을 반증한다. 아내가 폭력 관계를 청산하고 집을 나오는 것은 주부로서 파업을 의미한다. 그러나 다른 사회적 노동과 달리 아내의 일에 부여된 강한 도덕적 규범, 타인과의 관계적 맥락, 대체가 용이하지 않다는 점 때문에 아내의 파업은 임금 노동자의 파업보다 훨씬 어렵다. 아내라는 직업은 다른 사회적 노동보다 역할 규범과 정체성을 강하게 부여받기 때문에, 주부의 파업은 가족과 남편을 위한 존재로서 자신의 역할을 거부하고 자신을 새롭게 정의해야 하는 과정이다.

이제까지는 남편이 당뇨 환자라 집을 나올 수 없었어요. 매 끼니마다 챙겨주는 게 복잡하거든요. 주로 오이하고 두부만 소금기 없이 먹여야 해요. 남편은 맛이 없으니까 잘 안 먹으려고 하고 내가 쫓아다니면서 되게 챙겨야 하거든요.

**남편이 밉지 않았어요?**

미워도 그렇게 하지 않으면, 예수 믿는 사람으로서 안 된다고 생각했어요. (35세, 대졸, 주부, 여성)

당장 나 없으면 안 될 일이 너무 많아요.

**그래서 나오시기가 힘드세요?**

그렇죠. 큰애 도시락, 방위병이라 새벽같이 밥을 해줘야 돼요. 식구들 끼니도 그렇고 가게도 외상이 쫙 깔렸거든요. 구멍 가게지만 그거 회수하려면 몇 달은 걸려요.

그 일은 쉼터에 오셔도 할 수 있잖아요?

아니, 내가 없으면 가게 신용이 떨어져요. 내가 날짜마다 돈 넣어줘야 할 곳도 많고……. (50세, 중졸, 자영업, 여성)

위와 같은 아내의 태도를 용기 없음, 핑계라고 생각할 수도 있다. 그러나 이를 핑계로 해석한다면 이들이 남편의 폭력에 저항하고 상담소를 찾기까지의 갈등과 모색 과정에 아무런 의미가 부여되지 못한다. 이들은 자신을 '그 일을 해야만 하는 사람'이라고 생각하기 때문에, 이것은 집을 나오지 못하는 핑계가 아니라 매우 실질적인 이유이다.

이 분야의 연구자들은 사례 연구를 거듭하면 할수록 폭력을 종식하는 가장 분명하고도 유일한 방법은 남편과 헤어지는 것이라고 지적한다. 그러나 이혼은 기혼 여성의 사회적 지위가 아내에서 이혼녀, 여성 가장이 된다는 것을 의미한다. 여성은 결혼을 함으로써 본격적으로 성별 권력 관계에 편입되고 고통을 당하기도 하지만, 동시에 결혼은 여성들에게 '안정적이고 정상적인' 사회적 정체성을 부여하는 권리이자 신분이다. 그래서 폭력 남편이라 할지라도 남편으로부터 벗어나는 것은 '울타리 밖으로 나오는' 위험하고도 고통스런 과정이다. 특히 '누구의 아내' 외에는 사회적 지위나 정체성을 가지고 있지 않은 여성일 경우 이러한 상태는 심리적, 정서적으로도 혼란스럽고 고통스럽지만 당장의 문제는 경제적 곤란이다.

신혼 때 그렇게 나올 때부터 계속 (헤어질 것을) 고민은 해 왔어요. 이대로는 안 된다. 안 된다…… 근데 참, 육체 관계가 간사해요. 남편이 첫 남자라는 미련, 섣불리 다른 남자를 못 만날 것 같고 그나마 한 달에 40만 원씩은 꼬박꼬박 쥐어주니까. 지금 내가 (애가 어린 상황에서) 어디 가서 그 돈을 벌겠어요? (27세, 고졸, 주부, 여성)

그녀는 맞는 것을 포함한 '아내의 일'을 하면서 매달 40만 원을 받는다. 게다가 남편이 '첫 남자'였기에 다시 다른 남자를 만날 수 있을까도 문제다. 아내의 일은 다른 직업과 다르게 성(sexuality) 문제가 큰 비중을 차지한다. 그녀는 계속 상황을 가늠 중이었다. 남편과 헤어지는 것과 결혼을 지속하는 것, 그녀의 갈등은 이 둘 중 어떤 상황이 확실히 손해라고 판단될 때 끝날 것이다. 그러나 대개의 경우 그 지점은 남편이 자신에게 제공하는 것(사회적 지위, 돈, '울타리'로서 가족……)을 포기할 정도로 폭력이 심해질 때이다. 아내들의 애초 생각은 그것이 아니었지만 결과적으로 결정을 연기함으로써, 남편의 폭력이 심해질 때까지 '기다리는' 셈이 된다. 그녀가 상담소를 찾은 것도 최근 남편의 폭력이 '옛날에는 하지 않던 학대를 쓰는 등' 점점 심해지고 있기 때문이다.

거기서(상담소)는 10분 얘기해주면서 그 텔레비전에 잘 나오는 사람이 너무 냉정하고 우리가 돈 없는 사람이라고 무시하고, 변호사 상담해주면서 무슨 큰 시혜를 베풀 듯이 말을 짧게 하라고 하고. 여의도에서는 법률 부조를 받으려면 다시 거기(피해자가 살던 지역) 가서 통장

도장 받아오라는 거예요. 나는 무서워서 그 근처도 가기 싫은데. 결국 우리처럼 돈 없는 사람은 변호사 못 해주겠다 아니에요. …… 아침에 쉼터에서 나오는데 귤 장사가 수레를 끌고 힘들게 가더라고요. 그걸 보니, 그래, 그게(귀가) 더 낫다. 이 추운데 길거리에서 장사하느니, 그냥 어차피 여자들 사는 것은 다 같잖아요? (32세, 국졸, 자영업, 여성)

그녀는 어렵게 집을 나왔지만 집만큼이나 험하고 추운 세상을 만난다. 맞는 것보다 탈출이 더 고통스럽다면 여성들은 폭력을 견딜 것이다. 남편을 가정폭력방지법으로, 자신과 손녀를 추행한 시아버지를 성폭력 특별법으로 고소하고 이혼 소송을 내겠다는 그녀의 계획은 위와 같은 과정을 거쳐 무산되었다. 여성 단체도 그렇게 상처를 주었는데 세상은 더 말할 것도 없는 것이다. 그래서 '밥 먹여주는 것을 무기로 생각하는' 남편과 자신을 '호시탐탐 노리는' 시아버지가 있는 집으로 들어가기로 결심한다. 그 집은 이혼을 위해 통장 도장 받으러 가는 것조차 무서운 집이었지만 어쩔 수 없다. 아내라는 직업을 가질 때 모든 여성은 다 똑같아지지만, 노점상이나 노동자가 될 때는 귀천과 차별이 있다. 그래서 그녀는 '길거리 장사를 하느니' 다시 아내가 되기로 결심한다. 이는 그녀가 노동자인 여성을 얼마나 타자화하고 있는가를 보여준다. 그녀는 매를 맞더라도 아내의 지위가 '노점상'보다는 높다고 생각한다.

개인이 어떤 정체성을 갖는 것은 그 정체성이 개인적 차원에서 쾌락과 만족, 보상을 주기 때문이다. 개인은 특정한 주체의 위치를 갖게 됨으로써(좋은 아내, 강력한 어머니, 효성스러운 딸……) 구체적으로 이익을 본다.[8] 이는 여성들이 왜 억압적인 정체성을 유지하는가를 설명해준다. 가부장제 사회에서 타자로서 여성은, 여성 그 자체로는 온전한 인간으로 간주되지 못하므로 결혼을 통해 아내가 되고자 한다. 하지만 그 이익은 도중에 과부나 이혼녀가 되어서는 유지될 수 없고, 영원히 한 남자의 아내일 때에만 가능하다. 문제는 아내 개인의 노력과 의지만으로는 이 상태를 유지하기가 불가능하다는 점이다. 남편이 폭력을 쓰거나 외도를 하는 것은 여성이 아내 직업을 유지하는 데 가장 비협조적인 행위 중 하나다. 그래서 결국 아내라는 직업은 임금 시장에서 여성 노동자의 지위만큼이나 불안정 고용 상태이다.

여성은 아내의 지위에 매달릴수록 경제 주체로서 사회적 시민이 되기 어렵다. 성별 노동 분업이 강하게 관철되는 사회에서 노동자로서 여성과 아내로서의 여성은 양립할 수 없기 때문이다.

맞는 데서는 해방되었지만 직장 구하는 게 가장 힘든 일이에요. 구해도 먹고살 방이랑 언제 돈을 모아 애들을 데리고 올지. 영세민 신청을 하려고 해도 법적으로는 남편이 있으니까 남편 있는 여자가 남 보기에는 뭐가 힘들겠나……. (42세, 고졸, 생산직, 여성)

3년 전에 남편이 앞집에서 천만 원을 꿔서 그 여자랑 도망갔어요. 앞집 사람한테 잡힐까 봐 찾아오지 못하거든요. 이때 이혼하는 것이 유리해요. 내가 만일 이사 갔으면 와서 또 패고, 돈 달라고 열두 번도 더 왔을 거예요. 남편은 이혼을 안 해줘요. 늙어서 찾아올라고. 지금 문제는 집주인하고 내가 계약했는데 집주인은 이혼하든지 해결하고 가라는 거예요. 앞집 남자(남편의 채권자)가 사천오백(전세금)에서 자기 돈 까고(갚고) 가라고 주인한테 그러니까 주인이 전세금을 못 주겠다는 거예요. 그래서 이사를 못 하고 있어요. (45세, 고졸, 자영업, 주부)

여성이 계약 당사자인데도 집주인은 '이혼하든지 해결하고 가라'고 한다. 이혼할 경우에는 아내가 아니게 되므로 전세 계약 주체가 되지만, 아내인 이상 개별적인 경제 주체로 인정할 수 없다는 것이다. 가족을 하나의 경제적 단위로 간주하는 가족 중심주의 사회에서 남편의 빚은 곧 아내의 빚이 된다. 그 '하나의 경제적 단위'의 대표자는 능력과 상관없이 무조건 남성이므로, 아내는 불완전한 경제 행위자로 취급된다. 내가 이 빚은 법적으로 갚을 필요가 없다고 말하자, 그녀는 매우 기뻐했지만 어떻게 동네 사람들을 설득할까를 걱정했다. 여성을 아내이기 전에 개인으로 간주한다면, 그녀는 남편의 빚과 아무런 관련이 없다. '아내로서 여성'은 재산권이 없고 이는 그녀가 폭력으로부터 벗어나는 것을 방해한다.

## 공포와 저항의 가족 정치학

### 아내의 몸에 체현된 공포

폭력당한 아내들의 공포심은 원래 '외상 후 스트레스 장애'(PTSD, post traumatic stress disorder)라는 용어가 맞지만 이 글에서는 그냥 일상 용어로 공포라고 쓰겠다. 외상 후 스트레스 장애는 전쟁, 고문,

자연재해, 사고 같은 인간의 경험 영역을 벗어나는 극심한 스트레스를 겪은 사람들에게 나타나는 증상을 말한다. 공포와 달리 외상 후 스트레스 장애의 원인은 사건이지 사람에게 있는 것이 아니다.

폭력당하는 아내는 이중의 공포를 경험한다. '아내 폭력'은 반복해서 진행되므로 아내는 이후의 폭력을 구체적으로 상상할 수 있어서 두렵고, 모든 폭력은 임의적이므로 예측 불가능성으로 인해 두렵다. 아내의 공포심은 저항을 불가능하게 하는 가장 큰 이유이다.[9] 그들은 다른 폭력 피해자와 마찬가지로 '아프고 무서워서' 몸을 움직일 수 없다. 1999년에 한 한국 사회 조사에서도 아내가 폭력 남편과 헤어지지 못하는 이유는 '보복이 두려워서'가 19.4퍼센트로 가장 높은 비율을 차지했다. 2위는 '경제적 자립이 어려워서'(17.5퍼센트), 3위는 '나아지리라는 희망 때문에'(15.4퍼센트), 4위는 '구타하는 남편에게 자식을 맡길 수 없어서'(12.5퍼센트) 순이었다.[10]

그러나 그동안 한국 사회에서 폭력당하는 아내의 공포심은 '아내 폭력'의 실태와 대책을 둘러싼 담론에서 가장 간과되어 왔다. '아내 폭력'에 대한 가족 유지적 접근에서는 피해 여성의 고통과 목소리가 드러나기 어렵기 때문이다. 지속적인 폭력에 노출되어 있는 사람이 공포를 느끼는 것은 자연스러운 현상이지만 사람들은 유독 구타당하는 아내의 공포에 대해서는 무감각하다. 참전 군인, 학살 사건 경험자, 폭발물 사고 피해자, 교통 사고 피해자의 공포심은 당연히 그들 개인의 고통으로부터 접근되고 치유된다. 그러나 '아내 폭력' 피해자에 대해서는 이 당연한 원리가 적용되지 않는다. '아내 폭력' 문제에서 가장 일반적인 질문인 '왜 그런 상황에서도 못 나오는가'는,

단지 피해자가 아내이기 때문에 일상적으로 폭력당하는 사람의 공포를 이해하지 못한 질문이다. 이러한 질문 방식에서는 사회의 개입 책임이 별로 없게 된다. 고문과 같은 공적 영역에서의 폭력 피해자나 아동 학대 피해자에게는 이런 질문을 하지 않는다.

폭력당하는 아내는 두려움을 해결하기 위해서 자신의 모든 에너지를 공포를 견디는 데 집중하기 때문에[11] 다른 생각(도망, 신고, 이혼……)을 할 여유가 없다. 경찰에 신고해서 남편이 구속되는 비율은 가정폭력방지법 시행 이후에도 8.5퍼센트에 불과하다.[12]* 폭력 발생 당시에는 공포를 직접 다루어야 하기 때문에 공포감을 덜 느끼지만, 집을 나온 상태에서는 공포 경험을 어느 정도 거리를 두고 생각해볼 수 있으므로 이때 느끼는 공포의 감정은 극대화된다. 그래서 아내는 탈출했다가도 다시 귀가한다.(물론 이것이 폭력으로 집을 나온 여성들이 귀가하는 이유의 전부는 아니다.) 집을 나온 상태에서 두려움에 시달리기보다 차라리 남편을 제 발로 찾아가는 것이 덜 무

---

\* 2010년대에 들어서도 가정 폭력 사범이 구속되거나 기소되는 비율은 현저히 낮다. 2015년 법무부의 '가정 폭력 사범 접수·현황'에 따르면, 2011년 가정 폭력 사범 접수 건수는 2,939건, 2012년에는 3,154건이었으나 2013년에는 1만 7,194건, 2014년에는 2만 3,527건으로 크게 늘었다. 가정 폭력 신고 건수가 크게 늘어난 것에 비해 2014년 가정 폭력 사범 구속률은 1.79퍼센트로 여전히 낮았으며, 기소율은 2013년 15.09퍼센트, 2014년 13.32퍼센트였다. 가정 폭력 사범의 구속률은 1999년에 6.8퍼센트였는데 점점 줄어서 2006년 0.9퍼센트를 기록한 이후 2015년까지 1퍼센트 대에 머무르고 있다. 가정 폭력 사범을 형사 사건으로 기소하는 대신, 보호관찰이나 치료·상담 위탁 등 처분을 내리기 위한 재판 절차인 가정보호사건으로 법원에 넘기는 경우가 많다. 2016년 사법연감에 따르면 가정보호사건 접수 건수는 2011년 3,087건, 2012년 3,801건, 2013년 6,468건, 2014년 9,489건, 2015년에는 20,131건으로 나타났다. 그러나 가정보호사건으로 법원에 넘겨져도 매년 가해자의 30퍼센트 이상이 아무 처분도 받지 않고 가정으로 돌아가며, 가정 폭력 사범의 대부분이 사회봉사, 상담 같은 가벼운 처분을 받는다.

섭기 때문이다.

이처럼 아내는 탈출하더라도 남편이 추적하여 자신을 살해할 것이라고 믿는데, 이는 실제 사실이다. 아내가 '폭력을 피해 탈출한 것'이 남편에게는 '내게서 도망간 것'이므로 이때 남편의 분노는 극에 달하고, 남편이 아내를 살해하는 경우는 여성이 폭력을 피해서 가출했을 때 가장 빈발한다. 이를테면 구타를 피해 가출한 후 대학 도서관에서 공부하던 아내를 공무원인 남편이 학교로 찾아와 많은 사람이 보는 앞에서 칼로 찔러 살해하는 식이다.13) 오랜 기간 폭력에 시달린 아내는 남편을 실제의 능력과 힘보다 훨씬 더 대단한 사람이라고 생각하는 경향이 있다. 그들은 남편에게 불가능이란 없다고 생각한다.

지금 가장 무서운 거는 붙잡히는 거예요. 이혼을 결심한 것도 이번에는 맞으면 죽을 것 같기 때문이에요. 붙잡히면 개, 돼지처럼 나를 끌고 다녀요. 머리가 돌에 부딪히고 마당에 긁히고 그래요. 남편은 번개예요, 순간적으로 너무 날쌔요. 예전에도 경찰이 집에 왔는데 남편이 세수하다 담장을 넘어 경찰이 놓쳤을 정도예요. 지금 잡히면 깩소리도 못 하고 죽어요. 이혼할 때 법정에서 남편 만날까 봐 그게 제일 무서워요. 언제나 행동이 앞서는 사람이라 칼로 찌르면 나는 말 한마디 못하고 죽는 게 아닌가, 그게 내 인생의 마지막 장면이 아닌가. 그 사람이 나타나도 아무도 나를 도와주지 않을 것 같아요. 지금 남편이 나를 (눈에) 불을 켜고 찾고 있는데 둘째 딸이 '엄마 집에 들어오지 마. 아빠가 갈기갈기 찢어 죽인댔어.' 그러는 거예요. 쉼터에서 사무실까지 오는데 남편이 휘익 하고 내 앞에 나타날 것 같아서 몇 번씩 놀라곤 해요. 나는 길눈이 없어서 늘 어디가 어딘가 해요. (42세, 고졸, 생산직, 여성)

'아내 폭력'은 가부장제 사회에서 남성이 여성의 몸을 남성의 의지대로 규율하는 (아마도 가장) 극단적인 상태이다. 폭력은 개인을 전혀 다른 사람으로 만들 수 있는 권력이다. 폭력당한 사람은 그 이전 상태로 돌아갈 수 없다. 고통(trauma)의 생존자들은 자기 자신뿐만 아니라 주변 환경에 대한 통제력을 상실하고 자신의 의지로 할 수 있는 영역이 제한되는 것을 경험한다.[14] 남편의 폭력을 기억하고 있는 여성의 몸은 주체의 의지대로 이동하지 못한다.

공간 지각 능력은 개인이 세계와 만나는 방식에서 능동성과 관련이 있는데, 특히 오랫동안 폭력당한 여성들은 공간 지각 능력을 상실하게 된다.(수학자들에 의하면 수학에서 성별 능력 차이가 가장 현격히 발견되는 분야는 공간 지각력인데 이는 여성이 수동적으로 사회화되었기 때문이라는 것이다.) 인간이 존재한다 혹은 살아 있다는 근거는, 곧 인간의 몸이 공간의 어느 구체적인 장소에 실재한다는 것을 의미한다. 공간이 그것을 인식하는 주체로부터 '객관적'이지 않다는 사실은, 공간이 인식 주체자의 몸을 기준으로 삼아서만 특정하게 인식된다는 것이다. 따라서 몸이 없다면 공간도 인식되지 않는다. 폭력으로 인해 몸의 주체성을 상실한 여성은 자신의 육체가 머물고 있는 공간과 자기와의 관계성(공간에서 자기 몸의 위치성)을 파악하기 힘들다.

또한 대체로 폭력당하는 아내의 삶의 공간은 집으로 한정되기 때문에, 집 밖에 존재하는 자신의 모습이 매우 이질적으로 느껴진다.

사무실서 쉼터로 데려다주었는데 그때 요 앞 전봇대를 붙잡고 울었어요. 전봇대를 놓으면 어디로 떨어질 것 같은 느낌, 길가가 너무 넓어 보이는 거예요. 발바닥이 길에서 떨어지질 않는 거예요. 딱 굳어서 몸이 움직이질 않았어요. (47세, 고졸, 주부, 여성)

이 여성의 몸은 20년이 넘도록 남편에 의해 사용되고 전유되어 왔다. 그녀가 새로운 공간에 들어서자 그녀의 몸은 한 발짝도 움직일 수 없을 만큼 자신의 통제력 밖에 있게 되었다. 자기가 있는 공간에서 자기 위치를 파악하지 못하고 늘 '어디가 어딘가', 길거리가 갑자기 넓어 보이거나 좁아 보이거나 하는 광장 공포증(agoraphobia, 익숙한 환경을 떠날 때의 비합리적인 두려움)을 경험한다. 타인에게 자기 신체에 대한 통제력을 빼앗긴 경험이 있는 사람들은 모든 위험 가능성을 최악의 상황으로 고려하는 경향이 있다. 예를 들어 증언자 중 강간 피해 경험이 있는 한 여성은, 성폭행당한 후 길거리에 온통 지뢰가 묻혀 있는 것 같아서 집 밖으로 나올 수 없었으며 자신이 거리로 나가면 그 지뢰가 모두 폭발해 터져버릴 것 같았다고 말했다.

친구를 만났는데 화장품 뚜껑이 열리면서 복숭아 뼈에 떨어져 조금 피가 났어요. 순간! 예감이 좋지 않았어요. 그래서 빨리 쉼터로 들어와야겠다 생각하니 가슴이 막 뛰면서 갑자기 마음이 급해져서 친구랑 인사를 하는 둥 마는 둥 급하게 전철을 탔어요. 누가 뒤쫓고 있으니까 도망가야 한다는 생각밖에 없었어요. 전철 안에서 누가 나를 보고 있는 느낌이 들어서 너무 무서웠어요. 나를 미행하는 사람이 탄 것 같아서 고개를 숙이고 ○○역(쉼터 소재지)이 나오기만 기다렸어요. (30세, 대학원졸, 전문직, 여성)

폭력당하는 아내는 폭력 상황을 재경험하는 경우가 많고, 가해 남편에 대한 사회적 통제 장치의 부재로 항상 폭력 가능성에 노출되어 있다고 생각하므로 일반 폭력 피해자보다 더욱 심한 공포감을 갖고 있다.

몸에 가해진 폭력으로 인한 고통은 다른 종류의 고통과 다르게 대상이 없는 공포(objectless fear)이다. 남편의 폭력, 그로 인한 고통과 공포가 몸의 내부(body in pain)에 있기 때문이다. 배고픔, 욕망, 특정 대상에 대한 공포와 같은 고통은 '무엇 무엇에 대한 고통'으로서 고통의 대상이 몸 밖에 있다. 즉, 고통의 원인이 되는 고통의 대상을 제거함으로써 고통으로부터 벗어날 수 있다. 하지만 폭력으로 인한 공포는 대상이 없다. 제거할 수 없는 몸 자체로부터 기인하는 고통인 것이다.[15]

몸이 고통의 기억 속에 붙잡혀 있기 때문에 탈출하더라도 공포는 지속된다. 두려움에는 시간의 제약이 없다. 이런 상태에서 아내는 수동적, 소극적으로 행동할 수밖에 없고, 이것이 가부장제 사회에서 여성에 대한 폭력이 여성의 가능성과 활동을 통제하는 정치적 효과이다.

## 폭력 허용 규범의 성별성 : '가해자'가 된 아내

남편이 폭력을 행사할 때 아내들은 다양한 방법으로 대응한다. 무조건 빌기도 하고 도망가거나 소리 지르기, 꼬집기, 할퀴기와 같은 '여성적'인 방법으로 맞선다. 그러나 아내의 방어는 종종 '공격'으로 의미화된다. 이 논의는 '아내 폭력'이 사회적 이슈가 될 때 언제나 동반되는 담론인 '매 맞는 남편'의 존재와 연결된다. 특히 '아내 폭력' 피해자의 가해자 살해 사건이 발생할 때 이 문제는 첨예한 쟁점이 된다. 아내는 덜 맞기 위해 남편에게 저항하는데 이때 폭력 남편은 자기는 안 때렸는데('남편의 역할을 했을 뿐인데') 아내는 자신을 때렸다고 생각하므로 가해자는 아내가 된다.

남편이 구타해서 112에 신고했더니 경찰에서는 내가 벌금을 낼 수 있다는 거예요. 얼마 전 내가 여권 연장을 위해 신원 조회를 했더니 폭력 행위 미상으로 여권이 안 나온다는 거예요. 오히려 내가 가해자가 된 거예요. 남편이 어떻게 되라고 신고한 건 아니고 상황을 저지하려고 한 건데 괜히 신고했나 봐요. 남편이 현재 생활비를 안 주는 상태인데 남편에게 부과된 벌금은 어차피 제가 내야 하잖아요. 게다가 친정 부모님한테 전화가 왔어요. 경찰서에서 남편이 모두 가만 두지 않겠다고 해서 친정 식구들이랑 저랑 피신해야 할 것 같다고요. (31세, 대학원 졸, 사무직, 여성)

내가 소리를 지르면서 여자라고 맞고 사냐! 남편 성기를 자르겠다고 소리쳤어요. 그때 내가 마늘 껍질 벗기는 칼로 남편 어깨를 살짝 그었는데, 남편은 그걸 가지고 비만 오면 쓰라리대요. 남편은 '내가 누구 때문에 이렇게 됐나?' 그걸 생각하면 나를 죽이고 싶대요. '여자는 남자 밑에 있어야 그게 질서인데. 너는 어떻게 하고 싶은 말을 다 하고 사냐'는 거예요. 사실, 저도 그러고 나서 '내게도 그런 악이 숨어 있었나? 하느님 제가 이렇게 악할 수 있습니까?' 집 창고에서 기도했어요. 내가 그런 행동을 하고 나니까 나도 무서운 거예요. (42세, 국졸, 자영업, 여성)

맞는 아내는 자신의 방어를 '악(惡)'이라고 '회개'하고 남편은 자기가 때린 아내를 '가해자'로 고소한다.

남편은 내가 자기한테 비수를 꽂는대요. 남편 얼굴을 줄이 쫙 나게 손톱으로 할퀴었어요. 그랬더니 '손가락을 잘라버리겠다'며 이를 가는 거예요. 자기가 혁대로 때린 줄은 몰라요. 나를 신고한다는 거예요. 나는 진단서가 5주 나왔는데 말이에요. (30세, 대학원졸, 전문직, 여성)

물론 아내가 먼저 '공격'하는 경우도 있다. 말다툼 후 '냉전 상태'라고 부르는 침묵기에 여성은 남성보다 그 시간을 참지 못하는 경향이 있다. 여성은 직간접 경험상, 남편이 자신을 때릴지도 모른다는 두려움 때문에 남성보다 훨씬 긴장감을 느끼기 때문이다. 내가 인터뷰한 사례 중 두 경우는 아내가 먼저, 많이 구타당했음에도 불구하고 가해 남편이 아내를 가정폭력방지법으로 고소한 경우였다.

폭력은 원래 남자, 여자 있는 데서는 다 생긴다니까. 그건 본능이에요.

**본능이 아니라 사회화된 겁니다.**

(비웃으며) 본성이 밑바탕에 있으니까 그게 사회화되는 겁니다. 남성은 원래 폭력 성향이 있어요. 프로이트가 심리학의 대가잖습니까? 내가 이론적인 것은 몰라도 잡지책 보니까 그 양반도 남자들하고 사이가 나빴대요. 인간이 이론으로 살 수가 없는 겁니다. 다 기질과 본능이 있어요. 유전자가 그렇다는 겁니다. 어쩔 수가 없어요. (52세, 대학원 졸, 무직, 폭력 남편)

한국 사회에서 남성과 여성은 폭력에 다른 방식으로 연결되는데 일반적으로 폭력은 남성의 본능, 전유물로 여겨진다. 성별에 따라 폭력 허용도가 다르기 때문에 아내의 방어는 정당 방위(fair fight)가 아니라 남편에 대한 공격이 된다. 그러므로 '아내 폭력'에는 정당 방위 개념이 적용되지 않는다. 이때 정당 방위는 남성 중심적 기준으로, 남편에 저항한 아내는 '정당함'의 밖에 존재한다. 혹은 법정 종사자들이 폭력당하는 아내가 겪는 폭력의 심각성과 공포를 모르기 때문이기도 하다.[16]

여성들은 고통이나 폭력을 당했을 때 남성보다 훨씬 더 참을 것이 기대된다. '원래' 공격 성향이 강한 남성의 폭력 행위는 '우발적인 것'으로 해석되지만 여성이 '공격'했을 경우에는 미리 계획된 것, 즉 고의성이 있는 것으로 간주되기 쉽다.[17]

한국 사회에서 여성은 법적, 문화적으로 남성에 의해 '보호'되어야 하는 존재다. 자기 방어는 사회적 주체, 독립된 개인들이 할 수 있는 행위이지 타인의 보호를 받고 있는 사람이 할 수 있는 행동이 아니다. 피보호자는 자기 방어 권리가 없다. 피보호자의 안전은 자신을 방어함으로써 확보되는 것이 아니라, 보호자가 '보호'해줌으로써 확보되는 것이기 때문이다. 그래서 자신을 보호하는 남편에게 고마워하거나 복종하지 않고, 남편이 '가르치려고' 하는데 도리어 남편을 '때리는 것'은 있을 수 없는 일이 된다. 이러한 담론에 따라 아내는 '맞으면서 보호받고' 있다.

여성을 수동적인 존재로 보는 문화적 고정 관념은 생명을 위협하는 폭력 앞에서도 여성의 저항권을 박탈한다. 남편이 아내를 때리는 것은 '집안일'이고 때리다가 아내가 숨지면 '과실 치사'가 되지만, 아내가 남편에게 맞다가 남편을 살해하는 것은 확실한 '살인 범죄'가 된다. 한국 사회에서 가정 폭력 피해 여성의 남편 살인 사건이 드러나기 시작한 1991년 이후 남편을 살해한 폭력 피해 여성들 중에 정당 방위를 인정받은 경우는 한 건도 없다. 그나마 여성 운동의 적극적인 구명 운동이 없었다면 일반 살인 사건과 똑같이 취급되었을 것이다. 미국의 경우 '가해' 아내의 경제력에 따라 유능한 변호사를 '사느냐' 여부가 변수로 작용하면서, 자기 방어 논쟁이 부차적으로 다루어지기도 한다.[18] 그러나 한국 사회의 경우 아내가 아무리 경제력이 있다 하더라도 여성 운동의 개입 없이는 피해 여성의 입장이 옹호되기 어려울 것으로 보인다.

여성 운동 단체, 여성주의를 표방한 연구자를 포함하여 이제까지 한국 사회에서 학대당하다가 남편을 살해한 여성에 대한 담론은

'매 맞는 아내의 정신 착란, 인지적 왜곡으로 인한 우발적 살인'이었다. 여성이 자기 방어라고 주장하는 것보다 '정신 착란'이라고 주장할 때 낮은 형을 선고받기 때문이다. 그러나 이러한 논리대로라면 여성은 '인지적 왜곡' 상태에서만 자신을 방어할 수 있으며 남편의 폭력에 효과적으로 저항한 여성은 '정신 이상자'가 된다.

남편과 아내의 폭력 행사는 그들이 각자 다르게 처해 있는 가족 내외의 권력 관계를 기반으로 한다. 따라서 남편과 아내의 폭력은 서로 다른 이유와 의미를 지닌다. 남편은 '내가 하라는 대로 하라'고 아내에게 폭력을 행사하지만 아내는 '이제 나는 그렇게 할 수 없다'며 '폭력'을 행사한다.

### 가족 유지 책임의 성별성 : '가정 파괴범'이 된 아내

앞에서 살펴본 바와 같이 '아내 폭력'이 일탈이 아니라 규범('정상적')이라는 의미는, 남편의 폭력이 규범을 위반하는 것이 아니라 아내의 저항 행위가 규범을 위반한다는 것을 뜻한다. 남편의 입장에서 아내의 저항, 특히 폭력을 피해 집을 나가거나 외부의 도움을 요청하는 것은 절대로 수용할 수 없는 일이다. 폭력 발생 상황에서 아내의 저항은 아내의 역할을 거부하는 것이므로, 이는 곧 아내가 더는 부부 관계를 유지하지 않겠다는 선언으로 받아들여진다.

폭력 남편 c_(몹시 분노하여 큰 소리로 책상을 치며) 나는 싸워 가지고 (부인이) 나가는 거 자체가 무조건 싫은 사람이에요. 무조건! 그 사람이 한 발짝이라도 나가면은 나는 안 봅니다. 두 번 다시 안 봅니다. 그럼 못 사는 거예요!

　옆에서 누가 화가 나면 피하게 되는 게 있잖아요? 부인은 무서우니까…….

　**폭력 남편 c_**그게 어찌 됐든 간에 일단 내 집에서 나갈 정도면 그건 안 살겠다는 건데 내가 왜 받아들여요? 아니, 내가 왜 받아들여요! 안 봐요. 안 봐.

　**폭력 남편 b_**(연구자를 설득하듯이) 그건 사장님(사례 c) 말씀이 맞아요. 지금 말씀하신 게 거진(거의) 남자들이 그래요(그렇게 생각해요).

　**폭력 남편 a·d_**도웅~ 감입니다(동감입니다).


　집사람은 문제를 해결하려고는 안 하고 항상 무서워서 좀 피하고 싶대요. 근데 친정에는 창피하니까 가기 싫대요. 그럼 어딜 가겠냐 물었더니, 여관엘 가겠대요. 그래서 내가 너 나가는 건 좋은데 밤에 혼자 나가는 것은 도저히 못 믿겠다. 애들 데리고 나가라고 했어요. 나중에는 아예 식사비, 여관비까지 챙겨줬어요. 물론 그러면 (아내가 피하므로) 폭력은 안 발생해요. 다음 날 아침에 웃고 떠들고 그냥 일상으로 돌아와요. 폭력은 안 발생하지만 부부 간에 신뢰가 깨지는데 그게 무슨 소용 있습니까? 여자가 한번 나가면 돌이킬 수 없는 거예요. (35세, 고졸, 사무직, 폭력 남편)


　남편은 그게(아내가 경찰에 신고한 것) 그렇게 평생에 씻을 수 없는 충격이고 상처였대요. 지금도 그 얘기만 나오면 '어떻게 네가 나를 그럴 수 있니?' 지금도 믿을 수가 없대요. 너무 기가 막혀 해요. (아내에 대한) 배신감이 큰 거죠. (37세, 대학원졸, 전문직, 여성)

남편이 아내를 때릴 수 있는 지배권은 가족이 외부의 개입이 불가능한 폐쇄된 영역일 때 가능하다. 남편에게 아내의 가출은, 자신의 폭력이 노출됨과 동시에 아내가 외부의 자원을 가정에 끌어들임으로써 남편에게 대항할 수 있는 상황을 조성함을 의미한다. 그러므로 아내가 외부에 도움을 요청하는 행위는 아내가 먼저 (남편의 왕국인) 가정을 파괴하는 것이 된다. 여성은 언제나 가정에 적합한 존재로 간주되지만, 여성이 가족을 구성하거나 해체할 권리는 없는 것이다.

남편이 피식 웃으며 '야? 집 나간 여자도 할 말 있냐'는 거예요. 내가 나갔기 때문에 자기한테 위자료를 줘야 한대요. 자기는 애를 시댁에 맡기고 밥은 이모네서 먹고 아무 불편 없이 살면서 나한테는 '애 버리고 간 년이 무슨 할 말이 있냐'는 거예요. 일단 집 나간 년이라는 거죠. (36세, 대졸, 주부, 여성)

나는 그런 일이 발생했다고 해서(남편이 때렸다고 해서) 애기 엄마가 집을 나가면, (아내를) 폭력으로 고소할 거예요. (40세, 고졸, 무직, 폭력 남편)

고소하러 경찰서에 갔더니 경찰 하는 말이 '아줌마, 안 살 작정이에요?' 그래요. 내가 계속되면 안 산다 그랬더니, 오히려 별 여자 다 본다는 식으로 나를 뭐라고 하는 거예요. (41세, 고졸, 자영업, 여성)

폭력 남편은 폭력을 피하는 아내의 행동을 오히려 폭력 행위, 불법 행위로 보고 있다. 하지만 이 같은 남편의 생각이 주변 사람들에게 광범위한 지지를 받고 있기 때문에, 여성들은 자신의 저항 행위(가출)가 얼마나 불리한지 잘 알고 있다.

> (폭력을 피해 집을 나온 것이) 제3자가 볼 때에는 가정은 나 몰라라 하고 저만 살자고 나간 것밖에 안 되잖아요. (40세, 대졸, 자영업, 여성)

> 남편 말이 '예로부터 여자가 결혼하면 친정에서 돌(石)을 쥐어주는데 그 돌이 말할 때까지 아무 말도 해서는 안 된다, 네가 몸에서 파스 냄새 없어지기 전에 친정 가면 이혼 책임은 너다'. 하지만 내가 고소했어요. 취하해 달라고 시아버지가 친정 아버지한테 무릎 꿇고 빌었는데, 자기들이 빌었는데도 내가 안 살겠다고 하면 내 책임이래요. 위자료는 물론 현찰, 자동차, 친정에서 들어간 돈 모두 소용없게 된대요. 지금 가장 걱정은 나는 이혼 소송을 하려고 하는데, ○○대 교수님한테 남편이랑 상담받는데, 그분은 남편에게 기회를 주라는 거예요. 일단 자기한테 상담받으래요. 근데 말하는 게 여기(연구자)랑 틀리고 내가 여성의전화에서 상담했다니까 '거기는 남자를 적(敵)으로 몬다'는 거예요. 나는 상담료(100만 원)도 아깝고, 상담해봤자 집에 오면 남편이 180도 달라지니 그만하고 싶은데, 남편과 교수님[19] 말은 내가 소송하면, 남편의 노력을 무시한 것이므로 백발백중 진다는 거예요. (35세, 고졸, 주부, 여성)

법정, 경찰서, 가족 앞에서 남편은 폭력 행위를 사과함으로써 자신이 얼마나 가족의 유지를 위해 노력했는가를 증명한다. 그러한 노력을 아내가 인정하지 않으면 남편의 잘못과는 상관없이 '가정 파탄'의 책임은 여성에게 돌아온다. 남편의 폭력 행위가 가족 유지를 결정하는 것이 아니라, 아내의 용서 여부가 가족 유지를 결정한다. 이는 '아내 폭력' 정도로는 가정이 해체되어서는 안 된다는 의미, 즉 아내가 맞고 사는 것은 당연하다는 것을 뜻한다. 가족의 유지를 위해 남편에게 요구되는 책임 수준은 '때리고 사과'하는 것이지만, 아내에게 요구되는 책임 수준은 '맞고 남편을 받아들이는 것'이다.

### 사적화(privatization)되는 '안식처'에서의 폭력

경찰처럼 주로 남성들로 구성되는 공적 기관들은 '집안일'(아내 폭력)에 '간섭'(처벌)하는 것을 못마땅하게 생각한다. 이러한 입장을 대표하는 논리인 '사생활을 침해해서는 안 된다', '가족을 법으로부터 보호한다'는 얘기는 곧 '남편의 사생활을 침해할 수 없다', '남편의 폭력 행위를 보호하겠다'는 뜻이다.

폭력 남편에게 가정은 일종의 치외 법권(治外法權) 지대이다. 치외 법권 지대는 남의 영역(남의 집안일)이므로 남의 영역에서 벌어지는 일은 남들이 보기에 사소하다. 자기 집에 불을 질러도 형사 처벌을 받는데 '내 마누라'를 때리는 행위는 처벌받지 않는다. 경찰이 범죄자를 잡으러 사무실에 출동한 경우에는 불개입 논리가 발생하지 않는다. 폭력 발생시 경찰이 가정에 들어오는 것을 사생활 '침해'라고 보는 것은 가정이 한 남성의 영토이기 때문이다. 남성으로 대표되는 가정에 남성으로 대표되는 국가 권력이 개입하는 것은 곧 남성들 간의 충돌을 의미한다. 이것이 바로 근대 가부장제 사회에서 공적 영역과 사적 영역이 분리되어야만 하는 이유이다.

여러 번 신고했죠. 순경 말이, '글쎄요, 아줌마 말하는 게 깝깝한데, 아저씨가 술 먹고 좀 시끄러울 수도 있지. 그런 걸로 파출소에 신고하면 대한민국에서 안 잡혀 올 남자들 없어요' 그러는 거예요. 내가 어이 없어 하니까, '정 그러면 한 번 더 맞고 오세요. 병원 실려 갈 정도로 눈에서 피가 철철 나면 오세요'…… (30세, 고졸, 자영업, 여성)

피가 멈추지 않게 하겠대요. '죽여도 그냥 안 죽인다.' 남편이 손으로 딱딱 토막 표시를 하며 '토막 내서 죽인다' 그래요. 자고 일어났더니 남편이 '너 어제 죽을 뻔했다 그러더니 너 남자랑 자더라. 그래서 내가 칼로 찌르려고 했다.' 그래요. 문을 열면 누가 시꺼먼 게 나를 찌를 것 같아요. 한 번만 더 칼 들면 '신고해버린다'고 했더니 신고하러 가기 전에 죽여버린대요. 동네 의사가 나더러 신고 못 한다고 바보라고 했어요. ○○상담소에 갔는데, 직원이 기가 차다는 듯이 '아줌마, 구타로 이혼하면, 이혼 안 할 사람 하나도 없겠네' 그러면서 어떻게 잘 해보래요. (42세, 고졸, 주부, 여성)

위 사례 여성은 남편이 '네가 그렇게 법에 빠삭하냐? 죽여버린다'는 빈정거림과 협박 속에 '목숨을 걸고' 파출소에 신고했는데 경찰은 피해자를 집으로(범죄 현장으로) 돌려보낸다. 가정에서 여성이 당하는 폭력은 '눈에서 피가 철철 날' 정도가 아니면 신고하지 말라는 것이다.[20] 경찰은 다른 여성은 참는데 당신은 왜 못 참느냐고 비난하고, 반대로 폭력 상황에서도 인간은 독립적이고 자유로울 수 있다고 보는 의사는 '그렇게 당하고도 신고를 못 하냐'면서 아내를 '바보'라고 비난한다.

> 남편은 나를 때리고 나서 자기가 먼저 112에 신고를 해요.
> 아니, 남편이 신고를 해요?
> 네, 자주 그랬어요. 그래서 경찰이 오면 '별일 아니다, 마누라가 바람 피워서 혼 좀 내줬다' 그렇게 문 밖에서 둘이 얘기하다가 경찰을 돌려보내요. (30세, 대학원졸, 전문직, 여성)

범죄자가 스스로 경찰을 부르고 경찰과 협상해서 경찰을 되돌려 보낼 수 있는 범죄는 '아내 폭력'밖에 없을 것 같다. 가해자가 직접 신고하는 경우는 상당히 많은 것 같다. 2000년 5월 매스컴이 '엽기적'이라고 보도한 '아내 폭력' 사건도 피해 여성이 뼈가 드러나고 소장과 질이 천공 상태에 이르자 가해자가 직접 119에 신고했다. 가해자가 119를 부르기 전에 이웃 주민이 비명 소리에 놀라 찾아오자 속옷 차림의 남편은 '나도 여성의 인권을 아는 사람인데 설마 내가 폭행을 했겠느냐, 우리도 부부 싸움 좀 하자'며 문을 닫았다.[21] 이러한 사례는 남성만이 가족을 대표하고 공권력과 협상 주체가 될 수 있다는 것을 여실히 보여준다. 폭력 발생시 이웃 등 외부인이 방문해도 '대표로' 접촉한 사람이 남편일 경우 개입이 어렵다.

시아버지가 설거지하는데 뒤에서 껴안고, 젖을 만지고 갑자기 달려들어 가슴을 누르고 그래요. 저번에는 송이버섯을 보고 남자 성기 같다면서 나한테 사랑한다고 볼에 뽀뽀하고 '신랑한테는 얘기하지 마라, 너와 나의 비밀이다. 신랑 바라보지 말고 나만 바라보고 살아라' 하는 거예요. 얼마나 소름 끼치고 무서운지…… 한번은 자기 딸이 결혼해서 해산하러 왔는데 나더러 '너는 애기 어디서 낳았냐, 거길 좀 보자'고 하고…… 하루에도 수십 번 이건 사는 게 아니다, 짐승이다, 이 지옥 같은 집에서 벗어나야 한다고 생각했어요. 그동안 내가 남편과 시아버지한테 당한 얘기를 안 한 사람이 없어요. 친정아버지, 엄마, 시어머니, 남편, 목사님, 교회 사람들한테 모두 얘기했어요. 목사님이랑 남편이 뭐라는 줄 알아요? 시아버지한테 '뭘 더 원하는지 물어보래요' 웃으면서. 나는 열불 나 죽겠는데. 목사도 자기 성도(신자) 빼갈까 봐 걱정하는 거예요. 시아버지가 교회 봉사를 열심히 하거든요. 친정아버지는 '너를 귀여워해서 그런다'는 거예요. 시어머니한테도 얘기했어요. 시아버지랑 시어머니랑 텔레비전 보고 있었는데, 시어머니는 못 들은 척하고 시아버지는 내가 얘기할 적마다 텔레비전을 크게 트는 거예요. …… 그때 얘기했던 교회 친구는 '남의 집안일이라 뭐라 못하겠다'며 그 후로 우리 집에 안 와요. (32세, 국졸, 자영업, 여성).

그녀는 자신의 모든 네트워크를 동원하여 남편과 시아버지의 폭력 사실을 알렸다. 사건이 터질 때마다 주변 사람들에게 끈질기게

도움을 요청했으나 아무도 도와주지 않았다. 그녀의 경험은 시아버지가 '귀여워하는' 애정 표현으로 해석되거나 가해자와의 권력 관계(남편/목사와 시아버지)에 의해 묵살되었다. 남편은 벌이가 시원치 않아 아버지에게 생계를 의존하고 있어서 아내가 문제를 호소할 때마다 참으라고만 한다. 이때 아내는 남편의 재산 증식 수단과도 같다. 그녀의 가족 내 지위는 남편이 자기 아버지에게 돈을 요구할 수 있는 '담보물'과 같은 처지이다. 담보의 내용은 시아버지가 남편에게 재산을 물려주는 조건으로 며느리는 시아버지에게 성적 서비스를 제공해야 한다는 것이다. 이 사례는 다소 극단적인 경우지만 부계 중심의 가족 제도에서 며느리의 시가에 대한 봉사 정도에 따라 재산 상속 여부나 서열이 뒤바뀌는 경우는 흔하다. 시아버지가 가족 구성원과 지역 사회에서 절대적인 권력을 행사하고 있는 상황에서 여성의 폭력 피해 사실은 수용되기 어렵다.

공포 분위기를 조성하는 게 제일 무서워요. 97년에 또 구타하면 이혼하겠다고 공증하고 2주 진단서 떼서 그 후로는 뺨 말고는 안 때려요. 그런데 공포 분위기! 그게 너무 무서워요. 다른 사람들은 저의 이런 상태를 잘 모르는 것 같아요. 며칠 전 시어머니한테 이혼할 거라고 전화했더니, 시어머니가 조금만 더 참아보래요. 그래서 내가 '어머니, 그럼 이제까지 제가 참은 거는 아세요?' 그랬더니, 시어머니가 '여자가 참는 것은 당연한데 너는 왜 그리 말이 많냐'는 거예요. (38세, 대졸, 주부, 여성)

가족 제도 안에서 여성이 맺는 관계성은 대부분 '도리'와 '윤리'로 강제되는데 이것은 공적, 법적인 성격이 아니다. 일반적으로 폭력은 갈등, 권력과 같은 정치적인 의미를 지니지만, 가족에서 여성의 경험은 위와 같은 개념으로 정의되지 않는다. 그래서 가정에서의 폭력은 '개인적인' 사건이 되고 그녀의 두려움은 받아들여지지 않는다.

일반적으로 피해 여성의 탈출 시기는 가장 심한 폭력이 일어난 시기와 일치하지 않는다. 탈출은 여성의 의지에 의해서가 아니라 남편과의 관계로부터 정해지는 경우가 많다. 아내들은 폭력을 이유 삼아 이혼을 요구하기보다 맞으면서도 이혼당할까 봐 걱정한다. 남편은 아내에게 이혼을 요구하기 위해 폭력을 사용하거나 이혼한다고 위협하면서 폭력을 행사한다.('말 안 들으면 너를 버릴 것이다.')

본 연구에 참가한 여성 중 몇몇은 집을 나와 이혼 소송을 제기하고 남편의 폭력으로부터 벗어났다. 그러나 자기 자신의 판단과 용기, 주변의 지지와 정보 제공에 힘입은 한 명의 여성을 제외하고는 모두 남편에 '의해서' 이혼하였다. 남편으로부터 내쫓기거나, 남편이 외도로 가출함으로써 폭력에서 벗어난 것이다. 처음에 아내는 남편의 외도와 가출로 인해 상처받지만, 역설적으로 그 일이 그들을 구해주었다.

병원에 두 번 끌려갔어요. 남편이 '병원 가서 다리를 벌려서 몇 놈하고 잤나 조사해보자. 몇 놈 자지를 끼고 왔나 보자' 나는 결백하니까 따라갔어요…… 때릴 때 나를 홀랑 벗겨놓고 이런 씹은 딱 찢어서 못 쓰게 해야 한다고 칼을 질에 대고 실신하면, 바가지로 물을 얼굴에 붓고, 씨발년이 뒈지지도(죽지도) 않는다…… 그러고 살아도 참았어요. 애들 학년 바뀌면 가정 조사하잖아요? 아이들이 어릴 때는 그래서 참고…… 그렇게 참고 살다가 남편이 가출한 지 3년 되었어요. 남편 마음을 잡으려고 가게를 차려주었는데 경리 보던 애기 엄마랑 도망간 거예요. 근데 그 여자도 못 살겠는지 나한테 자주 전화해 하소연을 많이 해요. 나는 '네가 좀 (내 남편을) 데리고 있어라' 달래고 돈 보내주고 다독거리고, 그 여자가 남편을 맡아주는 대신 내가 그 여자 애기를 키워주고 그랬어요. 전에는 왜 참았는가 모르겠는데, 남편이 나가니까 그렇게 맘이 편할 수가 없고, 남편 없는 집이 이렇게 좋구나…… 그래서 그 사람이 오기 전에 이혼하려고요. 애들도 아빠가 없으니 너무 좋대요. (53세, 고졸, 자영업, 여성)

남편이 집 나갈 때 내가 바짓가랑이를 붙들고 울면서 제발 가지 말라고 빌었어요.

**왜요? 남편이 돈을 번 것도 아니잖아요?**

집에는 남편이 꼭 있어야 한다고 생각했어요. 남편 없이 겨울을 어떻게 나나? 남편 없이 살 생각에 눈앞이 캄캄한 거예요. 근데 남편이 없으니 그렇게 편하더라고요. 나는 새벽같이 나가서 밤 8시에 들어오는데 그 시간에 안 들어오면 때리니까, 기가 막히게 감시했어요. 나는 자유가 좋은데 남편이 없으니 우선 매 안 맞아 좋고, 주말에 내 맘대로 놀러 다니고 친구들 만나고 너무 편한 거예요. 기계처럼 살다가 해방이 된 거지요. (42세, 고졸, 생산직, 여성)

아내가 겪은 죽음에 가까운 폭력과 성적 학대 경험은 가족을 해체하지 못했지만 남편의 외도는 가족을 간단하게 해체하고 재구성하였다. 이들은 오랫동안 '집에는 남편이 있어야' 한다고 믿으며 극한의 폭력을 견뎌 왔지만, 타의에 의해 남편 없는 생활을 하게 된다. 그러나 그 경험은 이제까지의 걱정과는 달리 너무 행복한 것이었고 이를 근거로 하여 이혼 이후의 생활을 즐거운 것으로 상상할 수 있게 되었다.

자신의 건강과 행복을 위해서가 아니라, 남편의 상황에 의해서 탈출하게 되는 극적인 경우는 '남편을 위한' 탈출이다. '정상적' 가족 생활에 대한 추구와 좋은 아내 역할에 집착하는 여성은 대개 탈출하기 어렵지만, 폭력 탈출조차도 아내 역할이라고 생각하면 탈출할 수 있다.

> 저는 이혼할 마음은 없어요. 남편이 이혼하자고 해서 온 거예요.
> **남편의 구타가 있잖아요?**
> 그래도 저는 이혼 생각은 없어요. 남편이 의처증을 못 이겨서 저렇게 이혼하자고 하니까 해주려고요. (33세, 고졸, 주부, 여성)

> 정말 남편을 위해 이혼하고 싶어요. 더 이상 제가 남편의 인격을 황폐하게 하고 싶지 않아요. 여기서 더 남편을 망치는 여자가 되고 싶지 않아요. 제가 남편을 구타자로 만들었으니 이제 남편의 남은 인생을 위해 정리해주고 싶어요. (38세, 대학원졸, 주부, 여성)

'아내 폭력'에 대한 강력한 가해자 중심 담론은, 피해자로 하여금 폭력 탈출조차 '남편을 위해 내가 사라지겠다'로 재현하기에 이른다. 그녀의 태도는 자신이 먼저 이혼을 제기했으므로, '가정을 파괴한 이기적인 여자'라는 비난을 방어하기 위해서일 수도 있고 실제 생각 그대로일 수도 있다. 남편을 '위해' 이혼하는 것을 강조함으로써 그녀는 남편을 구타자로 만들었다는 죄의식과 자기 혐오에서 벗어나려고 한다. 그녀의 이혼 노력은 폭력의 '원인 제공자'로서 결자해지(結者解之)와 같은 것이다.

물론 이렇게라도 폭력에서 벗어난다면 다행이지만, 이혼은 폭력 탈출의 최종 해결점이 아니라 하나의 계기일 뿐[22]이다. 그것은 그녀 자신을 위해 준비된 이혼이 아니다. 이러한 태도로 살아가는 여성은 가부장제 사회에서 또 다른 폭력에 직면하기 쉽고 자립을 위한 사회적, 심리적 힘을 지니기 어렵다.

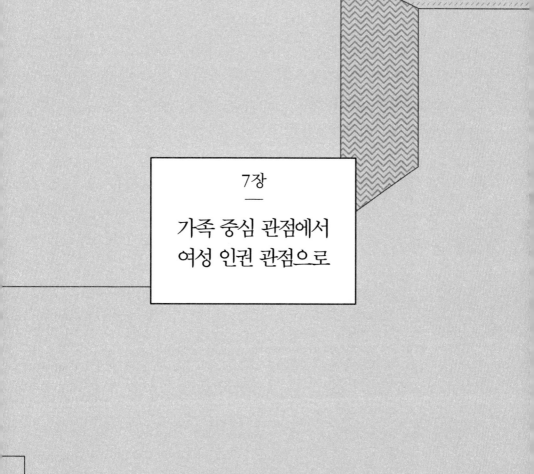

7장
—

가족 중심 관점에서
여성 인권 관점으로

한국 사회에서 인권은 관념적으로는

긍정적, 진보적 가치로

간주되지만, 여성 인권처럼

사회적 약자의 인권이

한국 사회의 주류 가치인

가족주의와 경합할 때는

사소하고 부차적인 것이 된다.

이 책은 그동안 '아내 폭력'에 대한 한국 사회의 접근 방식이, 가족 내에서 남편과 아내에게 달리 적용되는 성(차)별적 규범을 그대로 인정한 상태에서 진행되어 왔다는 문제 의식에서 출발하였다. 나는 '아내 폭력'을 성별 분업에 기초한 남성 중심적인 가족 제도의 산물로 보고 가족 해체를 방지하는 데에만 초점을 맞추는 기존의 가족 중심적 관점을 문제 삼고자 하였다. 성별에 의한 가족 내 남녀의 불평등한 지위와 역할 규범을 비판하지 않은 상태에서 '아내 폭력' 경험은 성(차)별적으로 해석될 수밖에 없고 그 결과 사회적 대응 역시 피해 여성 중심이 되기 어려웠다.

결국 여기서 나는 '아내 폭력'을 여성 인권 침해가 아니라 가족 해체의 문제로 인식하는 기존의 시각에 도전하고자 하였다. 이를 위해 여성의 정체성을 사회적 개인이 아니라 아내, 어머니 등 가족 구성원으로서만 규정하는 한국 사회 구조가 어떻게 '아내 폭력'을 발생시키고, 해석, 대응, 재생산하는지를 가족 내 성 역할 규범을 중심으로 살펴보았다.

나의 연구 내용을 요약하면 다음과 같다.

1. '아내 폭력'은 부부 관계의 극단적, 일탈적인 현상이라기보다는 가족 내 남편/아내의 성 역할 규범으로부터 발생하는 일상적인 사건이었다. 가해 남성은 폭력을 아내의 '잘못'을 바로잡아야 하는 남편의 권리와 의무이자 아내와 관계를 유지하는 방법으로서 남편 역할 수행 수단으로 인식하였다. 가해 남편이 생각하는 폭력이 발생할 수밖에 없는 이유와 내용은 모두 아내의 역할 규범 위반과 관련된다. 폭력은 아내의 '원인 제공'에 의해서가 아니라 남편이 생각하는 '아내의 도리'에서 아내가 벗어날 때 발생한다.

개인으로서 남성과 여성은 가족 제도를 통해 서로 다른 처지에 놓이게 되는데, 남편과 아내라는 성별화된(gendered) 정체성, 지위, 역할, 노동을 수행할 때 '아내 폭력'이 발생하는 것이다. 그러므로 이른바 '맞을 짓'은 인간(여성)이 아내가 될 때만 폭력 이유로서 의미를 지니게 된다. 즉, '아내 폭력'은 현재의 가족 구조 자체에 내재되어 있었다. '사소한' 가정 폭력에서부터 범죄에 이르는 극단적인 가정 폭력이 공통적으로 기반하고 있는 것은 아내/남편의 성 역할 규범이었다. 따라서 폭력의 심각성을 기준으로 삼아 '아내 폭력' 여부를 판단하는 것은 큰 의미가 없다.

한편, 아내는 남편의 폭력을 부부 생활의 일부로 수용하면서 사소화하거나 질병 같은 다른 종류의 문제로 치환하여 인식함으로써, 폭력을 견디는 근거를 마련하고 이를 통해 가족을 유지하고자 하였다.

2. 피해 여성들은 사회적 주체로서 폭력이 발생하는 데 상당한 역할을 하는데, 가족주의를 기반으로 하는 한국 사회의 성별 권력 관계는 이러한 아내의 역할을 폭력의 '책임'으로 전환한다. 이리하여 폭력의 피해자인 아내는 도리어 남편의 폭력을 해결할 것을 요구받게 된다. 피해 여성이 남편과 주변의 요구대로 아내 역할에 더욱 충실함으로써 폭력을 해결하려는 노력은, 가족이라는 권력 관계의 폐쇄 회로 속에서 폭력 발생 지점을 이동, 순환시킬 뿐 폭력 그 자체를 멈추게 하지는 못하였다.

여성의 탈출 의지는 아내, 어머니 역할과 충돌할 수밖에 없었는데 이 과정에서 여성들은 가족 구성원으로서의 정체성에 회귀함으로써 폭력에서 벗어나기 어려웠다. 여성의 가족 내 성 역할 수행이 여성의 인권보다 우선시되면서 어머니, 아내로서의 '도리'는 인간의 기본권으로서 '맞지 않을 권리'를 유보하거나 사소화하였다. 또한 피해 여성의 공포심, 자기 방어, 저항 행동은 한국 사회 전반의 성별 규범에 의해 인정되지 않았다. 결국 현재의 가족 제도 아래서는 남편의 폭력에 대한 아내의 순종과 저항 모두가 '아내 폭력'을 재생산하였다.

위와 같이 이 연구는 '아내 폭력'의 지속 구조에 개입한 가족 제도와 성 역할 규범을 규명함으로써 기존의 가족 중심적 접근의 한계를 지적하고자 하였다. 가정에서 여성이 폭력을 당하는 현실과 폭력이 남편과 아내의 역할 규범에 의해서 정상화된다는 사실은, 아내/남편 역할 수행이 생물학적 성차에 따른 자연스런 분업이 아니라 폭력에 의존해 유지되는 불평등한 권력 관계임을 보여준다.

이 같은 연구 결과로 볼 때 여성의 사회적 정체성과 역할을 가족 구성원으로만 한정하여, 여성을 사적인 존재로 규정하는 현재의 가족 제도에서는 '아내 폭력'이 근절되기 힘들 것으로 보인다. '아내 폭력' 문제를 둘러싸고 여성의 권리가 가족의 유지와 갈등하는 상황 자체가 현재의 가족이 여성에게 억압적임을 보여준다. '아내 폭력'의 발생, 수용, 해석, 대응은 가족 제도를 중심으로 성별화되어 있다. 여성의 아내 역할 수행 여부가 남편에 의해 폭력의 이유가 된다는 사실은 여성의 가족 내 성 역할이 여성 자신을 위한 것이 아니라는 것을 반증한다. 따라서 '아내 폭력' 해결 방식에서 가족 구조의 성 차별성을 문제화하지 않는 가족 가치에 대한 강조는 오히려 문제의 원인을 강화하는 것으로 '아내 폭력'의 사회적 대책이 되기 어렵다.

폭력당한 여성들의 용기 있는 폭로와 여성주의 진영의 노력, 여성 운동의 국제 연대의 성과로 한국 사회에도 가정폭력방지법이 제정되었다. 법 제정은 운동의 완성이라기보다 새로운 운동의 시작이며, 새로운 담론을 필요로 한다. 한국 사회의 문화적 환경을 고려할 때, 나는 개인적으로 가정폭력방지법을 현실이 법을 따라가지 못하는 '급진적인' 법이라고 생각한다. 서구의 여성주의자들은 여성 폭력 관련법이 제정된 후 국가에 대한 여성의 '의존'을 걱정하기도 하지만, 우리의 경우 가정폭력방지법이 법안 그대로만이라도 집행되기를 바라는 실정이다.

'아내 폭력'이 가족 유지의 문제가 아니라 여성 개인의 인권 차원에서 접근되어야 하는 이유는, 가족을 기반으로 하는 성별 제도(gender system)가 여성이 보편적인 인간으로서 권리를 갖는 것을 불가능하게 하기 때문이다. 한국 사회에서 인권은 정치적 투쟁의 결과라는 과정의 의미로 생각되기보다는 선언적 진실로 간주되는 경향이 있다. 즉 한국 사회에서 인권은 관념적으로는 긍정적, 진보적 가치로 간주되지만, 여성 인권처럼 사회적 약자의 인권이 한국 사회의 주류 가치인 가족주의와 경합할 때는 사소하고 부차적인 것이 된다.[1] 이러한 문화적 상황이 법이 제대로 집행되지 않는 이유이다. 이처럼 성 차별 사회에서는 '모든 인간은 폭력당하지 않을 권리를 포함하여 인간으로서 권리를 가진다'는 인권 개념이 모순적인 명제가 되어버린다.

폭력당하는 아내가 가정에서 어머니, 아내이기 이전에 사회적 개인으로 간주되어야 한다는 이 글의 요지는, 모든 문제는 인권 문제라는 식의 당위적 선언이 아니다. '아내 폭력'이 인권의 문제로 인식되려면 가족을 중심으로 하는 한국 사회의 기본 질서에 대한 근본적인 문제 제기가 불가피하다. 국가주의, 민족주의, 가족주의 등 남성 중심의 공동체적 질서가 강한 한국 사회에서 여성이 개인성, 시민성을 획득하는 문제는 곧 가족에 대한 공격으로 해석되어 왔다. '아내 폭력'에 대한 사회적 인식은 필연적으로 가족에 대한 국가의 개입과 중재가 요구된다.[2] 이는 가부장제 사회에서 남편(남성)을 통해서만 사회적 지위와 정체성을 획득해 왔던 여성이 직접 국가/사회와 협상하는 주체, 사회적 시민으로 나서게 됨을 의미한다. 그러나 이러한 상황에 대한 사회적 저항이 너무도 크기 때문에 이제까지 여성 운동 진영조차 가족/아동 중심의 관점, 가정 폭력의 관점에서 '아내 폭력'을 논의해 왔다고 볼 수 있다.

'아내 폭력'을 비롯한 모든 가정 폭력 현상은 가족의 성격과 기능에 대한 근원적인 성찰을 요구한다. 동성애 커플의 가정 폭력과 남편으로부터 구타당하는 여성이든 그렇지 않은 여성이든 많은 어머니들이 자녀를 구타한다는 사실은 여성주의자에게 폭력과 권력, 가족과 친밀성, 성(sexuality)과 성별(gender), 성별 제도와 결합한 다른 사회적 모순과의 관계에 대해 복잡한 질문을 던진다.

그러므로 어떤 의미에서 이 글의 초점은 가족이라기보다 폭력이다. 즉 본 연구가 밝히고자 한 것은 가족이 해체되어야 하는 이유가 아니라, '아내 폭력'이 재생산되는 구조에 관한 것이었다. 이 연구는 가족 관계에서는 폭력이 발생하지 말아야 한다고 주장하는 것이 아니라 오히려 '가족에서는 폭력이 발생할 리가 없다'는 담론에 대한 비판이다.

남성과 여성의 관계를 포함하여 모든 인간 관계가 권력 관계라면, 어떤 의미에서 폭력은 불가피한 인간 문제이다. 나의 관심은 부부 간에 폭력이 발생한다는 사실이 아니라 부부 간에는 폭력이 발생할 리 없다고 믿게 하는 사회적 권력은 무엇인가에 관한 것이었다. '아내 폭력'이 문제화되어야 하는 이유는 폭력이 가족 관계에서 발생해서라기보다는 가족 내 성 역할 규범을 통해 폭력이 정상화, 사적화(私的化, privatization)되기 때문이다.

인간이 만든 모든 공동체에는 권력 관계와 갈등이 있다. 그런 의미에서 인간을 억압하지 않는 공동체는 없을 것이다. 가족을 인간이 만든 사회적 제도라고 인정한다면, 가족이라고 해서 권력 관계에서 자유롭지는 않을 것이며 그것은 다른 사회 조직도 마찬가지다. 권력과 폭력의 관계, 여성주의자가 현재 가족의 어떤 부분을 고수하고 어떤 부분을 비판할 것인가의 문제는 너무나 논쟁적이고 복잡한 문제이므로 이 글의 범위를 넘어선다.

'아내 폭력'은 그 원인과 과정에 대한 수많은 이론들이 있지만 페미니즘을 포함하여 어떠한 이론도 반증 사례를 피해 가지 못하는 오랜 역사만큼이나 복잡하고 미묘한 문제이다. 심지어 어떤 경우에는 여성주의자가 '아내 폭력' 현실에 대한 지나친 분노 때문에 피해 여성을 효과적으로 돕지 못할 수도 있다.

당연한 이야기지만 이 글은 '아내 폭력' 문제의 극히 일부분만을 조망한 것이다. 특히 피해 여성의 경험을 성 역할에 초점을 맞춰 분석한 것이므로 아내의 탈출 모색을 불가능 혹은 가능하게 하는 기제 중 성 역할 외의 다른 사회적 모순은 별로 고려하지 않았다. 피해 여성들이 문제를 극복할 수 있는 사회적, 경제적 조건과 기회는 각자 다를 것이다. 폭력당하는 여성들이 삶에서 겪는 모든 문제의 원인이 폭력 사건은 아니며, '피해 여성'이 그들의 유일한 정체성도 아닐 것이다. 피해 여성을 곤경에 빠뜨리는 현실은 다양한 사회적 모순들이 중첩된 결과이다.

또한 기존 담론에 대한 방법론적, 내용적 비판에서 지면 관계상 다소 일반화의 무리가 있었던 점도 이 글의 한계라고 생각한다. 이 글에서 나는 '아내 폭력'의 원인과 구체적인 대책을 제시하기보다는 폭력당하는 아내의 가족 내 성별 정체성을 문제화함으로써, '아내 폭력' 문제를 인권의 시각에서 접근하고자 하였다. 한국 사회에서 '아내 폭력'에 대한 새로운 접근을 시도했다는 점에서 이 글의 의의를 찾고자 한다.

## 가정 폭력 피해자 지원 기관 1

'한국여성의전화' 전국 지부

| 지부명 | 상담 전화 | 지부명 | 상담 전화 |
|---|---|---|---|
| 강릉여성의전화 | 033 - 643 - 1982 | 수원여성의전화 | 031 - 232 - 6888 |
| 강화여성의전화 | 032 - 934 - 1903 | 시흥여성의전화 | 031 - 496 - 9494 |
| 광명여성의전화 | 02 - 2060 - 2545 | 안양여성의전화 | 031 - 468 - 1366 |
| 광주여성의전화 | 062 - 363 - 0485 | 영광여성의전화 | 061 - 352 - 1321 |
| 군산여성의전화 | 063 - 445 - 2285 | 울산여성의전화 | 052 - 244 - 1555 |
| 김포여성의전화 | 031 - 986 - 0136 | 익산여성의전화 | 063 - 858 - 9191 |
| 김해여성의전화 | 055 - 329 - 6451 | 인천여성의전화 | 032 - 527 - 0090 |
| 대구여성의전화 | 053 - 471 - 6482 | 전주여성의전화 | 063 - 283 - 9855 |
| 목포여성의전화 | 061 - 283 - 4551 | 진해여성의전화 | 055 - 546 - 8322 |
| 부산여성의전화 | 051 - 817 - 6464 | 창원여성의전화 | 055 - 267 - 1366 |
| 부천여성의전화 | 032 - 328 - 9711 | 천안여성의전화 | 041 - 561 - 0303 |
| 서울강서양천 여성의전화 | 02 - 2605 - 8466 | 청주여성의전화 | 043 - 252 - 0966 |
| 성남여성의전화 | 031 - 751 - 6677 | | |

(출처 : 한국여성의전화 홈페이지, www.hotline.or.kr)

# 가정 폭력 피해자 지원 기관 2

| 관련기관명 | 전화번호 | 지원 내용 |
|---|---|---|
| 여성긴급전화 | 국번 없이 1366 | 365일 24시간 상담, 찾아가는 현장 상담, 긴급 피난처 운영, 관련 기관 연계, 전국 17개 소<br>- 지역번호 두세 자리+1366을 누르면 해당 지역 센터로 연결 |
| 한국여성의전화<br>가정폭력상담소<br>성폭력상담소 | 02-2263-6464<br>02-2263-6465 | 상담·의료 지원, 매주 월요일 무료 법률 상담, 폭력 피해 아동의 비공개 전학 지원, 쉼터 운영<br>- 전화 상담 시간 : 평일 오전 10시~오후 5시 |
| 해바라기센터 | 1899-3075 | 폭력 피해자 통합 지원(상담, 심리 치료, 의료, 수사, 법률) |
| 한국여성인권진흥원<br>가정폭력방지본부 | 02-735-7310 | 폭력 피해자 의료비 지원, 무료 법률 지원, 쉼터 입소 지원 |
| 대한법률구조공단 | 국번 없이 132 | 무료 법률 상담, 저소득층을 위한 소송 대리·형사 변호 지원 |
| 한국가정법률상담소 | 1644-7077 | 법률 상담 및 법률 구조, 간단한 소송 서류 무료 작성 |
| 한국범죄피해자지원<br>센터 | 1577-1295 | 폭력 피해자 경제적·의료적 지원 |
| 헬프콜청소년전화 | 국번 없이 1388 | 청소년 상담, 청소년 쉼터 운영 |
| 아동·여성·장애인<br>경찰지원센터 | 국번 없이 117 | 학교 폭력·가정 폭력·성범죄 피해자 긴급 지원 |
| 건강가정지원센터 | 1577-9337 | 가족 상담, 부부 상담 |

## 피해자 지원 체계

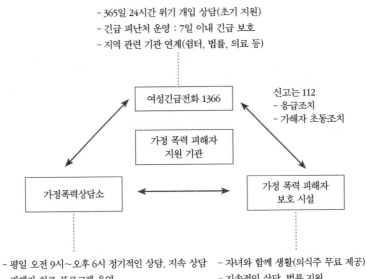

- 365일 24시간 위기 개입 상담(초기 지원)
- 긴급 피난처 운영 : 7일 이내 긴급 보호
- 지역 관련 기관 연계(쉼터, 법률, 의료 등)

여성긴급전화 1366

신고는 112
- 응급조치
- 가해자 초동조치

가정 폭력 피해자
지원 기관

가정폭력상담소

가정 폭력 피해자
보호 시설

- 평일 오전 9시~오후 6시 정기적인 상담, 지속 상담
- 피해자 치료 프로그램 운영
- 가해자 교정 및 치료 프로그램 운영
- 부부 및 집단 상담
- 가정 폭력 전문 상담원 양성 교육
- 지역 관련 기관 연계(쉼터, 법률, 의료 등)

- 자녀와 함께 생활(의식주 무료 제공)
- 지속적인 상담, 법률 지원
- 학습 지원(비밀 전학 등)
- 의료 지원 서비스
- 자립 지원(취업 연계, 직업 훈련 등)

(출처 : 한국여성인권진흥원 가정폭력방지본부 홈페이지, womenhotline.or.kr)

## 가정 폭력 사건 처리 절차

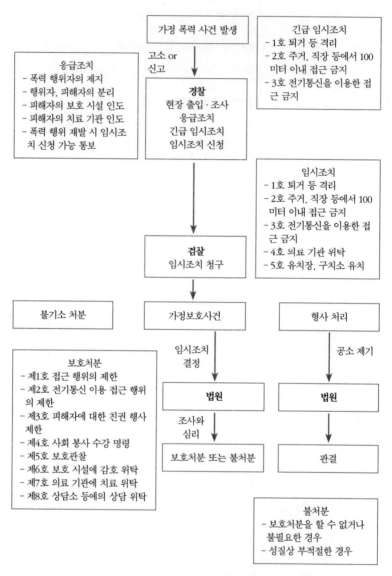

응급조치
- 폭력 행위자의 제지
- 행위자, 피해자의 분리
- 피해자의 보호 시설 인도
- 피해자의 치료 기관 인도
- 폭력 행위 재발 시 임시조치 신청 가능 통보

가정 폭력 사건 발생

고소 or
신고

긴급 임시조치
- 1호 퇴거 등 격리
- 2호 주거, 직장 등에서 100미터 이내 접근 금지
- 3호 전기통신을 이용한 접근 금지

**경찰**
현장 출입·조사
응급조치
긴급 임시조치
임시조치 신청

임시조치
- 1호 퇴거 등 격리
- 2호 주거, 직장 등에서 100미터 이내 접근 금지
- 3호 전기통신을 이용한 접근 금지
- 4호 의료 기관 위탁
- 5호 유치장, 구치소 유치

**검찰**
임시조치 청구

불기소 처분

가정보호사건

형사 처리

보호처분
- 제1호 접근 행위의 제한
- 제2호 전기통신 이용 접근 행위의 제한
- 제3호 피해자에 대한 친권 행사 제한
- 제4호 사회 봉사 수강 명령
- 제5호 보호관찰
- 제6호 보호 시설에 감호 위탁
- 제7호 의료 기관에 치료 위탁
- 제8호 상담소 등에의 상담 위탁

임시조치
결정

공소 제기

**법원**

조사와
심리

**법원**

보호처분 또는 불처분

판결

불처분
- 보호처분을 할 수 없거나 불필요한 경우
- 성질상 부적절한 경우

(출처 : 한국여성인권진흥원 가정폭력방지본부)

## 피해자의 권리

**– 피해자 보호 명령**
경찰 등 수사 기관을 거치지 않고 피해자가 직접 가정법원에 주거 등에서 가해자 격리, 주거·직장 100미터 내 접근 금지, 전화·이메일 등 접근 금지, 친권 행사 제한의 보호 조치를 신청할 수 있습니다.

**– 응급조치**
경찰에 요청하여 폭력 행위의 제지, 가해자와 분리하여 면담, 상담소·보호 시설·의료 기관 연계 등의 도움을 받을 수 있습니다.

**– 이혼 시 '부부 상담 거부, 자녀 면접교섭권 제한'**
법원의 부부 상담 권고는 피해자가 원하지 않으면 거부 가능하며(재판상 불이익 없음) 자녀의 복리를 위해 피해자의 청구에 의해 가해자에 대한 '자녀면접교섭권'을 제한할 수 있습니다.

**– 임시조치**
가정 폭력 재발 우려 시 경찰 신청, 검사 청구에 의해 법원으로부터 주거 등에서 가해자 격리, 주거·직장 100미터 내 접근 금지, 전화·이메일 등 접근 금지, 의료 기관에 치료 위탁, 유치장(또는 구치소) 유치 결정을 받을 수 있습니다.

**– 긴급 임시조치**
폭력의 재발 우려가 있고 긴급한 경우 경찰관에게 주거 등에서 가해자 격리, 주거·직장 100미터 내 접근 금지, 전화·이메일 등 접근 금지를 신청할 수 있습니다.

**– 이 외에도**
* 가정 폭력 신고 사실은 비밀이 보장됩니다.
* 가해자 협조 없이 주소지 외의 지역으로 취학(입학, 전학 등) 지원을 받을 수 있습니다.
* 가해자를 지정하여 주민등록 열람을 제한할 수 있습니다.

(출처 : 한국여성인권진흥원 가정폭력방지본부)

| 참고문헌 |

**일반 문헌**

강영안, 1997, "고통의 현상학 — 박완서의 〈한 말씀만 하소서〉", 〈삶과 기호〉, 한국기호학
　회 편, 문학과지성사.

강정숙, 1999, "김소란 — 난 아무도 만나기 싫어", 한국정신대연구소 · 한국정신대문제 대
　책협의회 편, 《강제로 끌려간 조선인 군 '위안부'들 3》, 도서출판 한울.

공미혜, 1997, "가족주의와 가부장적 테러리즘으로서의 아내 구타", 〈가족학논집〉 9집, 한
　국 가족학회.

＿＿＿, 1999, 《한국의 가부장적 테러리즘 : 아내 구타자 프로그램》, 도서출판 하우.

구자순, 1995, "가족 개념의 역사", 〈사회학 연구〉 8호, 한국사회학연구소.

국회 여성특별위원회, 1998, 〈여성 관련 법률의 입법 과정 및 향후 과제〉.

권귀숙, 1998, 《신혼 여행의 사회학》, 문학과지성사.

권오남 · 박경미, 1995, "수학 성취도에 있어서의 성별 차이에 대한 고찰", 〈한국여성학〉
　11집, 한국여성학회.

김광일 편, 1988, 《가정 폭력》, 탐구당.

＿＿＿, 1985, "아내 구타에 대한 태도 조사", 〈정신 건강 연구〉 3집, 한양대 정신건강연구
　소.

＿＿＿, 1989, "가정 폭력과 사회", 〈대한의학협회지〉 32권 9호, 대한의학협회.

김광일 · 문경서, 1994, "구타당하는 아내의 무기력, 자아 강도 및 자아 기능에 관한 연
　구", 〈여성연구〉 봄호, 통권 42호, 한국여성개발원.

김규원, 1995, "가족 개념의 인식과 가치관", 〈가족학 논집〉 제7집, 한국가족학회.

김명희, 1994, "여성성과 남성성의 원리에 의한 쉼터 상담", 〈여성 상담 심포지엄〉, 한국
　여성의전화, 미간행.

김성례, 1999, "구술사와 여성주의 방법론", '99 한국문화인류학회 제6차 워크숍 발표문,
　미간행.

김영아 · 이죽내, 1995, "아내 구타 남편의 정신 사회적 특성", 〈신경정신의학〉 34권 6호,
　대한신경정신의학회.

김영애, 1994, "여성 상담에 대한 이론적 배경과 방법론", 〈여성 상담 심포지엄〉, 한국여성
　의전화, 미간행.

김예숙, 1997, "혼외의 성과 법적 규제", 《현대 사회와 성윤리》, 아산사회복지사업재단.

김은실, 1996, "공사 영역에 대한 여성 인류학의 문제 제기 : 비교 문화적 논쟁", 〈여성학

논집〉13집, 이화여대 한국여성연구원.

_____, 1996, "시민 사회와 여성 운동", 한국학술단체협의회 주최 심포지엄 발표문, 미간행.

_____, 1998, "여성주의와 일상의 정치화", 《삶의 정치》, 대화출판사.

_____, 2000, "인권, 문화, 여성 : 여성 인권을 논하기 위한 문화 비판 시론," 〈철학과 현실〉, 44호.

김은희, 1995, "문화적 관념체로서의 가족 : 한국 도시 중산층을 중심으로", 〈한국문화인류학〉 27집, 한국문화인류학회.

김인숙·김혜선·신은주, 1997, 《여성 운동과 사회 복지》, 나남출판.

김재엽 외, 1999, 〈한국 가정 폭력 실태와 행위자 교정 프로그램 개발 연구〉, 연세대 사회복지연구소.

김재엽, 1998, "한국 가정 폭력 실태와 사회 계층 변인과의 관계 연구", 〈한국사회복지학〉 35호, 한국사회복지학회.

김재엽·이서원, 1997, "열등 의식과 성 역할 태도가 아내 구타에 미치는 영향과 치료 모형에 관한 연구 — 영세 빈곤 가족을 중심으로", 〈한국사회복지학〉 33권, 한국사회복지학회.

김정옥·이동수·윤병철·문수백, 1993, "가족 폭력 관련 변인과 결혼 불안정성과의 관계 분석", 〈가족학논집〉 5집, 한국가족학회.

김정옥·전형미·정복희, 1993, "아내 학대가 생활의 질에 미치는 영향", 〈여성문제연구〉 21집, 효성여대 한국여성문제연구소.

김현미, 1997, "페미니즘과 문화 연구는 행복하게 만나는가", 〈현대사상〉 3호.

김혜선, 1996, "경찰 80.6퍼센트, 집안에서 해결하라", 〈여성의 눈으로〉 5호, 한국여성의전화.

_____, 1999, "경제 위기와 가정 폭력", 서울특별시·한국여성학회 공동 심포지엄 자료집.

김화숙·이은아·이정주·정희진, 1999, "여성 폭력에 관한 시민 의식 조사", 〈폭력 없는 사회 가꾸기 토론회—99 여성 폭력 실태에 대하여〉, 한국여성단체연합, 미간행.

대통령 직속 여성특별위원회, 1998, "가정 폭력 예방 길잡이".

_____, 1999, 《여성백서》.

또하나의문화, 1992, 〈여자로 말하기, 몸으로 글쓰기〉 제9호, 도서출판 또하나의문화.

문소정, 1995, "미국 페미니즘 가족 이론과 한국의 가족과 여성", 〈여성학연구〉 제6권 제1호, 부산대학교 여성연구소.

민경자, 1999, "성폭력 여성 운동사", 《한국 여성 인권 운동사》, 한국여성의전화연합 편, 한울.

박기자, 1996, "아내 구타, 가부장적 테러리즘의 권력과 통제", 〈여성연구〉 7집, 부산여대 여성문제연구소.

박민자, 1994, "한국 가족 정책의 현황과 문제점", 《일상의 삶 그리고 복지의 사회학》, 이화 사회학연구회 편, 사회문화연구소.

박재신 편, 1992, 《여성은 꽃으로도 맞을 수 없다―아내 구타의 실상과 대책》, 들불.

박주현, 2000, "사회 복지 시설의 쟁점과 대안―입소 시설을 중심으로", 한국인권재단 편, 〈제주인권학술회의 2000〉, 미간행.

법무부, 1999, 〈가정폭력관련법 시행상의 문제점과 개선 방안 세미나〉, 미간행.

변화순, 1994, "가정 폭력의 예방과 대책에 관한 연구", 〈여성연구〉 42호, 한국여성개발원.

_____, 2000, 《최근 가족 해체 실태 및 복지 대책》, 한국여성개발원.

변화순·김현주, 1992, 《가족 의식에 관한 한국과 일본의 비교 연구―서울과 후쿠오카 현을 중심으로》, 한국여성개발원, 1992.

사회과학원, 1996, "동아시아의 성장과 인권", 계간 〈사상〉 겨울호, 사회과학원.

서명선, 1984, "아내 학대에 관한 이론적 고찰", 〈사회복지학회지〉 6호, 한국사회복지학회.

서선희, 1995, "가족 중심주의에 대한 유교적 해석", 〈가족학논집〉 7집, 한국가족학회.

서울여성의전화, 1999, 〈쉼터 여성 자립과 사회 통합을 위한 토론회〉, 미간행.

성시정, 1998, "IMF시대 가족주의 담론의 등장과 성 정체성의 위기", 〈여성학연구〉 제8권 제1호, 부산대학교 여성연구소.

손봉호, 1995, 《고통받는 인간》, 서울대학교 출판부.

신성자, 2000, "아내 강간의 실태와 대책", 〈여성 인권과 아내 강간 토론회〉, 한국여성의전화연합, 미간행.

신용구, 2000, 《박정희 정신 분석, 신화는 없다》, 뜨인돌.

신윤옥, 1992, "특집 : 성폭력 특별법 제정 추진 특별 위원회", 〈베틀〉 62호, 한국여성의전화.

신은주, 1997, "가정 폭력에 대한 지역 사회의 역할과 대응―아내 학대를 중심으로", 〈성평등연구〉 1집, 가톨릭대학교 성평등연구소.

신혜수, 1999, "여성 관련 국제 인권 협약과 여성 운동", 《한국 여성 인권 운동사》, 한국여성의전화연합 편, 한울.

심영희, 1994, "일상 생활과 권력", 〈사회비평〉 12호, 사회비평사.

_____, 1995, "몸의 권리와 성 관련법의 개선안 : 권력과 성의 관계를 중심으로", 〈한국여성학〉 11집, 한국여성학회.

_____, 2000, "여성 인권과 아내 강간", 〈여성 인권과 아내 강간 토론회〉, 한국여성의전화연합, 미간행.

심혜숙·손연주, 1997, "구타당하는 여성들의 심리적 특성 연구", 〈여성학연구〉 7권 1호, 부산대학교 여성연구소.

양현아, 1999, "한국적 정체성의 어두운 기반", 〈창작과 비평〉 104호, 창작과 비평사.

오영근, 1998, "가정폭력특별법의 문제점", 〈수사연구〉 177호, 수사연구사.

윤진, 1994, "폭력이 없는 가족", 《열린 사회와 가족》, 한국여성개발원 · 유네스코 한국 위원회 편.

이광규, 1989, "후기 산업 시대의 가족 공동체", 《가족―가족의 변화와 전망》, 크리스찬 아카데미 편, 우석출판사.

이문자, 2000, "가정폭력방지법 개정의 필요성과 방향", 〈여성의 눈으로〉 5 · 6월호, 한국여성의전화연합.

이선옥 · 이정, 1996, "가족, 그 영원한 안식처에 대한 도전", 〈여성과 사회〉 7호, 창작과비평사.

이재경, 1993, "국가와 성 통제―성 관련법과 정책을 중심으로", 〈한국여성학〉 9집, 한국여성학회.

_____, 1994, "현대 가족의 반 사회성", 〈철학과 현실〉 22호, 철학문화연구소.

_____, 1995, "정의의 관점에서 본 가족", 〈한국여성학〉 11집, 한국여성학회.

이종걸, 1992, "성폭력 관련법의 문제점과 그 개선 방안", 〈민주여성〉 12호, 한국여성단체연합.

이현숙 · 정춘숙, 1999, "아내 구타 추방 운동사", 한국여성의전화연합 편, 《한국 여성 인권 운동사》, 한울.

이화수, 1984, "아내 구타 설문지 조사 보고", 〈개원 1주년 기념 보고서〉, 여성의전화.

임종렬, 1998, "매 맞는 아내의 부부 체계 개선을 위한 대상 중심 가족 치료", 〈한국사회복지학〉 34권, 한국사회복지학회.

장경섭, 1994, "한국 가족의 이념과 실제―가족 규범의 다중성과 내적 모순", 〈철학과 현실〉 22호, 철학문화연구소.

_____, 1998, "여성, 시장, 공공 가족으로서의 국가 : 재생산의 사회화와 성 질서", 〈사회비평〉 18호, 나남출판.

장정순, 1994, 《왜 이혼 못하는가 : 이혼한 여성들의 건강한 삶 이야기》, 현민시스템.

장필화, 1996, "아시아의 가부장제와 공사 영역의 연구의 의미", 〈여성학논집〉 13집, 이화여대 한국여성연구원

_____, 1999, 《여성 몸 성》, 도서출판 또하나의문화.

전춘애, 1989, "사회 계층에 따른 부부의 권력과 폭력과의 관계", 〈대한가정학회지〉 27권 3호, 대한가정학회.

정유진, 2000, "민족의 이름으로 순결해진 딸들?―주한 미군 범죄와 여성", 〈당대비평〉 여름호.

정현경, 1994, 《다시 태양이 되기 위하여―아시아 여성 신학의 현재와 미래》, 분도출판사.

정희진, 1999, "아내 구타, 인권, 가족 가치에 관한 일고찰", 〈폭력 없는 사회 가꾸기 토론회―99 여성 폭력 실태에 대하여〉, 한국여성단체연합, 미간행.

조 은, 1993, "가족법에 대한 사회학적 비판", 〈법과 사회〉 8호, 창작과비평사.

_____, 1999, "근대 탈근대와 동아시아 가족", 〈서남 이양구 회장 10주기 추모 국제 학술 대회 자료집〉, 미간행.

_____, 1999, "가족 제도의 운명과 새로운 공동체의 가능성", 〈창작과 비평〉 103호, 창작 과비평사.

조은·조주현·이정옥, 1997, 《근대 가족의 변모와 여성 문제》, 서울대 출판부.

조형, 1991, "자본주의와 가부장제 가족", 〈가족학논집〉 제3집, 한국가족학회.

_____, 1992, "가부장적 사회의 부부 관계의 성격 — 여성 사회학적 시론", 《한국 가족의 부부 관계》, 여성한국사회연구회 편, 사회문화연구소.

_____, 1997, "도시 중산층 전업 주부의 권력 : 구조적 무권력화와 구성적 권력화", 〈한 국여성학〉 13권 2호, 한국여성학회.

조성숙, 1987, 〈남녀 결합의 불평등 구조〉, 여성의전화.

조순경, 1992, "여성학의 발전과 한국 사회의 변화", 〈여성학 논집〉 13집, 이화여대 한국 여성연구원.

조주현, 1990, "매맞는 아내의 분노", 《주부, 그 막힘과 트임》, 도서출판 또하나의문화.

_____, 1993, "근친 강간에 나타난 성과 권력", 〈한국여성학〉 9집, 한국여성학회.

_____, 1997, "국내 성폭력 관련 연구의 동향", 〈국내외 성폭력 연구 동향 및 지원 체계 자료집〉, 한국성폭력상담소, 미간행.

_____, 2000, 《여성 정체성의 징치학》, 도서출판 또하나의문화.

조혜정, 1986, "공리적 가족 집단주의와 도덕적 개인주의", 《현대 사회와 가족》, 재단법인 아산사회복지사업재단.

_____, 1988, 《한국의 여성과 남성》, 문학과지성사.

최규련, 1996, "한국에서의 부부 간 폭력에 대한 대책 연구", 〈한국가족관계학회지〉.

최봉영, 1997, 《한국 문화의 성격》, 사계절출판사.

최은순, 1993, "여성과 형사법", 〈법과 사회〉 제8호, 창작과비평사.

최홍기, 1991, "유교와 가족", 〈가족학논집〉 제3집, 한국가족학회.

한국보건사회연구원, 1998, 《한국 가정 폭력의 개념 정립과 실태에 관한 연구》.

한국여성개발원, 1990, 《한국 가족 정책에 관한 연구 — 여성·아동 복지 서비스를 중심으 로》.

_____, 1993, 《가정 폭력의 예방과 대책에 관한 연구》.

한국여성의전화, 1992, 〈매 맞는 아내, 깨어진 삶〉, 미간행.

한국여성의전화 편, 1993, 《그는 때리지 않았다고 한다》, 그린비.

_____, 1994, 《쉼터 이야기》, 그린비.

한국여성의전화연합, 1999, 〈가정폭력방지법, 그 평가와 대안〉, 미간행.

_____, 2000, 〈여성의 눈으로〉 2000년 5·6월호.

한국형사정책연구원, 1989, 《성폭력의 실태 및 대책에 관한 연구》.

_____, 1992a, 《한국인의 폭력에 대한 연구》.

_____, 1992b, 《강간 범죄의 실태에 관한 연구》.

_____, 1992c, 《가정 폭력의 실태와 대책에 관한 연구》.

_____, 1996, 《성폭력의 실태와 원인에 관한 연구》.

_____, 1998, 《성폭력의 실태와 원인에 관한 연구 2》.

한영란, 1992, "매 맞는 아내의 경험", 〈한국여성학〉 8집, 한국여성학회.

한인섭, 1999, "가정폭력법에 대한 법정책적 검토", 〈피해자학연구〉 7호, 한국피해자학회
    편, 길안사.

허남순, 1993, "아내 구타에 대한 대책 및 치료 기법에 관한 연구", 한림대 사회복지연구
    소 편, 〈비교사회복지〉 2집, 을유문화사.

허라금, 1996, "서구 정치 사상에서의 공사 개념과 가부장적 성 차별성", 〈여성학 논집〉
    13집, 이화여대 한국여성연구원.


**학위 논문**

고선화, 1996, "학대받는 부인을 위한 모자 일시 보호 시설의 문제점과 개선 방향", 원광
    대 석사논문.

권수현, 1998, "남성성과 성폭력 간의 관계에 관한 연구", 이화여대 석사논문.

권진숙, 1996, "배우자 학대 부부 집단 프로그램에 관한 연구", 이화여대 박사논문.

김갑숙, 1990, "부부 갈등이 부부 폭력과 자녀 학대에 미치는 영향" 영남대 박사논문.

김경호, 1997, "매 맞는 아내에 대한 여성 중심적 사회사 업적 개입에 관한 연구", 이화여
    대 석사논문.

김경화, 1986, "아내 학대 영향 변인에 관한 조사 연구", 성균관대 석사논문.

김경희, 1996, "폭력 가정 청소년의 가족 폭력 경험에 관한 연구", 중앙대 박사논문.

김미옥, 1990, "아내 학대에 관한 연구 — 농촌 지역을 중심으로", 효성여대 석사논문.

김선화, 1998, "기독교인의 가정 폭력 의식에 관한 연구", 순천향대 석사논문.

김영아, 1995, "영남 지역에서의 아내 구타 남편의 정신 사회적 특성", 경북대 석사논문.

김윤상, 1999, "정보 사회의 '탈육체' 경향과 물리적 고통의 문제", 연세대 석사논문.

김이화, 1988, "아내 학대 척도에 관한 연구", 효성여대 석사논문.

김정기, 1995, "교사의 지각을 통해 본 가정 폭력에 대한 조사 연구", 인하대 석사논문.

김정숙, 1986, "가정 내의 폭력에 관한 이론적 고찰 — 아내 구타 사례를 중심으로", 효성
    여대 석사논문.

김정옥, 1987, "도시 부부의 폭력 행위에 관한 연구 — 아내에 대한 폭력을 중심으로", 영
    남대 박사논문.

김지영, 1995, "학대받는 아내들을 위한 사회 복지 관련 기관의 서비스 현황에 관한 연
    구", 숭실대 석사논문.

김진명, 1992, "의례 및 일상 생활을 통해 본 가부장적 담론과 권력", 서울대 박사논문.

김진복, 1996, "한국에서의 배우자 학대에 관한 사회학적 연구". 고려대 석사논문.

김현정, 1999, "여성 운동과 국가의 관계에 관한 연구 — 성폭력특별법과 가정폭력방지법 제정 운동을 중심으로", 이화여대 석사논문.

김혜경, 1997, "가정 폭력 및 대중 매체가 청소년의 공격성에 미치는 영향", 인하대 석사논문.

김혜련, 1993, "여성의 이혼 경험을 통해 본 가부장적 결혼 연구", 이화여대 석사논문.

김혜선, 1995, "아내 구타의 발생과 지속 과정에 관한 연구", 한양대 박사논문.

노주희, 1997, "성폭력범의 합리화에 관한 연구", 서강대 석사논문.

노치영, 1988, "가정 폭력이 아동의 공격성에 미치는 영향", 이화여대 석사논문.

문경서, 1993, "구타당하는 아내의 무기력, 자아 강도 및 자아 기능에 관한 연구", 한양대 박사논문.

박경규, 1994, "기혼 남성의 스트레스와 폭력과의 관계 분석", 효성여대 박사논문.

박미은, 1998, "매 맞는 아내들의 학습된 무기력에 관한 연구", 이화여대 박사논문.

박언주, 1996, "가사 노동을 둘러싼 부부 갈등에 대한 연구", 이화여대 석사논문.

박현이, 1996, "비행 청소년의 여성관과 성폭력과의 관계", 서강대 석사논문.

박혜경, 1992, "여성의 경험을 통해본 결혼과 사랑의 관계에 관한 연구", 이화여대 석사논문.

서명선, 1985, "아내 학대에 관한 이론적 고찰", 이화여대 석사논문.

성징현, 1998, "성 역할 태도와 이혼 의식의 적응에 관한 인구", 서울내 박사논문.

손정영, 1998, "아내 학대의 원인에 대한 생태학적 연구 — 도시 중산층 부부를 중심으로", 경희대 박사논문.

신수진, 1998, "한국의 가족주의 전통과 그 변화", 이화여대 박사논문.

신은주, 1994, "아내 학대에 관한 페미니스트 접근에 관한 사회 사업적 분석", 서울대 박사논문.

심재근, 1984, "가정 내의 폭력과 공격성", 고려대 석사논문.

안영희, 1998, "기혼 남녀의 부부 폭력 태도와 경험에 관한 연구", 대구 효성 가톨릭대 박사논문.

양우식, 1998, "가정 폭력 예방을 위한 위기 상담 연구", 한신대 석사논문.

오정진, 1995, "아내 구타의 원인과 대책에 관한 연구", 서울대 석사논문.

옥선화, 1989, "현대 한국인의 가족주의 가치에 관한 연구", 서울대 박사논문.

유도희, 1997, "부부 폭력이 자녀 학대와 자녀의 사회적 능력에 미치는 영향", 대구 효성 가톨릭대 박사논문.

윤명숙, 1988, "알콜 중독자의 아내 학대에 관한 연구", 이화여대 석사논문.

이경희, 1995, "상담 사례를 통해 본 매맞는 아내의 가부장적 결혼에 대한 연구 — 영남 지역을 중심으로", 계명대 석사논문.

이관숙, 1988, "아내 학대의 실태와 그 대책에 관한 연구", 대구대 석사논문.

이상덕, 1997, "성폭력 특별법 입법 과정에 대한 분석적 연구", 중앙대 석사논문.

이서원, 1997, "열등 의식과 성 역할 태도가 아내 구타에 미치는 영향에 관한 연구―빈곤 가구를 중심으로", 연세대 석사논문.

이승렬, 1995, "아내 구타에 대한 사회적 대책 및 쉼터 운영에 대한 비교 연구", 계명대 석사논문.

이영란, 1997, "아내 구타에 대한 여성주의적 목회 상담 방법론", 연세대 석사논문.

이영희, 1993, "가정 내 폭력의 요인에 관한 연구", 동아대 석사논문.

이현혜, 1992, "자아 존중감, 부부 간 의사 소통 및 결합력이 아내 학대에 미치는 영향", 효성여대 석사논문.

이희영, 1996, "부부 폭력 경험의 질적 연구―남편과 아내의 경험 비교를 중심으로", 한양대 석사논문.

임상규, 1996, "가정 폭력에 대응한 교회의 역할―'아내 폭력'을 중심으로", 서울신학대 석사논문.

장덕자, 1998, "구타 남편의 폭력성에 관한 연구―알코올 가족을 중심으로", 계명대 석사논문.

장혜순, 1995, "가정 폭력이 자녀의 폭력 성향에 미치는 영향", 중앙대 석사논문.

전성휘, 1997, "가정폭력방지를 위한 법적 대책에 관한 연구―아내 구타를 중심으로", 강원대 석사논문.

전춘애, 1989, "사회 계층이 다른 부부의 권력과 폭력과의 관계", 이화여대 석사논문.

전형미, 1990, "남편의 스트레스가 아내 학대에 미치는 영향", 효성여대 석사논문.

정복희, 1995, "아내 학대가 생활의 질에 미치는 영향", 효성여대 석사논문.

정서영, 1995, "부부 간의 심리적 신체적 학대 대처 양식과 개인의 적응감", 숙명여대 석사논문.

정숙영, 1997, "가정 폭력에 영향을 미치는 요인에 관한 연구―가정 환경과 스트레스를 중심으로", 경기대 석사논문.

정춘숙, 1997, "매 맞는 아내에 대한 여성주의적 집단 상담의 효과에 관한 연구", 중앙대 석사논문.

조연규, 1990, "부부 폭력의 역학 조사", 한양대 석사논문.

채수진, 1999, "아내 구타 피해자가 인식하는 사회적 지지가 정신 건강에 미치는 영향에 관한 연구", 연세대 석사논문.

최미영, 1996, "아내 학대의 원인과 실태 및 그 대책에 관한 연구", 동아대 석사논문.

한미자, 1996, "학대받는 아내들을 위한 쉼터 운영의 개선 방안에 대한 연구", 대구대 석사논문.

한영란, 1996, "구타당하는 아내의 경험에 대한 간호학적 탐색 연구", 이화여대 박사논문.

홍기혜, 2000, "중국 조선족 여성과 한국 남성 간의 결혼을 통해 본 이주의 성별 정치학", 이화여대 석사논문.

홍순애, 1996, "가족 내 폭력 행위의 실태와 그 대책 방안―대전광역시에 거주하는 학대받는 아내를 중심으로", 한남대 석사논문.

황경숙, 1998, "매 맞는 아내의 완벽주의 성향과 성 역할 태도와의 관계", 서강대 석사논문.

황혜숙, 1998, "아내 구타 문제에 대한 태도 조사를 기초로 한 사회 사업가의 역할", 대구대 석사논문.

**번역서**

겔즈, 리처드, 1998, 《가정폭력의 허상과 실상》, 이동원·김지선 역, 길안사.

그린스팬, 미리암, 1995, 《우리 속에 숨어 있는 힘》, 고석주 역, 도서출판 또하나의문화.

기틴스, 다이애너, 1997, 《가족은 없다—가족 이데올로기의 해부》, 안호용 외 역, 일신사.

데이비슨, 제랄드 C.·닐, 존 M., 1999, 《이상 심리학》, 이봉건 역, 시그마프레스.

데일리, 메리, 1996, 《하느님 아버지를 넘어서》, 이화여대 출판부.

라마자노글루, 캐롤린, 1997, 《페미니즘, 무엇이 문제인가》, 김정선 역, 문예출판사.

로스, 존 먼더, 2000, 《왜 자기 자신을 학대하는가》, 류지호 역, 문학사상사.

로젠버그, 하니, 1991, 《소련 여성과 페레스트로이카》, 최광렬 역, 한울.

마이쓰너, 윌리엄, 1998, 《편집증과 심리 치료》, 이재훈 역, 한국심리치료연구소.

마틴, 그렌트, 1996, 《가정 폭력과 학대》, 김연 역, 도서출판 두란노.

마틴, 델, 1984, 《매 맞는 아내》, 곽선숙 역, 홍성사.

맥카넬 외, 1998, "폭력·권력·쾌락—피해자의 관점에서 다시 읽은 푸코", 《푸코와 페미니즘—그 긴장과 갈등》, 동문선.

무페, 상탈, 1995, "페미니즘, 시민권 그리고 급진적 민주 정치", 미셸 푸코 外 지음, 《미셸 푸코, 섹슈얼리티의 정치와 페미니즘》, 황정미 편역, 새물결.

뮬톤, 재니스 외, 1987, "여성의 일과 성 역할", 《지배로부터의 자유》, 한국여성개발원.

미셸, 앙드레, 1990, 《가족과 결혼의 사회학》, 변화순·김현주 역, 한울.

미에스, 마리아, 1986, "여성 해방주의 연구 방법론을 위하여", 《여성학의 이론》, 을유문화사.

_____, 1989, "가부장 제도와 자본 축적", 《가족—가족의 변화와 전망》, 크리스찬 아카데미 편, 우석출판사.

미첼, 줄리엣, 1984, 《여성의 지위》, 이형랑·김상희 공역, 동녘.

밀레트, 케이트, 1976, 《성의 정치학》 상하, 정의숙·조정호 공역, 현대사상사.

보벤, 반, 1998, "군사적 분쟁시 여성의 인권", 〈아시아의 여성 인권 : 무력 갈등과 성폭력〉, 한국여성의전화연합 외 편.

브라운밀러, 수잔, 1994, 《성폭력의 역사》, 편집부 편, 일월서각.

브레들리, 해리엣, 1996, "변화하는 사회 구조, 계급과 성", 스튜어트 홀 外 지음, 《현대성과 현대 문화 2》, 현실문화연구.

사토루, 사이토, 1997, 《가족이라는 이름의 고독》, 조영환 역, 일우당.

살스비, 재크린, 1985, 《낭만적 사랑과 사회》, 박찬길 역, 민음사.

쏘온, 배리, 1991, "페미니즘의 시각에서 본 가족", 《페미니즘의 시각에서 본 가족》, 권오주 · 김선영 · 노영주 역, 한울.

아렌트, 한나, 1999, 《폭력의 세기》, 김정한 역, 도서출판 이후.

애트킨슨, 티 그레이스, 1983, "급진적 여성 해방론과 사랑", 《여성 해방의 이론 체계》, 신인령 역, 풀빛.

앤더슨, 캐롤 M. · 스튜어트, 수잔, 1998, 《단독 비행》, 엄영래 역, 도서출판 또하나의문화.

야스오, 스기하라, 1995, 《인권의 역사》, 석인선 역, 한울.

월비, 실비아, 1996, 《가부장제 이론》, 유희정 역, 이화여자대학교 출판부.

위던, 크리스, 1993, 《여성 해방의 실천과 후기 구조주의 이론》, 조주현 역, 이화여자대학교 출판부.

자레스키, 엘리, 1983, 《자본주의와 가족 제도》, 김정희 역, 한마당.

자즈, 토마스, 1995, 《고통과 쾌락―신체 감각의 정체》, 이남표 역, 학지사.

재거, 앨리슨, 1992, 《여성 해방론과 인간 본성》, 공미혜 · 이한옥 역, 이론과실천.

챈서, 린, 1994, 《일상의 권력과 새도매저키즘 : 지배의 논리와 속죄양 만들기》, 심영희 역, 나남출판.

크레인, 줄리아 · 앙그로시노, 마이클, 1996, 《문화 인류학 현지 조사 방법》, 김성례 · 한경구 역, 일조각.

클라크, 리타 루, 1989, 《구타당하는 아내 : 가정 폭력과 목회 상담》, 권희순 역, 한국신학연구소.

타브리스, 캐롤, 1999, 《여성과 남성이 다르지도 똑같지도 않은 이유》, 히스테리아 역, 도서출판 또하나의문화.

터틀, 리사, 1999, 《페미니즘 사전》, 유혜련 · 호승희 역, 동문선.

펙, 스코트, 1997, 《거짓의 사람들》, 윤종석 역, 도서출판 두란노.

펠스키, 리타, 1998, 《근대성과 페미니즘》, 김영찬 · 심진경 역, 거름.

피찌, 에린, 1986, 《조용히 소리질러라 이웃이 듣는다》, 여성의전화 기획, 김진숙 · 박은주 역, 일월서각.

하트만, 하이디, 1988, "성, 계급, 정치 투쟁의 장으로서의 가족", 이효재 편, 《가족 연구의 관점과 쟁점》, 까치.

**신문**

중앙일보, 1998년 8월 17일, "아내 윤락 강요 후 '돈 못 번다' 폭행".

중앙일보, 2000년 4월 12일, "허니문 '성격 차이' 서로 조심을".

조선일보, 2000년 2월 28일, "日 여성들, 죽도록 맞는다―기혼 20명 중 1명 '생명 위협'".

한겨레신문, 2000년 4월 3일, "여성핫라인―때리는 남편들도 가부장제 희생양".

한겨레신문, 2000년 3월 18일, "별거 아내 대학 교내서 살해".

내일신문, 2000년 3월 2일, "가정 폭력, '병'이 아니라 '버릇'".
여성신문, 2000년 5월 6일, "내 아내니까 인두로 지지고 생이빨 뽑는다".

## 외국 문헌

Archer, John, 1994, "Power and Male Violence", *Male Violence*, Routledge.

Bart & Morgan, eds, 1993, *Violence Against Women : The Bloody Footprints*, SAGE Publications.

Bartky, S., 1990, *Femininity and Domination : Studies in the Phenomenology of Oppression*, Routledge.

Bell, Linda A., 1993, "The Role of Violence in Ethics", *Rethinking Ethics in the Midst of Violence : A Feminist Approach to Freedom*, Rowman & Littlefield Publishers, Inc.

Borkowski & Murch & Walker, 1983, *Marital Violence-The Community Response*, Tavistock Publications, London and New York.

Brison, Susan J., 1997, "Outliving Oneself: Trauma, Memory, and Personal Identity", *Feminists Rethink the Self*, Westview Press.

Campbell, Jacquelyn C., 1992, "Wife Beating: Cultural Contexts versus Western Social Sciences", Counts, Dorothy Ayers & Brown, Judith K. & Campbell, Jacquelyn C., eds, 1992, *Sanctions & Sanctuary: Cultural Perspectives on the Beating of Wives*, Westview Press, Inc.

Charlesworth, Hilary, 1994, "What are Women's International Human Rights?", *Human Rights of Women-National and International Perspectives*, University of Pennsylvania Press.

Cook, Rebecca J., 1994, "Domestic Violence as an International Human Rights Issue", *Human Rights of Women-National and International Perspectives*, University of Pennsylvania Press.

Coomaraswamy, Radhika, 1994, "To Bellow like a Cow : Women, Ethnicity, and the Discourse of Rights", *Human Rights of Women-National and International Perspectives*, University of Pennsylvania Press.

Copelon, Rhonda, 1994, "Intimate Terror : Understanding Domestic Violence as Torture", *Human Rights of Women-National and International Perspectives*, University of Pennsylvania Press.

Daly, Mary, 1978, *Gyn/ecology : The Metaethics of Radical Feminism*, Beacon Press.

Davis, Gould Elizabeth, 1975, "Women in the Middle Ages", *The First Sex*, Penguin Books.

Dobash R. Emerson & Dobash P. Russell, 1992, *Women, Violence and Social Change*, Routledge.

Duiven, Stephanie, 1997, "Battered Women and the Full Benefit of Self-Defense Laws", *Berkeley Women's Law Journal*, Vol. 12

Edleson, Jeffrey L. & Frank, Marilyn D., 1991, "Rural Interventions in Woman Battering : One State's Strategies", *Families in Society : The Journal of Contemporary Human Services*, November 1991.

Edwards, Anne, 1987, "Male Violence in Feminist Theory: an Analysis of the Changing Conceptions of Sex/Gender Violence and Male Dominance", Hanmer & Maynard, eds, *Women, Violence and Social Control*, Humanities Press International.

Edwards, Susan. S. M., 1987, "'Provoking Her Own Demise': From Common Assault to Homicide", in Hanmer & Maynard, eds. *Women, Violence and Social Control*, Humanities Press International.

_____, 1991, "Policing 'domestic violence'", Abbott & Wallace, eds., *Gender, Power and Sexuality*, Macmillan.

Eichler, M., 1988, *Nonsexist Research Methods - A Practical Guide*, London, Allen & Unwin.

Frude, Neil, 1994, "Marital Violence: an Interactional Perspective", *Male Violence*, Routledge.

Gelles, Richard, 1983, "An Exchange/Social theory", *The Dark Side of Families*, D. Finkelhor, R. J. Richard, G. T. Hataling & M. A. Straus, eds., SAGE Publications.

Gordon, Linda, 1988, *Heroes of Their Own Lives: The Politics and History of Family Violence*, Boston 1810-1960, Virago Press.

Hanmer, Jalna & Maynard, Mary, 1987, "Introduction : Violence and Gender Stratification", *Women, Violence and Social Control*, Humanities Press International, INC.

Heise, Lori L., 1995, "Violence, Sexuality, and Women's Lives", *Conceiving Sexuality - Approaches to Sex Research in a Postmodern World*, Routledge.

Hester, Kelly & Radford eds., 1996, *Women, Violence and Male Power*, Buckingham : Open Univ. Press.

Johnson, Michael P., 1995, "Patriarchal Terrorism and Common Couple Violence: Two Forms of Violence Against Women", *Journal of Marriage and the Family*, vol. 57, published by the National Council on Family Relations.

Kelly, Liz, 1988, "How Women Define Their Experience of Violence", Yllo & Bograd, eds, *Feminist Perspectives on Wife Abuse*, SAGE Publications.

Kerry, Lobel ed., 1986, *Naming the Violence - Speaking Out about Lesbian Battering*, The Seattle Press.

Kurz. D., 1993, "Social Science Perspectives on Wife Abuse : Current Debates and Future Directions", Bart, Pauline B. & Morgan, Eileen Geil eds., *Violence Against Women: The Bloody Footprints*, SAGE Publications.

Lorber, Judith, 1994, *Paradoxes of Gender*, Yale Univ. Press.

Lupton, Carol & Gillespie, Terry eds., 1994, *Working with Violence*, Macmillan.

MacKinnon, Catharine A., 1982, "Feminism, Marxism, Method and the State : An Agenda for Theory", *Signs* 7 : 515-44.

_____, 1987, *Feminism Unmodified*, Harvard Univ. Press.

Merry, Sally Engle, 1995, "Wife Battering and the Ambiguities of Rights", Sarat, Austin & Thomas R. Kearns, eds., *Identities, Politics, and Rights*, The Univ. of Michigan Press.

Moore, Henrietta, 1994, "The Problem of Explaining Violence in the Social Sciences", Harvey, Penelope & Gow, Peter eds, *Sex and Violence-Issues in Representation and Experience*, Routledge.

National Research Council, 1996, *Understanding Violence Against Women*, National Academic Press : Washington, D. C..

Neft & Levine, 1997, "Violence Against Women", *An International Report on the Status of Women in 140 Countries*, Random House.

Ouljic, Maria B., 1998, "Embodiment of Terror : Gendered Violence in Peacetime and Wartime in Croatia and Bosnia-Herzogovina," *Medical Anthropology*, Vol.12, No. 1, March.

Ptacek, James, 1988, "Why Do Men Batter Their Wives?", Yllo & Bograd eds., *Feminist Perspectives on Wife Abuse*, SAGE Publications.

Rowbotham, S., 1973, *Woman's Consciousness and Man's World*, Penguin Books.

Scarry, Elaine, 1985, *Body in Pain - The Making and Unmaking of the World*, Oxford Univ. Press.

Stets, Jan E., 1988, *Domestic Violence and Control*, Springer-Verlag.

Schechter, Susan, 1982, *Women and Male Violence - The Visions and Struggles of the Battered Women's Movement*, South End Press.

Theweleit, Klaus, 1987, *Male Fantasies 1*, Minneapolis : Minnesota Press.

U.N., 1993, "Declaration on the Elimination of Violence Against Women".

Walker, Gillian A., 1990, *Family Violence and the Women's Movement : The Conceptual Politics of Struggle*, Univ. of Toronto Press.

Walker, Lenore E., 1979, *The Battered Woman*, Harper & Row Publishers.

Willis, Paul, 1980, "Notes on Method", Stuart Hall etc. eds., *Culture, Media, Language* : *Working Papers in Cultural Studies: 1972–1979*, Routledge.

Yllo, Kersti A., 1984, "The Status of Women, Marital Equality, and Violence Against Wives – A Contextual Analysis", *Journal of Family Issues*, Vol.5, No.3.

_____, 1993, "Through a Feminist Lens Gender, Power, and Violence", *Current Controversies on Family Violence*, Gelles & Loseke, eds., SAGE.

**1장 '아내 폭력', 가부장제의 축도**

1) 1994년부터 시행된 성폭력 특별법(정식 명칭은 '성폭력범죄의 처벌 및 피해자보호 등에 관한 법률')은 2011년에 폐지되었고, 여성가족부가 관할하는 '성폭력방지 및 피해자보호 등에 관한 법률'과 법무부가 관할하는 '성폭력범죄의 처벌 등에 관한 특례법'으로 분할, 시행되고 있다. 한편, 이 책에서는 '가정폭력범죄의 처벌 등에 관한 특례법'과 '가정폭력방지 및 피해자보호 등에 관한 법률'을 통칭하여 '가정폭력방지법'이라고 한다.

2) 조형(1991).

3) 대부분의 양적, 질적 조사에서 공통적으로 밝혀진 바다. 서울여성의전화(1999), 허남순(1993), 한국여성개발원(1993), 한국형사정책연구원(1992), 한국여성의전화(1992).

4) 박미은(1998 : 112).

5) 최규련(1996 : 119).

6) Hester, Kelly & Radford(1996).

7) 한국여성개발원(1993 : 9).

8) 김은실(2000 : 194).

9) 한국 사회에서 '아내 폭력' 문제를 주도적으로 제기해 온 '여성의전화' 단체 슬로건.

10) 1999년 한국여성단체연합의 세계 여성 폭력 추방 주간 포스터 제목.

11) 곽배희, 〈한겨레신문〉, 2000년 4월 3일자.

12) 〈내일신문〉, 2000년 3월 2일자.

13) 이현숙 · 정춘숙(1999).

14) 대통령 직속 여성특별위원회(1998 : 26-30), 윤진(1994).

15) 가정폭력방지법 입법 중 자민련 변웅전 의원 발언. 국회 여성특별위원회(1998 : 142).

16) 법무부(1999).

17) Copelon(1994).

18) 이덕무(1744); 조주현(2000 : 23에서 재인용).

19) 한국여성개발원(1990 : 37).

20) Stets(1988 : 2-3).

21) Davis(1975 : 252-264).

22) Archer(1994 : 312-313).

23) William Mandel(1975), 델 마틴(1984, 60에서 재인용).

24) 하니 로젠버그(1991 : 53-55).

25) 1854년 바바라 리 스미스 바티컨의 '기혼 여성과 법'이라는 팸플릿 중에서(캐롤 M. 앤더슨·수잔 스튜어트, 1998 : 53-54에서 재인용).

26) 리사 터틀(1999 : 68-69).

27) Borkowski & Murch & Walker(1983 : 3-4).

28) 김광일·문경서(1994 : 113).

29) Dobash & Dobash(1992 : 169).

30) 《조용히 소리 질러라 이웃이 듣는다》(1986), 여성의전화 기획, 일월서각.

31) 《매 맞는 아내》(1984), 곽선숙 역, 홍성사.

32) Cook(1994 : 326-339).

33) Susan Edwards(1991 : 133).

34) 리사 터틀(1999 : 70).

35) Neft & Levine(1997 : 151-164).

36) 리처드 겔즈(1998 : 12-13).

37) 〈조선일보〉, 2000년 2월 28일자, "日 여성들, 죽도록 맞는다—기혼 20명 중 1명 '생명 위협'".

38) Heise(1995 : 123).

39) 표의 수치는 조사 시점, 범위, 방법, 척도가 모두 다르기 때문에 단순 비교는 불가능하며 신중한 해석이 요구된다. 표는 손정영(1998 : 11-12)과 김재엽 외(1999 : 6)의 자료를 근거로 연구자가 수정하고 첨삭한 것이다. 손정영의 연구에 도움받은 바 크다.

40) 김광일(1990), 한국형사정책연구원(1992), 한국여성개발원(1993), 김재엽(1998) 등.

41) 김정옥 외(1993), 김경희(1995), 홍순애(1996) 등.

42) 김영아(1995), 김혜선(1995), 이승렬(1995), 채수진(1999), 오정진(1995) 등.

43) 한영란(1996), 문경서(1993) 등.

44) 김지영(1995), 고선화(1996) 등.

45) 조주현(1990), 한영란(1992), 이경희(1995), 김경호(1997), 박미은(1998), 정춘숙(1997), 황경숙(1998) 등.

46) 서명선(1985), 최미영(1996), 김이화(1988), 손정영(1998), 신은주(1994) 등.

47) 안영희(1998), 이희영(1996), 조연규(1990), 유도희(1997) 등.

48) 권진숙(1996) 등.

49) 공미혜(1999), 박기자(1996) 등.

50) G. A. Walker(1990 : 98).

51) 신성자(2000 : 56)

52) 일관되지는 않지만 김인숙 외(1997), 김정옥(1987), 임상규(1996)도 사용한 적이 있다.

**2장 당사자 : 연구자, 피해자, 운동가로서 나**

1) Yllo & Bograd(1988 : 11-88), Dobash & Dobash(1992 : 174-212), 마리아 미에스 (1986).

2) Straus & Gelles(1990)(김재엽, 1998에서 재인용).

3) 강정숙(1999), "김소란—난 아무도 만나기 싫어", 65.

4) Walker(1979 : 8).

5) 손봉호(1995 : 26-32).

6) Daly(1978 : 24).

7) Scarry(1985 : 11-19).

8) 김은실(2000, 208).

9) 〈여성신문〉, 2000년 5월 6일, "내 아내니까 인두로 지지고 생이빨 뽑는다".

10) 정유진(2000).

11) Heise(1995 : 133).

12) 조선족 여성과 한국 남성 간의 결혼에 관한 구체적 연구는 홍기혜(2000), 〈중국 조선 족 여성과 한국 남성 간의 결혼을 통해 본 이주의 성별 정치학〉을 참조.

13) 객관성에 대한 페미니스트들의 입장은 각기 상이하므로 본 연구에서는 '객관성'이라 고 표현한다.

14) 조순경(1992 : 86-92).

15) Walker(1979 : 120-122).

16) Liz Kelly(1988), 〈How women define their experience of violence〉, p. 116.

17) 사실상의 실증주의(a secret compact with positivism)란 폴 윌리스(Paul Willis)가 그의 저서 *Learning to labour*를 방법론적으로 검토하면서 사용한 용어로, 연구자가 새로운 이론 도출을 미루고 직접 관찰할 수 있는 것만 강조함으로써 질적 연구가 실 증주의적 색채를 띠는 것을 말한다. Willis(1980 : 89), "Notes on method".

18) 그린스팬(1995).

19) 김화숙·이은아·이정주·정희진(1999 : 20).

20) 한국보건사회연구원(1998).

21) 한국형사정책연구원(1992).


**3장 여성의 눈으로 보는 '아내 폭력'**

1) Anne Edwards(1987 : 15).

2) 줄리엣 미첼(1984 : 109); Rowbotham(1973).

3) 케이트 밀레트는 가부장적 통제는 궁극적으로 물리적인 힘(force)에 기반하고 있다고 보았고 이러한 그녀의 통찰은 그리핀(Griffin)과 데일리(Daly)에게 영향을 주었다.

4) 장필화(1999 : 138).

5) 메리 데일리(1996 : 302-329).

6) Hester, Kelly & Radford(1996).

7) Kerry et al(1986).

8) 실비아 월비(1996 : 215).

9) '아내 폭력'에 대한 이론 소개는 기존의 모든 연구에서 반복적으로 다루고 있고 이론이 서로 중복되고 포괄되므로 이 책에서는 가정 폭력적 접근과 페미니스트 시각에만 한정하여 언급한다. '아내 폭력' 이론을 충실히 소개하는 연구들로는 김혜선(1995), 조주현(1997), 손정영(1998), 박미은(1998), 공미혜(1999), 한국여성개발원(1993), 한국보건사회연구원(1998) 등이 있다.

10) Kurz(1993 : 261-263).

11) Heise(1995 : 130-133).

12) Fox-Genovese(1977)(하트만, 1988에서 재인용).

13) Bart & Morgan(1993 : 230).

14) MacKinnon(1987 : 100).

15) 마리아 미에스(1989).

16) MacKinnon(1982).17) 라마자노글루(1997 : 107).

18) Bunch(1991)(신혜수, 1999에서 재인용).

19) Neft & Levine(1997 : 163).

20) 위던(1993 : 53).

21) Yllo(1984 : 319).

22) 심영희(1995 : 100).

23) Yllo & Straus(1984)(Archer, 1994에서 재인용).

24) Gordon(1988).

25) Campbell(1992 : 236).

26) Coomaraswamy(1994).

27) 이재경(1995 : 59).

**4장 폭력 남편이 인식하는 아내 폭력**

1) 기존 연구는 생물학적 성(sex)과 사회적 성(gender)을 구분하지 않고, 성 역할을 타고난 성에 근거한 개인의 사회적 역할 'sex role'로 설명한다. 성정현(1998) 등 참조.

2) Lorber(1994 : 196).

3) 여기서 사례는 가해자의 인식과 피해 여성이 말한 남편의 인식을 모두 포함한다.

4) Yllo(1993 : 49).

5) 그랜트 마틴(1996), 노주희(1997), 장덕자(1998), 박현이(1996).

6) 이 점은 Ptacek(1988)의 가해 남편 연구에서도 지적되고 있다.

7) 박언주(1996 : 69).

8) 한국형사정책연구원(1998 : 22).

9) 한국형사정책연구원(1992 : 130).

10) 한국여성개발원(1993 : 38-39).

11) 〈중앙일보〉, 2000년 4월 12일.12) 김예숙(1997).

13) Merry(1995 : 299).

14) 한국여성의전화(1992).

15) 한국형사정책연구원(1992).

16) 다이애나 기틴스(1997 : 39).

17) 캐롤 타브리스(1999 : 292).

18) 김재엽(1999).

19) 장덕자(1998).

20) Johnson(1995); 심영희(2000); 김인숙 외(1997); 박기자(1996); 공미혜(1999).

21) Frude(1994).

22) 리처드 겔즈(1998).

**5장 폭력을 수용하는 아내의 심리**

1) Yllo(1993 : 57).

2) Gelles(1983 : 157).

3) 사례 6의 남편과 폭력 남편 a는 동일인이므로.

4) Leghorn & Parker(1981)(재니스 뮬톤 외, 1987 : 187에서 재인용).

5) 정희진(1999 : 158).

6) 〈중앙일보〉, 1998년 8월 17일, "아내 윤락 강요 후 '돈 못 번다' 폭행".

7) 박민자(1994 : 68-69).

8) Barnett & La Violette(1993)(겔즈, 1998에서 재인용).

9) 심영희(2000).

10) 사이토 사토루(1997 : 77-78).

11) (가해자 처벌과 함께) '가정폭력범죄의 처벌 등에 관한 특례법' 제40조 6항과 7항은 가해자를 '의료 기관에 치료, 상담소에 상담' 위탁하도록 하고 있다.

12) 아내가 아들을 데리고 자신과 재혼한 것을 이유로 남편의 성적 학대가 심했다.

13) Neft & Levine(1997 : 154).

14) 반 보벤(1998).

15) 정신분석학에서 내사는 원래 동일시(identification)와 동의어로 사용되었으나, 현재는 투사의 상대어로서 자기 내부로의 투사를 의미한다(윌리엄 마이쓰너, 1998 : 35).

16) 한국형사정책연구원(1992).

17) Walker(1979).

**6장 아내 정체성과 가족 정치학**

1) 김혜련(1993 : 61).

2) 김혜선(1995 : 138).

3) 황경숙(1998 : 8-9).

4) Bartky(1990 : 99-119).

5) 조혜정(1988); 공미혜(1992); 이재경(1994); 조형(1997).

6) 이 점은 이경희(1995)와 조주현(1990)도 지적하고 있다.

7) 배리 쏘온(1991 : 16-17), 이재경(1995).

8) Moore(1994 : 138-155).

9) 델 마틴(1984 : 121-127).

10) 정희진(1999 : 168).

11) 변화순(1994).

12) 대통령 직속 여성특별위원회(1999), 《여성백서》, 204.

13) 〈한겨레신문〉, 2000년 3월 18일, "별거 아내 대학 교내서 살해".

14) Brison(1997 : 27-28).15) Scarry(1985 : 161-166, 356).

16) Bell, Linda A.(1993 : 159-198)에서 Nel Noddings와 Rosemarie Tong의 논의.

17) Susan Edwards(1987).

18) Duiven(1997 : 103-111).

19) 이 교수는 상당히 알려진 가정 폭력 연구자이다.

20) 물론 가정폭력방지법 시행 이후 경찰의 태도는 상당히 변화하였다. 다음은 사단법인 서울여성의전화 통계에서 아내의 신고를 받은 경찰의 태도 변화다.

|  | 법 시행 전(1996년) | 법 시행 후(1998년 하반기) |
|---|---|---|
| 집안에서 해결하라 | 80.6% | 39.4% |
| 남편을 격리시킴 | 6.5% | 15.2% |

21) 한국여성의전화연합, 〈여성의 눈으로〉, 2000년 5·6월호.

22) 김경호(1997).


**7장 가족 중심 관점에서 여성 인권 관점으로**

1) 김은실(2000).

2) 조주현(2000).

# 아주 친밀한 폭력

2016년 11월  5일 초판 1쇄 발행
2022년  6월 27일 초판 7쇄 발행

- 지은이 —————— 정희진
- 펴낸이 —————— 한예원
- 편집 ————————— 이승희, 윤슬기, 양경아, 김지희, 유가람
- 본문 조판 ———— 성인기획
- 펴낸곳   교양인
　　　　　우 04020 서울 마포구 포은로 29 202호
　　　　　전화 : 02)2266-2776 팩스 : 02)2266-2771
　　　　　e-mail : gyoyangin@naver.com
　　　　　출판등록 : 2003년 10월 13일 제2003-0060

ⓒ 정희진, 2016
ISBN 979-11-87064-05-3  03300

이 도서의 국립중앙도서관 출판예정도서목록(CIP)은 서지정보유통지원시스
템 홈페이지(http://seoji.nl.go.kr)와 국가자료종합목록시스템(http://www.
nl.go.kr/kolisnet)에서 이용하실 수 있습니다.(CIP제어번호: CIP2016024207)